미녀, 야수에 맞서다

미녀, 야수에 맞서다

여성이 자기방어를 시작할 때 세상은 달라진다

엘렌 스노틀랜드 지음
한국성폭력상담소 부설연구소 울림 옮김

사회평론

약자의 정의를 위해 꿋꿋이 헌신해온
어머니와 아버지께 이 책을 바칩니다.

한국의 독자들에게

내게는 딸과도 같은 『미녀, 야수에 맞서다: 여성이 자기방어를 시작할 때 세상은 달라진다』가 한국에서 출간된다니 너무도 영광스럽습니다. 한국을 방문한 적은 없지만, 앞으로 꼭 가보고픈 마음입니다.

뉴욕에서 열린 제 60차 유엔여성지위위원회에서 한국 분들을 만날 기회가 있었습니다. 당시 위원회에서는 전 세계 여성들의 지위 향상을 위해 노력해온 지난 60년간의 역사를 기념하는 예술 작품을 선보였습니다. 그리고 운 좋게도 저는 〈그녀가 떠나고: 어머니라는 수수께끼를 파헤치다〉라는 단독 연극을 상연할 기회를 얻었습니다.

한국 대표단 중의 한 분은 공연을 재미있게 보았는지 두 번째, 세 번째 그리고 네 번째 공연에도 더 많은 이들과 함께 와주었고, 또 그때마다 기립 박수를 보내주었습니다. 제 공연의 주제가 한국 여성들도 흥미를 느낄 만큼 보편적이라는 사실에 무척이나 기뻤던 기억이 납니다. 연극의 주제는 제가 어머니로 사랑하고 여자로 존경했던 사람, 그리고 요즘 시대의 미국인 딸인 저로 인해 혼란을 겪었던 사람에 관한 이야기였습니다. 바로 '우리 어머니의 딸이 된다는 것'에 대해서였습니다. 저는 어머니 세대가 옳다고 믿었던 거의 모든 것들에 반기를 드는 딸이었습니다. 또한 연극에는 노르웨이계 미국인으로서의 삶이 매우 자세히 담겨 있기도 했습니다.

공연이 끝난 후 연회 자리에서 대표단 중 한 분에게 어떤 부분에 가장 공감했는지 물어봤습니다. "공감되는 부분이 정말 많았어요. 특히 우리 어머니들 중에도 우리가 아들이었으면 하고 바랐던 분들이 많았거든요." 그녀의 대답처럼 구세대인 우리 어머니 역시 남자아이들이 여자아이들보다 낫다는 문화적 편견을 갖고 있었습니다. 구세대적인 생각으로 치부되다 언젠가는 완전히 그리고 영원히 사라지면 좋을 그런 편견이지요.

저는 이등 시민으로서의 여성의 지위가 여성 폭력을 양산하는 토대가 된다고 굳게 믿습니다. 스스로를 여자아이보다 우월한 존재라 여기며 자란 아들들은 자신들의 우월한 지위를 당연한 권리로 여기게 되고, 이러한 인식은 결국 폭력의 핵심 요소, 즉 여성에 대한 냉담함과 잔인함을 키우게 됩니다. 여성을 남성보다 열등한 존재로 보는 인식이 계속되는 한, 여성들은 젠더와 차별에 뿌리 깊이 박힌 혐오를 견뎌야만 할 것입니다.

물론 모든 남성들이 여성에 대한 우월의식이 있다고 말하는 것은 아닙니다. 저는 수년간 많은 남성 동료들과 일해왔습니다. 그들은 자랑스러운 마음으로 여성 폭력 근절 운동에 참여해왔습니다.

아이들을 가르치거나 어른들에게 우리 운동의 취지를 소개할 때 저는 이렇게 질문하곤 합니다. "산책하다 으르렁대는 개를 마주치면 어떻게 하겠습니까?"

보통은 이렇게 대답합니다. "가던 길을 멈춰요." "피해 가요." "진정시키고, 해치려는 게 아니라는 걸 보여줘요."

그러면 저는 이렇게 말하곤 합니다. "여러분 중 누구도 암캐인지 수캐인지 확인한 후에 그 개의 영역을 존중할지 여부를 정할 거라고 하지는 않네요. 왜 그럴까요?"

우리가 으르렁대는 개를 존중하는 것은 그 개가 보여주는 경고 때문이지, 그 개의 성별 때문이 아닙니다. "괴롭히지 마, 더는 다가오지 마, 당신 때문에 내가 불편하다는 걸 무시하지 마." 으르렁대는 소리는 이러한 경고의 메시지입니다.

좋든 싫든 두려움은 일종의 존중입니다. 그리고 너무도 많은 남성들이 여성들의 영역을 무시하고 침범하기를 두려워하지 않는다는 사실은 정말 큰 문제입니다. 안타깝게도 여성들을 수동적이고 하찮은 존재로 여기는 남성들은 어렵지 않게 찾을 수 있습니다.

다행스러운 점은 생각도 용기도 전염된다는 사실입니다. 두려움이 마음속에 퍼지는 것처럼 용기 또한 퍼져나갈 수 있습니다. 우리는 이 책을 통해 서로에게 그리고 지지자들에게 용기를 전하게 될 것입니다.

책은 우리에게 삶과 세상을 다르게 볼 수 있도록 도와준다는 점에서 아름답습니다. 그리고 다른 생각을 지니게 될 때 우리는 그 책을 읽기 전에는 생각도 못한 행동을 하게 됩니다.

이 책을 통해 당신의 생각과 마음 그리고 꿈에 변화의 파문이 일기를 마음 깊이 소망합니다.

캘리포니아 알타데나에서

엘렌 스노틀랜드

우리 안의 '힘'을 마주하고 드러내기

요즘 여성들이 변화하고 있습니다. 언론에서 여성을 대상으로 한 강력 범죄가 보도될 때마다 여전히 일상생활이 위축되고 두렵기는 하지만, 사건을 대하는 태도는 조금씩 달라지고 있음을 체감합니다. 지난 2016년 5월 강남역 '여성 살해' 사건 때에도 피해자를 추모하고 연대하여 힘을 내겠다는 의지를 담은 수많은 포스트잇과 밤길 걷기 행진이 새로운 물결을 이루었습니다. 얼마 전 상담소의 '싸우는 여자'를 표방한 여성주의 자기방어 프로그램은 참여자 모집 하루 만에 마감되기도 했습니다.

여성들은 태어나는 순간부터 성별화된 놀이 규범 속에서 수동적이고 조신한 역할을 강요받아왔으며, 사회적 보호의 대상자로 여겨졌지만, 이제 "오빠는 필요 없다."고 외치는 여성들이 늘어가고 있습니다. 이러한 변화 중 하나로 '자기방어 훈련'의 확산을 들 수 있습니다.

여성주의 자기방어 훈련은 잠재적 피해자로서 스스로의 몸을 '방어'하는 것에 그치지 않고, 여성 폭력에 대한 사회·문화의 암묵적 동조와 승인에 대한 문제를 제기합니다. 왜 여성들이 외부의 부당한 공격에 대응하기보다 그 순간 움츠려들 수밖에 없는지, 왜 내 안의 힘과 용기를 꺼내기가 주저되는지를 사회구조적으로 들여다볼 수 있게 합니다. 자기방어 훈련은 '기술'의 습득뿐 아니라 근본적으로 역량을 강화하는 여성주의적 실천이기도 합니다.

우리나라에서는 1994년 이화여대 교양과목에서 '호신의 이론과 실제'를 채택한 이래 각 대학에서 자기방어 수업을 진행하고 있습니다. 성장 과정에서 제대로 몸을 훈련할 기회를 갖지 못한 여성들에게 이러한 강좌는 몸과 마음을 새롭게 인식할 수 있는 좋은 기회가 되고 있습니다. 학교에서만이 아니라 각 단체들에서도 자기방어 프로그램을 운영하고 있습니다.

한국성폭력상담소에서는 2004년부터 본격적으로 자기방어 프로그램을 시작했습니다. 특히 성적 자기 결정권이 있는 성적 주체로 인식되기보다 보호해야 할 미성년자로만 인식되는 청소녀들에 주목했습니다. 이들 각자가 가진 힘과 자원, 몸의 권리를 확인하는 것부터 시작했고, 그 과정과 결과를 모아 『으랏차차 청소녀를 위한 호신 가이드북』을 제작했습니다. 이듬해에는

'걸파워훈련 쏘 - 녀들, 날아차다!' 주말 도장을 운영하고, 겨울 방학에는 걸파워 캠프를 진행했습니다. 2006년에는 소녀들만이 아니라 성인 여성 대상 주말 도장을 개설해 'Women's Fighting Spirit: 우리는 지금보다 강하게, 그리고 자유자재로'를 외치며 훈련했습니다. 2007년에는 여성들의 다른 몸 되기 훈련으로 한강 자전거 탐사, 3m 물속 도전, 무예 훈련, 지리산 종주 심화 훈련 등을 통해 확장된 몸을 스스로 관찰하고 느낄 수 있도록 하였습니다. 이어서 밤길 되찾기 시위 자기방어 훈련 프로그램을 진행하고, 성폭력 공포 타파 프로젝트로 '실전처럼 연습하고 연습처럼 대응하다', '난다 뛴다 다른 몸', '진상퇴치 비법수행 갸 갸갸' 등 다양한 프로그램을 지속적으로 펼쳐오고 있습니다.

이러한 변화의 시대를 살고 있는 우리들에게 이 책은 든든한 조력자가 될 것입니다. 20년 전 미국의 이야기지만, 지금 우리가 겪는 심리적·사회적 문제들과 똑 닮은 상황 속에서 여성들에게 구체적인 자기방어의 철학과 경험을 풀어놓았습니다. 저자인 엘렌 스노틀랜드는 어릴 적 홍수 피해 경험과 성추행 위기, 집 안에 든 도둑과 마주친 경험 등 자신이 피해를 입고 나서야 자기방어 계획을 실천으로 옮길 수 있을 만큼 분노하게 되었다고 말합니다. 그리고 자신의 태도가 개인적 결함이 아닌 사회문화적 현상임을 깨닫고, 인간이 가장 기본적인 방어에 대해서도 필요 이상으로 무서워한다는 사실을 안타까워하며 이 책을 썼다고 합니다. 여성주의자로 살아가면서 대학에서 겪었던 차별에 어떻게 대응했는지, 이후 삶에서 어떤 변화를 겪었는지를 진술하고 재미나게 풀어냈습니다. 그리고 책에 소개된 자기방어 프로그램 참여자들의 경험담은 보는 것만으로도 통쾌합니다. 이 책에는 한번 손에 잡으면 내려놓기 아쉬울 정도로 신나는 사건들이 넘쳐납니다. 여성들의 삶에 대한 저자의 명쾌하고 따뜻한 시선도 곳곳에서 느껴집니다.

이 번역서가 나오기까지는 많은 분들의 노고가 있었습니다. 본 상담소 부설연구소 '울림'의 전 소장이었던 권인숙 명지대 교수께서 소개하고, 연구소에서 번역 작업을 맡았습니다. 정유석, 김강 선생님의 한 줄 한 줄 지난한 번역 작업을 통해 이 책은 우리들에게 '선물'로 다가왔습니다.

『미녀, 야수에 맞서다: 여성이 자기방어를 시작할 때 세상은 달라진다』는 한국성폭력상담소가『아주 특별한 용기』(2000, 2012),『당하지 않겠어』(2014),『괴물이 된 사람들: 아홉 명의 아동 성범죄자를 만나다』(2014),『그것은 썸도 데이트도 섹스도 아니다』(2015)에 이어 5번째 내놓는 번역서입니다. 이후에도 유익한 외국 자료를 지속적으로 소개하도록 하겠습니다. 또한 번역서에만 그치지 않고, 한국 사회에서 자기방어를 어떻게 의미화하고 실제 어떤 변화를 만들어냈는지를 담은 우리의 이야기가 책으로 발간될 수 있기를 기대합니다.

여성주의 자기방어는 수동적인 여성성을 강요하는 사회적 메시지, 미디어에서 표현하는 무기력한 피해자로서의 여성, 일상에서 경험하는 수많은 괴롭힘에 맞서 힘을 키우는 것뿐 아니라, 여성은 충분히 대담한 존재이며 '싸우는 여자'가 될 수 있음을 '발견'하는 과정이기도 합니다.

10대 소녀들부터 청장년층에 이르기까지 스스로의 행동을 검열하는 것이 아니라, 내 안의 힘을 긍정하면서 용기와 지혜를 모아가며 나 자신을, 우리 스스로를 지켜나가는 데 이 책이 든든한 친구가 되리라 믿습니다.

감사합니다.

2016년 8월

이미경(한국성폭력상담소 소장)

감사의 글

내가 하는 모든 일을 진정으로 가능케 하는 가장 가까운 가족인 바바라와 아놀드 스노틀랜드, 자매인 알렌 호헨버그와 메리 스노틀랜드에게 영원히 감사한다. 사랑과 영감, 충성을 준 베아트리츠 간다라와 그녀의 가족에게 빚을 졌다. 그들이 없었다면 이 책을 쓸 수 없었을 것이다. 지난 몇 년 지원을 해준 그레고리 도우던과 그의 가족에 감사한다. 릴리아 매튜와 오필리아 허친슨은 이 작업을 마칠 수 있도록 사무 공간을 제공해주었다. 정식으로 인사를 받는 것에는 관심이 없겠지만, 프로젝트의 모든 과정을 진행하면서 나의 강아지들은 늘 나의 마음속에, 그리고 나의 발 언저리에 있었다.

트리스틴 레이너에게 특별히 감사드린다. 시작 단계에서 그녀가 보여준 믿음 덕분에 나는 이 책을 계속해나갈 수 있었다. 셀 수 없을 만큼 많은 도움을 준 벳지 엠스터에게도 감사한다. 길에서 나를 봤다면 알아보지 못할지 모르지만, 내가 글 쓰는 직업을 시작할 수 있도록 도와준 친절하고 관대한 케빈과 짐 벨로우에게 늘 감사하는 마음이다. 지속적으로 전문가적인 영감과 지도를 해준 가빈 드 베커와 존 스톨튼버그에게 감사한다. 또한 뛰어난 편집 능력을 보여준 롤라 벨로티에게도 감사의 마음을 전한다. 준 어거스트의 천재성에 특별히 감사한다.

모두를 위해 일하는 세계의 지속적인 비전을 준 랜드마크 에듀케이션의 모든 구성원과 바그너 어하드에게 안부를 전하고 싶다.

총력적 자기방어 공동체의 모든 친구들에게, 그들의 헌신적인 꾸준함과 친절함에 대해서는 평생 감사해도 모자랄 것이다. 특히 여성들에게 싸움을 가르칠 만큼 관대한 정신과 힘을 가진 남성 강사들 모두에게 감사한다. 마크 모리스, 조니 알바노, 론델 도슨 그리고 랜디 마미아로의 격려와 우정에 감사한다. 여성 강사들에게 전하는 나의 특별한 감사는 에필로그를 참조했으면 하지만, 우선 특별히 리사 가에타와 아이린 반 더 잔드에게 감사한다.

나의 글에 친절과 인내, 신뢰를 보여준 마지 우드와 짐 래리스에게 감사하고 싶다. 또한 조디 바르에게 감사한다. 여러 해 동안 나를 격려해준 사랑하는 오랜 친구들에게 감사한다. 소냐 스텔리, 수잔 하몬드, 캐서린 그라브달, 켄 쿠타, 다이앤 밀러, 수지 존슨, 에이프릴 알렌-프리츠, 린다 젠킨스, 게리 크레스, 조지아 브래그, 줄리 엔젤맨, 제니 토마오, 제니스 플린, 론다 긴버그, 지아니 프랭크, 크리스토퍼 브래들리, 페그 윌스, 킴벌리 워드, 라슨스 가족, 준 어거스트, 제이 존, 래롤드 랩훈, 롭 뉴만, 티나 레바인, 앤 라 보르드, 그리고 마이리 새자디. 모두가 나의 작업을 믿고 격려해주었다.

자기방어와 인간의 품위 그 자체를 통해 여성해방의 타협하지 않는 비전을 보여준 베티 브룩스 박사에게도 특별히 감사한다.

위기의 순간에 늘 나를 지켜주었던 파사데나 공공도서관의 수잔 제겐후버에게도 감사한다.

차례

잠자는 미녀여, 내면의 전사를 깨워라

우리가 하나의 문화를 설계한다고 상상해보자. 비슷한 생각을 가진 사람들을 모아 위원회를 꾸린다. 그러한 설계는 무릇 남성이 하는 것이므로 구성원은 물론 모두 남성이다. 원래부터 지배자였던 이들에게는 현상 유지가 최선이므로 몇 가지 원칙을 세울 필요가 있다. 가장 중요한 원칙은 여성은 남성을 섬겨야 하고 두려워해야 하며 남성에게 의존해야 한다는 것이다. 이를 지키지 않을 때는 점차적으로 강한 보복이 가해진다. 반항하는 여성은 모욕을 당하고, 나쁜 년으로 낙인찍히고, 소외당하며, 경우에 따라서는 죽을 수도 있다. 물론 가부장제에도 인심은 있는 법이다. 우리는 다른 남성들로부터 우리 여성들을 지킬 것이다. 우리의 여성들이니 당연한 일이다.

'남자로부터 보호받아야 한다.' 우리는 여자아이들이 이렇게 믿도록 그녀들을 길러야 할 것이다. 그러나 여성 모두 상당히 뛰어난 자기방어 기제를 갖고 태어나므로 쉬운 일은 아니다. 여성들은 각각 민첩성, 날카로운 감각, 근력, 명민함, 지력, 영리함, 놀라운 직관력을 본능적으로 갖고 있다. 그럼에도 우리는 여자아이들에게 혼자서는 절대로, 특히 화가 난 남성을 상대로는 자신을 방어할 수 없다고 가르쳐야 한다. 여성들은 달걀 위를 걷듯 조용히 처신하면서 늘 남성의 심기를 건드리지 않도록 조심해야 할 것이다. 이것이 모두가 안전해지는 방법이라고 가르쳐야 한다.

물론 몇몇은 이 원칙에 도전하겠지만, 이들에게는 불복종의 대가를 보여주면 된다. 때리거나, 강간하거나, 죽이거나, 최소한 죽을 만큼 겁을 주면 되고, 이들의 이야기는 지역 뉴스, 영화, 텔레비전 프로그램, 책과 신문을 통해 알려질 것이다. 그 과정에서 "남성의 화를 돋운 여성에게 잘못이 있다."는 일관된 메시지를 전달한다. 몇몇의 희생은 반항보다 복종이 안전하다는 것을 보여주는 귀감이 될 것이다.

이례적으로 한 여성이 자신에게 있는 방어기제의 핵심을 깨닫고, 이를 사용하기로 결심한다. 심지어 어떤 남성에게 본때를 보여줬다고 하자. 하지만 이 이야기는 절대로 널리 퍼지지 못할 것이다. 더 많은 골칫거리를 조장할 것이 불 보듯 뻔하기 때문이다.

그런데 엘렌 스노틀랜드가 이 책을 통해 이런 모든 것이 거짓을 기반으로 세워진 것이라고 주장하고 나섰다. 그녀는 여성들도 스스로를 보호할 수 있으며 또 그래야만 하고, 자신들을 대신 지켜줄 남성이 필요치 않다고 말한다. 이는 모든 것을 뒤바꾸고, 자연의 순리를 교란시킬 것이다.

아니, 어쩌면 자연의 질서를 회복하는 것일까?

*　*　*

우리 문화는 여성의 방어 능력을 근원적으로 없애지는 못했지만, 상당 부분 파괴하고 해체시켜왔다. 그 원인이 얼마나 복잡한지는 몰라도, 결과는 너무나 단순해서 의문의 여지가 없을 정도이다. 수백만 명의 여성들이 자신에게 방어 능력이 있다는 사실, 그리고 자신도 자연이 만들어낸 위협적인 존재라는 사실을 모른다. 그리고 더 많은 수의 여성들은 가장 남성적이라 여겨지는 영역, 즉 원치 않는 상대의 행동에 반격하고 응징하는 것은 생각조차 하지 못한다.

하지만 한 가지 잊지 말아야 할 사실은 남성들은 슈퍼맨이 아니라는 것이다. 여느 존재와 마찬가지로 우리들에게는, 이를테면 눈 부위 같은, 약점이 있다. 그리고 그보다 더 잘 알려진 취약점도 있다. 바로 가랑이 사이를 발로 차이는 경우인데, 작가 캐리 피셔Carrie Fisher는 남성들이 성기를 차였을 때 겪는 날카로운 고통을 "바보같이 성기를 바깥에 달고 다니는 대가"라고 표현하기도 했다. 여기서는 두 가지 약점(더 정확히 말하면 네 가지 약점)만 언급했지만, 엘렌 스노틀랜드는 이 책을 통해 더 자세히 공개할 것이다.

자기방어 훈련 보조 강사로 일하던 전 여자 친구와 저녁 산책을 하던 날이 떠오른다. 어둑한 곳에서 한 남자가 다가오더니 우리에게 돈을 요구했다. 구걸하는 사람보다는 좀 더 당당했고, 강도보다는 덜 위협적이었다. 그 사람은 우리가 거절 의사를 표하기도 전에 화를 내면서 재빨리 우리 앞을 가로막고는 더 적극적으로 요구하기 시작했다.

그 남자는 술에 취해 있지도 않았고, 진지했으며, 정신도 멀쩡해 보였다. 그는 내 옆의 여자 친구는 안중에도 없이 나에게만 신경을 집중했다. 나는 속으로 생각했다. '이봐, 지금 생각을 바꾸지 않으면 엄청난 교훈을 얻게 될 거야. 우리 두 남자가 싸우면 누가 이길까 고민하는 사이, 당신이 생각도 못했던 이 여자가 나서서 혼쭐을 내줄 거거든. 그것도 아주 심하게.'

그는 내 눈빛에서 든든한 지원군을 둔 남성들한테서 보이는 자신감을 감지한 듯했다. 나는 계속해서 무언의 메시지를 보냈다. '왜냐하면 내 옆의 여자는 내가 지키는 전리품이 아니라 나랑 같은 부대의 전사거든. 의외성이라는 요소까지 지녔으니 사실 나보다 우위에 있지. 나를 두려움에 떨지 않게 하는 비밀 무기가 뭔지 너무 고민하진 마. 그럴 시간에 최대한 빨리 물러서는 편이 좋을 테니까.'

그는 정말로 물러섰다. 덕분에 그는 이따금씩 불량배들과 범죄자들이 자기방어 수료생들에게 시비를 걸었다가 치욕을 당하는 경험을 하지 않게 되었다.

여성들이 여기저기 돌아다니면서 남성들을 노려보고 싸움 거리를 찾아다니며, 상대에게 시비 걸기를 바라는 것이 아니다. 그런 행동은 이미 많은 남성들이 몸소 실천하고 있다. 하지만 나는 여성들이 폭력의 언어를 알고, 내면에 존재하는 눈부시도록 강력한 자원을 받아들이기를 간절히 염원한다.

간혹 "저는 절대로 폭력을 행사할 수 없어요."라고 말하는 어린 여성들을 만나곤 한다. 하지만 그녀들도 이내 "누군가 제가 사랑하는 사람을 해치려 하는 경우가 아니면요."라며 의미심장한 말을 덧붙인다. 폭력이라는 자원은 우리 모두에게 있지만, 이를 정당화할 수 있느냐가 쟁점이다. 여성들도 내면의 전사를 깨워 자연이 부여한 힘을 정당하게 발휘할 수 있다. 여성이든 남성이든, 사람들의 내면에 자리한 전사들은 스스로를 지키려는 단일하고 뚜렷한 목적을 가진다. 인류의 절반이 이러한 자연스러운 기질을 거스를 이유는 없다. 비록 그것이 때로는 나머지 절반에게 혜택을 주더라도 말이다.

그럼에도 불구하고 어떤 이들은 여성들이 자연을 거스르기를 바란다. 예컨대 이들은 아들에게 여성들의 "안 돼No."는 진정한 거절이 아니라고 가르치며, 그 결과 여성들의 "안 돼."는 많은 경우 협상의 종결점이 아닌 시작점이 된다. 엘렌 스노틀랜드는 신체적 자기방어뿐 아니라 언어적 자기방어에 대해서도 심도 있게 다루며, "안 돼."라는 말에 대한 새로운 교훈을 전한다. 그녀는 거절 의사를 직접적이고 확실하게 표현하는 것이 여성스럽지 않거나 무례한 것이 아니라는 사실을 보여준다.

무례하게 보이는 것을 두려워하는 사람들을 만나면(굉장히 흔하다.) 나는 다음과 같은 대화를 떠올리곤 한다. 여성이 자신에게 다가온 낯선 사람에게 "싫다."고 말하는 상황이다.

남자 이거 미친년 아니야. 아가씨, 무슨 문제 있어? 그냥 예쁜 아가씨한테 도움 좀 주겠다는데. 뭘 그렇게 예민하게 굴어?

여자 맞아요. 예민할 필요는 없죠. 별거 아닌 일인데 과민 반응하는 거예요. 여성에 대한 범죄율이 일반 범죄보다 네 배나 빠르게 증가해왔고, 여성 네 명 중 세 명이 잔인한 범죄의 피해자가 되는 사회이기는 해요. 또 제가 지금껏 알고 지낸 여성들은 거의 다 끔찍한 경험담을 갖고 있죠. 또 주차할 때도, 길을 걸을 때도, 누군가랑 얘기 나눌 때도, 데이트할 상대를 고를 때도 누군가 나를 위협하거나 강간하거나 죽이지 않을지 생각해봐야 하죠. 일주일에도 몇 번씩 누군가가 제게 부적절한 발언을 하거나, 뚫어져라 쳐다보거나, 추행하거나, 따라오거나, 제 차에 바짝 붙어서 쫓아와요. 제가 사는 아파트 관리인은 기회만 있으면 무슨 범죄라도 저지를 것 같은 눈빛으로 저를 쳐다보죠. 왜 이렇게 소름끼치는지 모르겠어요. 제 입장에서는 생사를 오갈 수 있는 위험의 한가운데서 살고 있는데도, 남자들은 공감을 못 하죠. 그래서 지나치게 경계하는 나 자신에 대해 바보 같다는 생각도 해야 해요. 물론 그럼에도 불구하고, 낯선 사람이 여성의 "싫다."는 항변을 아무리 무시한다 해도, 그 사람을 경계할 필요는 없는 거겠죠.

남성들 입장에서 믿을 수 없거나 공감 혹은 인정하지 못한다 하더라도, 대부분의 여성들이 늘 경계심을 갖고 살아간다는 것은 안타깝지만 엄연한 사실이다. 여성들은 남성들이 도저히 경험할 수 없는 종류의 위태로움을 안고 살아간다. 이 점을 확인해보고 싶다면, 당신이 아는 남자들에게 "가장 최근에 다른 사람이 나를 해칠까 봐 걱정하거나 두려웠던 적"이 언제인지 물어보라. 아마도 많은 남성들은 최근 몇 년간 그런 경험이 없다고 답할 것이다. 그러나 같은 질문을 여성들에게 하면 대부분은 최근에 있었던 일을 설명하거나 "어젯밤", "오늘", 심지어는 "매일"이라고 대답할 것이다.

그럼에도 안전에 대한 여성들의 불안은 주변 남성들에게 비판의 대상이 되는 경우가 많다. 나는 걱정한다는 사실을 변호해야만 하는 여성들에게 이렇게 전하고 싶다. 위험에 대한 만능 박사처럼 구는 남성들에게 이렇게 말하자. "당신은 내 개인적 안전에 어떤 도움도 되지 않습니다. 내 안에는 자연의 선물인 생존본능이 있고, 그 본능은 나의 안전에 대해 당신보다 훨씬 많이 알고 있어요. 그리고 당신의 인정을 필요로 하지도 않습니다."

* * *

　이 책에서 설명하는 자기방어 훈련은 많은 선물을 가져다줄 수 있다. 그중에서도 가장 주목할 점은, 자기방어 훈련이 이제까지의 경험을 뛰어넘을 영구적이고 가시적이며 측정 가능한 변화를 가져온다는 것이다. 이 변화는 모든 생명체는 무력하지 않다는 자각에서, 그리고 누구도 피해자(또는 겁에 질린 잠재적 피해자)로 태어나지 않았음을 깨닫는 과정에서 시작된다. 자기방어 훈련을 받은 내 친구들 몇몇은 이전에 가졌던 삶에 대한 망설임을 새로운 확신으로 바꿀 수 있었다. 그녀들은 보다 안전해졌을 뿐 아니라, 전보다 머뭇거리지도 않고 자신감 있게 행동하며, 무엇보다 두려움이 줄어들었다. 그녀들은 왕이라고 생각했던 사람들 역시 살과 피로 이루어졌을 뿐 갑옷을 두른 것이 아니라는 커다란 진실을 깨닫게 된 것이다.

　이 책을 통해 가해자들의 공격을 이겨내는 여성들의 이야기를 접하면서 우리 사회의 가슴 아픈 통계들을 상쇄시키는 자료를 처음으로 발견한 듯했다. 미국 내 여성들의 응급실 입원 사례 중 남편이나 남자 친구가 입힌 부상으로 인한 경우는 자동차 사고, 강도, 강간 피해로 입원하는 경우를 모두 합한 것보다도 많다. 여성들이 2시간마다 한 명꼴로 남편이나 남자 친구에게 살해된다는 점을 고려하면, 그나마 병원에 입원하는 여성들은 다행이라고 생각해야 할 지경이다. 이 단락을 읽고 있는 일 분이라는 시간 동안에도 또 다른 여성이 성폭력 피해를 입는다. 이러한 현실에 우리는 어떻게 대처할 수 있을까? 법을 강화하고, 경찰을 늘리고, 더 강력한 처벌을 하면 해결할 수 있을까?

이에 대해 저자는 단호히 아니라고 답하며, 여성들이 무력하다는 미신을 탈피하는 것이야말로 진정한 해결책이라고 말한다. 그녀와 함께 걷는 것을 자랑스럽게 생각하며, 그녀의 생각에 나 역시 지지의 목소리를 보탠다. 저자가 "잠자는 미녀"로 표현한 여성들이 잠에서 깨어나는 데 이 책이 도움이 되었으면 한다. 그리고 그녀들이 "왕자님"을 받아들이고자 한다면, 보호자로서가 아니라 진정으로 왕자답기에 선택하기를 바란다.

엘렌은 자신의 경험담을 공유하며 독창적이고도 강력한 책을 집필하였다. 그리고 여성 전사들의 모습도 전장에 나간 남편을 기다리는 여성들의 모습만큼 여성다운 것임을 알려주었다. 소중한 이야기를 전해준 엘렌에게 축복을 빈다.

가빈 드 베커Gavin de Becker*

----

* 『공포가 주는 선물The Gift of Fear』(국내에는 '범죄신호'란 제목으로 출간)의 저자. 개인 및 국가 안보와 범죄 예방 관련 전문가.

수영을 배우듯 자기방어를 배워야 한다

자기방어에 관한 책을 쓰고 있다고 한 친구에게 얘기하자, 친구는 "방법을 설명해주는 책"이냐고 물었다. 나는 잠시 고민한 후 "원인을 설명해주는 책"이라고 답했다. 남성만큼 지적인 존재인 여성들이 자유를 갈망하면서도 의식적, 무의식적으로 자신의 안전에 대한 책임을 주변 남성들에게 맡기는 이유는 무엇일까? 남성들이 늘 우리 곁을 지켜주지 않는다는 것을 알면서도, 우리 마음속에 남아 있는 낭만적인 구원의 판타지는 왜 여전히 이리도 강력한 것일까?

왜 다른 종의 암컷들은 체구와 상관없이 사나운 본성을 갖고 있으며, 새끼들에게 자기방어와 사냥을 가르치는 역할을 도맡는 걸까? 어째서 대부분의 여성들은 자신들이 가해자에게 위협적일 수 있다는 것을 상상조차 못하는 것일까? 이 책은 이러한 의문들과 그 뒤에 존재하는 사회적 배경을 살피면서 여성과 아이들 모두를 위한 교육의 필요성을 제기하고자 한다.

처음 자기방어 수업을 마쳤을 때 나는 믿을 수 없을 만큼 큰 의식의 전환을 경험하였다. 함께 수강했던 다른 구성원들도 나만큼 열광적이었고, 모든 여성들과 소녀들이 우리가 배운 것처럼 맞서 싸우는 방법을 배울 수 있기를 바랐다. 그러나 막상 친구들과 사랑하는 사람들에게 이 수업을 추천하자 커다란 저항에 부딪혔다. 이들의 저항은 현실에 대한 부정과 게으름 그리고 불신의 형태를 띠고 있었다. 나 또한 '자기방어 수업을 들어야 하는데…' 하는 생각은 있었지만, 늘 미뤄두고 있는 상태였다. 그러다 나는, 대부분의 여성들과 마찬가지로 경각심을 일깨우는 사건을 겪고 나서야 비로소 수업에 등록하게 되었다.

자기방어 수업을 적극적으로 '전도'하기 시작했을 때 사람들은 끊임없이 통계치를 보여 달라는 반응을 보였다. 마치 어떤 마법의 수치에 도달해야 마침내 자신 또한 위험할 수 있다는 사실이 증명된다고 생각하는 것 같았다. 이 여성들은 '나한테는 그런 일이 일어날 리 없다.'는 믿음을 통계라는 다소 세련된 방식으로 표현했다. 하지만 통계적 사실은 "공격당하지 않을 여성은 3분의 1 정도"라는 것이다. 통계치는 이미 모든 숙녀, 자매, 딸, 어머니, 친구, 할머니들에게 적신호를 보내고 있다. 성별, 피부색, 종교, 성적 지향 등을 이유로 공격받는 사람들이 존재한다는 사실 자체가 위험을 증명하기에 충분하다. 여성들은 폭력을 멈추어야 한다고 주장할 때가 되었다.

앞서 제기했던 질문들로 돌아가보자. 여성들은 왜 자기방어를 배우지 못하는 것일까? 어째서 우리는 남성들에게 경제적으로는 의존하고 싶지 않다고 말하면서, 안전과 관련해서는 적극적으로 의존하는 것일까? 어떻게 이렇게 많은 사람들이 기꺼이 고양이에게 생선을 맡기는 것일까? 여성의 독립은 공격의 위협이 사라진 세상에서만 가능한 것일까?

자기방어를 배우고 나서 수영과 신체적 자기방어의 공통점을 느낄 수 있었다. 수영도 일종의 신체적 자기방어이다. 자기방어는 수영과는 달리 물이 아닌 사람으로부터 안전을 추구한다는 점이 다르다 하겠다. 물 또한 몇몇 사람과 마찬가지로 통제를 벗어나면 매우 위험해질 수 있다.

열여덟 살 무렵 경험한 두 가지 사건은 생존 기술을 반드시 배워야 한다는 내 열정적인 믿음의 토대가 되었다.

1972년 6월 9일, 캘리포니아의 한 대학에 다니던 나는 방학 동안 사우스다코타 주에 있는 부모님 댁에서 지내고 있었다. 사우스다코타 블랙힐 지역은 무척 아름다운 곳이다. 그해 봄에는 비가 많이 내렸던 터라 언덕의 빛깔이 특히나 푸르렀다. 그날 오후, 나는 근사한 경치를 구경하며 부모님과 골프를 치고 있었다. 그러던 중 공기가 심상치 않다는 느낌을 받았다. 아버지는 토네이도가 불기 전의 느낌과 비슷하다고 했다. 나는 '전기가 통하는 듯한', '노란색'과 같은 단어를 떠올렸다. 노란색에 냄새가 있다면, 그때의 냄새일 것 같았다. 이웃집 개들이 짖어대기 시작했다.

우리는 집으로 돌아왔고, 나는 어머니에게 시내에 가서 연극을 보자고 제안했다. 우리는 개울가에 자리 잡은 다소 시골스러운 집에서 나와 시내로 향했다. 그때만 해도 가랑비만 조금 내렸다. 시내에 있는 매표소에 도착하니 출연진 중 한 명이 블랙힐 쪽 교량 통행이 금지되어 극장으로 올 수 없다는 연락을 해왔다고 했다. 우리는 다시 집으로 발길을 돌려야 했다. 나는 속으로 배우가 극장에 오지 않은 건 아마추어 같은 행동이라고 생각했다.

집으로 돌아가는 차 안에서 극장에 못 온 배우를 비난한 것을 반성했다. 비가 억수같이 퍼붓고 있었다. 겁이 나기 시작했고, 본능이 하는 소리를 따라야겠다고 생각했다.

나는 갓길에 차를 세우고 어머니에게 아버지를 친구의 집으로 부르자고 말했다. 집으로 가고 싶지 않았고, 아버지도 집에 있으면 안 될 것 같았다. 논리적인 근거는 없었지만 직관적으로 매우 큰 위험이 닥칠 것 같은 기분이 들었다. 그날 오후 공기가 '노란색'을 띠었을 때부터 이미 내 감각들은 최대한 예민해져 있었던데다, 폭우와 함께 빨간 경보음이 세차게 울리기 시작했던 것이다. 어머니는 집으로 가고 싶어 하셨다. 어머니의 의견에 따라 아버지한테도 전화를 걸지 않기로 했다.

집에 도착하자마자 아버지께 집에서 나가자고 설득하기 시작했다. 내 뜻대로 해주면 안 되겠냐고 애걸하며, 내 판단이 틀리다면 상관없겠지만 아무래도 비가 내리는 모습이 심상찮다고 말했다. 어떤 말을 해도 아버지는 동요하지 않으셨고, 그저 아무 일 없다는 듯 텔레비전만 보실 뿐이었다.

개울가로 나가자 죽은 가축들이 떠내려오고 물이 빠르게 불어나고 있었다. 아버지도 조금 걱정이 되시는 눈치였지만, 집에 가만히 있는 것 외에는 어떠한 조치도 취하지 않겠다고 선언하셨다. 그날 저녁은 굉장히 답답한 기억으로 남아 있다. 마치 프리암과 헤큐바의 딸인 카산드라가 된 기분이었다.* 아폴로는 카산드라에게 예지력을 선물로 주었지만, 카산드라가 자신의 사랑을 받아주지 않자 그녀에게 준 예지력을 고통으로 바꾸어버린다. 누구도 카산드라의 말을 듣지도 믿지도 않게 된 것이다.

이리저리 뛰어다니며 개울가를 살피고 상황을 알리면서, 부모님에게 어떠한 반응이라도 끌어내려 애썼던 기억이 난다. 내가 원했던 반응은 한시라도 빨리 집에서 뛰쳐나가는 것이었다. 연극학과 학생이었던 만큼 부모님이 내 반응을 과장된 표현이라고 여긴 측면도 있겠지만, 25년이 지난 지금 그날을 뒤돌아보면 부모님의 행동을 다르게 해석하게 된다. 이 부분에 대한 분석은 잠시 후에 이어가려고 한다.

물이 차오르면서 내 마음은 점점 차분해졌다. 평정을 되찾아

----

* 그리스로마 신화 중 트로이의 왕인 프리암의 딸이자 예언자인 카산드라가 목마가 트로이를 멸망시킬 재앙이니 불태우라고 경고하지만, 프리암 왕이 그 말을 듣지 않고 목마를 성으로 들인 부분을 빗대어 표현했다.

야만 누구라도 내 말을 들어줄 거라는 생각이 들었다. 향나무로 만든 혼수품 상자(웨딩드레스를 포함한 어머니의 소중한 기념품들로 가득 차 있었다.) 정도는 일층 창고에서 가져오는 게 좋지 않겠냐고 어머니를 설득했다. 어머니와 함께 상자를 찾아냈을 즈음 우리를 도우러 온 옆집 사람들 소리가 들렸다. 상자를 들어 올리는 순간 창고 문이 벌컥 열리면서 어느새 '강'으로 변해버린 개울물이 밀려 들어오기 시작했다. 위층으로 올라가느라 애를 먹는 사이 아버지가 나와서 우리를 도와주셨고, 부모님은 그때서야 밖으로 나가자는 내 말에 동의하셨다. 밖에 나와보니 우리의 작은 시골 마을은 물에 흥건히 젖은 채 악몽으로 변해 있었다.

차들이 우리 옆을 둥둥 떠다니고, 사람들은 비명을 질렀다. 나무와 잔해들을 포함한 상상할 수 있는 모든 것들이 거센 물길을 타고 떠내려갔다. 부모님은 수영을 할 줄 모르셨고, 배운 적도 없었다. 수영을 잘했던 나는 이 정도 물길은 문제없다고, 물길을 헤쳐 나갈 수 있다고 안심시켰다.

부모님을 양옆으로 잡고 가랑이 높이까지 차오른 물속으로 들어갔다. 집에서 20미터 정도 걸어 나갔지만 수위는 더 급격하게 높아지고 있었다. 무사하지 못할 것 같다는 사실이 고통스러울 정도로 명백해졌다. 천만다행으로 부모님은 힘이 빠져 있었다. 수영을 못하는 사람들이 종종 그렇듯, 공황 상태에 빠지면 발버둥 치다가 상황을 더 악화시키기 십상이다. 불과 몇 분 사이에 가슴 높이까지 물이 차올랐다. 죽기 살기로 부모님을 붙잡은 상태에서 방향을 되돌려 겨우 집으로 안전하게 돌아올 수 있었다.

여러모로 믿기지 않는 상황이었지만 어쨌든 우리는 이층 다락으로 올라가야만 했다. 어머니의 재봉틀을 복도로 끌어온 다음 그 위를 밟고 창고 쪽으로 올라갔다. 올라가면 다시 나갈 방법이 없기 때문에 나는 그다지 올라가고 싶지 않았다. 다락에는 양초 몇 개뿐, 창문도 없었고 벽을 깨고 나갈 수 있는 물건도 보이지 않았다. 그때 스페인의 극작가 페데리코 가르시아 로카의 작품 속 '폰시아'와 전형적인 인물이었던 '하인'의 대사를 읊었던 기억이 난다. 그 얼마 전 〈베르나르다 알바의 집〉이라는 연극에 출연했던 터였다. 어두웠던 그날 밤, 나는 양쪽 인물을 번갈아가며 연기했다.

폰시아 바다에 맞서다 무력해질 땐 등을 돌리고 외면하는 게 나아.
하인 마님은 참 자존심도 세십니다! 스스로 눈에 안대를 씌우시는군요.
폰시아 아무것도 할 수 없어. 어떻게든 피하려고 해봤지만 이제는 다 너무 두려워. 이 침묵이 느껴지니? 모든 방에는 천둥 번개가 내리치고, 날이 밝으면 우리는 모두 휩쓸려갈 거야. 하지만 나는 할 말은 했어.

부모님은 한마디도 하지 않으셨던 것 같다. 부모님은 충격에 빠져 있는데 나는 위험을 외면하고 휩쓸려 가버리는 내용의 음울한 스페인 연극 대사를 읊고 있었으니 말이다. 나는 침묵을 견딜 수 없었다. 아무것도 보이지 않았고, 다락방 밖에서 어떤 일이 벌어지는지도 알 수 없었다. 안 그래도 우리 가족은 말수가 적은 편인데다 다락방에서 인생이 끝날지도 모른다는 사실을 곱씹고 있는 상황에서 갑자기 수다스러워질 리가 없었다. 긴장감에 소름이 돋았다. 죽을 수도 있다는 마음의 준비를 하면서 무서운 상황들을 머릿속으로 되뇌었다.

수영을 못하시는 부모님이 마지막 순간까지 집에 계시다 물에 빠져 휩쓸려갔다면 어떻게 되었을까? 만약에 이랬다면, 만약에 저랬다면? 나 자신도 거센 물길을 감당할 수 있을 거라 확신할 순 없었지만, 적어도 겨뤄볼 만하다는 사실은 알고 있었다. 그러나 부모님은 그렇지 않았을 것이다. 나는 그렇게 짧은 시간 동안 빗물과 개울물이 얼마나 끔찍하게 바뀌어버렸는지 곰곰이 생각했다.

물은 마치 변기물이 내려가는 것처럼 갑작스럽고 빠르게 빠지기 시작했다. 나중에 우리는 집 아래쪽에 있던 댐이 무너졌다는 사실을 알게 되었다. 물이 빠지고 난 후 우리는 다락에서 내려가 각자의 침실로 향했다. 나는 종이를 발견하고는 생각나는 모든 말들을 동이 틀 때까지 적어 내려갔다.

날이 밝자 끔찍하고 가슴 아픈 소식이 들려왔다. 초등학교 친구 하나는 밖에서 모친의 시신을 찾고 있었고, 이웃집들은 송

두리째 무너지거나 떠내려간 상태였다. 아버지의 차는 앞 범퍼가 하늘을 향한 채 수직으로 서 있었고, 다른 차는 간이 창고와 함께 사라지고 없었다. 이후 우리 집 마당에서 네 구의 시신이 발견되었다는 소식도 전해 들었다. 미국 역사상 최악의 홍수 중 하나였고, 우리 동네는 가장 큰 피해 지역에 속했다. 총 사망자 수는 238명, 우리 가족은 그 작은 마을에서 살아남은 몇 안 되는 생존자였다.

나는 물의 위력에 대한 일종의 경외심과 적십자에서 배운 수영 기술이 우리를 살렸다고 생각한다. 당시 상황이 두려웠지만 공황 상태가 되거나 얼어붙지 않았고, 우리가 처한 상황을 끊임없이 평가하고 대응 방식을 조정했다. 당시 혼자였다면 일찌감치 집에서 떠났겠지만, 부모님을 두고 갈 수는 없었다. 나는 한 번도 우리가 불가능한 상황에 처해 있다고 생각하지 않았다.

이제 두 번째, 관련은 있지만 사실상 별개인 사건으로 넘어가보자. 마을 전체가 홍수 범람 지역으로 지정되어서 며칠간 다른 곳에 격리되었다가 드디어 다시 집으로 돌아갈 수 있었다. 벽지를 깨끗이 닦고, 냉장고를 바로 세우고, 냉동실에서 상한 음식을 꺼내고, 물 호스를 이용해 최대한 이물질을 씻어냈다. 바닥을 닦는 고된 작업도 시작했다.

캘리포니아로 돌아가기 전날 아침, 나는 바닥에 엎드려 원래 하얀색이었던 욕실 바닥을 닦고 있었다. 구석구석 긁어내고, 줍고, 지우고, 걸레로 훔치는 힘든 작업이었다. 허리가 부서질 듯

아팠지만 그래도 일에만 집중했다. 부모님은 건져낸 물건들을 싣고 떠나신 상태였다.

한순간 목덜미가 서늘해지는 기분이 들었다. 뒤를 돌아보니 주 방위군 소속의 한 청년이 서 있었다. 아무 말도 없이 우리 집에 들어와 아주 조용하게 욕실까지 왔던 것이다.

심장박동이 목까지 차올랐다. 이런 상투적 표현은 극한 상황에 처했을 때의 기분을 표현하는 데 놀라울 정도로 적절할 때가 많다. 청년은 나를 계속 뚫어져라 쳐다봤다. 그러다 마침내 정적을 깨며 물었다. "혼자야?"

나는 꼼짝 없이 얼어붙었고, 머리가 멈춘 것만 같았다. 곧 부모님이 돌아오신다고 대답했다. "너 진짜 귀엽다."라는 말이 돌아왔다.

"미안한데, 지금 할 일이 아주 많아."

"그렇게 무례하게 굴 필요는 없는데." 상상이 가는가? 나는 지금 수해 입은 집을 복구해보려 안간힘을 쓰는데, 이 남자는 나에게 작업을 걸고 있었다. 아니 그 이상을 생각할지도 모르는 일이었다.

"무례하게 굴려는 게 아니고, 할 일이 많다고." 나의 대답을 듣자 그는 고개를 휙 돌리고 나가버렸다.

심장이 너무 빨리 뛰어서 가슴이 터져버릴 것 같았다. 온 몸이 미친 듯이 떨렸다. 부모님이 돌아오시기 전까지 견딜 수 없을 정도로 괴로웠지만, 부모님이 돌아오신 후에도 별말씀을 드리진 않았다. 사실 아무 일도 일어나지 않았기 때문이다.

그 군인은 분명히 나라를 지키는 것 이외의 목적을 가지고 있었다. 그는 내 반응과 상황을 보며 판단했고, 혹시라도 시도했다면 나를 추행하기에 최적화된 상황이었다. 나는 아무것도 증명할 수 없으며, 그 청년의 의도가 무엇이었는지 앞으로도 정확히 알 수 없을 것이다. 다만 그 사람이 내게 안전하다는 느낌을 주는 어떠한 노력도 하지 않았다는 것은 알 수 있다. 그보다는, 먹잇감을 노리다가 포획할 가능성이 그다지 높지 않다는 결론을 내고 돌아서는 포식자를 마주한 기분이었다.

나는 바로 얼마 전에 있었던 살인적인 홍수에도 비교적 차분하게 대응했는데, 남자 하나 때문에 죽음의 위협을 느꼈던 것이다. 많은 생명을 앗아간 홍수에서 살아남은 후, 나라를 지키는 군인에게 성폭력을 당했다면 얼마나 기가 막혔을까. 맞서 싸우는 법을 몰랐던 나는 몇 년 동안이나 그 청년이 나오는 악몽에 시달려야 했다. 나는 꿈속에서도 얼어붙었고, 그 군인이 내 몸 위를 누르는데도 비명을 지르거나 움직일 수 없었다. 말하자면 '수영'을 할 수 없었던 것이다. 돌이켜 생각해보면, 만약 그때 수영 훈련만큼 자기방어 훈련을 받았다면 그 남자에게 나가라고 하고 신고라도 했을 것 같다. 하지만 당시 나는 어떠한 기술도, 정보도 갖고 있지 않았다. 자기방어가 수영보다 어렵지도, 낯설지도 않다는 것을 알게 된 지금은 그때의 내 모습이 안타깝기만 하다.

부모님은 기본적인 수영 기술이 없었기 때문에 내가(혹은 수 중 안전에 대해 아는 다른 사람이) 없었더라면 생존 확률이 그만큼 적었을 것이다. 부모님의 경우는 안전한 곳으로 수영하는 법도 몰랐을 뿐더러, 물에 친숙하지 않으므로 홍수가 얼마나 위험할지 정확히 판단하지 못했다. 하지만 어렸을 때부터 내게 수영을 가르친 부모님의 판단은 매우 현명한 것이었다. 대회에 나갈 정도로 수영을 배우고 적십자에서 인명 구조 훈련도 받았기 때문에 나는 물속에서나 물 가까이에서 무척 편안했다. 홍수가 닥쳤을 때 공포를 느꼈지만, 그 공포는 나를 마비시켰다기보다는 오히려 힘을 불어넣었다. 훈련된 기술을 사용해 위험을 정확히 진단하고 부모님과 함께 안전하게 물길을 헤쳐 나갈 수 있었다.

수영을 할 줄 모르는 사람은 모든 종류의 물을 두려워하게 된다. 이들에게 물은 늘 잠재적인 위협이므로 물 가까이에서는 절대 여유롭거나 '자유'로울 수 없다. 한편 사람들은 물에 대한 두려움이든 타인의 공격에 대한 두려움이든 모르는 영역에 대한 깊은 두려움을 견디기 위해 자신이 그 부분에 취약하다는 사실을 부정하기도 한다. 자기방어 능력이 없는 사람들은 혼자 하는 여행, 밤 운전이나 산책, 낯선 남자 혹은 남자를 만나는 것 자체, 그리고 언제 어디서든 위험할지도 모르는 사람과 마주치는 것 등 이 모든 것을 걱정하며 늘 두려움에 떨어야 한다.

수영은 대부분의 사람들에게 자연스러운 행위지만 잘할 수 있기 위해서는 먼저 배우는 과정을 거쳐야 한다. 수영하는 방법을 아는 것은 자신의 생명을 구할 수 있을 뿐 아니라 위험에 빠진 타인을 돕는 길이기도 하다.

많은 여성들은 자신에게는 일어나지 않을 것이라 믿으며 폭력의 가능성을 외면하거나, 또 어떤 이들은 폭력을 두려워해야 한다는 사실조차 의식하지 못한다. 다시 수영에 비유하자면, 마치 물속으로 걸어가면서 너무 깊은 곳이 나타나지 않기를 바라며 두려움을 억누르는 모습과 같다. 물이 얌전히 그대로만 있어주기를 바라는 것이다. 또 다른 여성들은 아예 상황을 피하는 방식을 택함으로서 다양한 삶의 즐거움(남성들에게는 일상적으로 제공되는)을 박탈당한 채 살아간다.

상황을 회피하는 것 또한 전략일 수 있지만, 그것이 선택할 수 있는 유일한 수단이라면 더는 전략일 수 없다. 직장이나 운동경기 혹은 전쟁 등 어떠한 상황에서든 여러 가능성을 알고 있어야만 전략을 세울 수 있다. 그러나 안타깝게도 많은 여성들은 위험 상황에 대해 무지하기 때문에 효과적인 전략을 세우기 어렵다.

물로 인한 부상이나 익사 사고를 예방하는 것처럼 폭력도 마찬가지이다. 매년 국민 중 6천 명이 익사하고, 50만 명은 익사에서 겨우 살아남는 나라가 있다고 하자. 당신은 아마도 '세상에, 왜 저 나라 사람들은 수영을 배우지 않을까?'라는 생각이 들 것이다. 왜냐하면 수영과 관련해서는 어떤 사람은 수영을 배워서는 안 된다거나 배울 수 없다는 통념이 없기 때문이다. 그러나 여성 폭력을 대하는 사람들의 자세는 사뭇 다르다. 대부분의 사람들은 여성들은 폭력 앞에서 자신을 방어하거나 타인을 보호할 수 없다는 믿음을 갖고 있다. 이 책은 이러한 믿음이 얼마나 잘못되었는가를 드러내고자 한다. 그리고 자신과 사랑하는 이들이 위험에 처했을 때 용감하게 맞서 싸울 수 있도록 영감을 줄 수 있기를 바란다.

나는 물도, 필요할 때 세상에 나가 맞서 싸우는 것도 두려워하지 않는다. 자기방어 기술을 배운 후 비로소 느끼게 된 해방감을 독자들도 함께 느낄 수 있으면 좋겠다. 물론 목숨을 걸고 수영해야 하거나 누군가를 물리쳐야 하는 상황을 겪지 않으면 좋겠지만, 이 두 가지 상황에 대처할 수 있다는 사실은 나를 더욱 자유롭고 편안하게 해준다. 나는 '맞서 싸우겠다'고 선택한다면 누구나 이러한 해방감을 느낄 수 있다고 자신할 수 있다. 내 가장 소중한 꿈은 모든 여성들이 스스로를 안전하게 지킬 수 있도록 훈련하는 것이다. 싸우는 방법을 아는 여성들의 수가 어느 임계점에 다다르면, 실제 여성 폭력 범죄의 총량도 감소할 것이다.

여성과 아이들의 신체적 안전이라는 진지한 주제를 다루면서 때로 장난 치고 농담도 던지는 모습에 놀랄지도 모르겠다. 이는 주제가 가벼워서가 아니라, 유머 또한 일종의 자기방어이자 치유의 수단이기 때문이다. 웃음은 우리에게 힘과 의지를 준다.

어떠한 유형의 자기방어 훈련이든 모두 유용하지만, 이 책에서는 남녀 강사들이 팀을 이루어 실제적인 방어 기술을 가르치

는 총력적 격투기식 자기방어full-force, full contact self defense* 훈련을
추천한다. 모델 머깅, 임팩트 재단, 풀파워 등의 단체에서는 지난
20여 년간 이런 훈련을 제공해왔다. 프로그램의 특징은 온 몸을
패드로 무장한 모의 가해자와의 대면을 통해 최대한 현실적인
'싸움'을 경험할 수 있도록 한다는 점이다.

　우선 여성들과 아이들에게 자기방어 지식을 전하기 위해 때
론 희생도 마다않고 끊임없이 노력해온 자기방어 지지자들과 강
사들에게 감사의 마음을 전하고 싶다. 그러나 이들의 노력에도
불구하고 여전히 너무도 많은 여성들이 스스로를 지키는 훈련을
여러 이유로 미루고 있다. 이 책은 이런 안타까운 상황에 보탬이
되고자 하는 마음에서 시작되었다.

　자기방어 수업은 내가 세상을 경험하는 방식을 송두리째 바
꿔놓았다. 그러나 막상 그 훈련을 시작하기까지는 나도, 또 나의
'자매'들도 마음속에 자리한 거부감을 넘어서야 했다. 본문에서
는 이 점에 대해서도 짚어보고자 한다. 이 책은 또한 여성들이 진
정한 자유를 얻기 위해서는 필요할 때 상대에게 물리적으로 위험한 존재가
되는 자연스러운 능력을 되찾아야 한다는 신념을 탐구한다.

　나는 이루고 싶은 꿈이 있다. 자기방어의 세계에 몸담고 있
는 사람들도 마찬가지일 것이다. 바로 부드러운 남성들을 포함
하여 자기방어 수업을 필요로 하는 모든 사람에게 전문적이고

....
* 있는 힘껏 상대의 몸을 직접 공격하는 방식의 자기방어.

윤리적인 강사들이 가르치는 효과적인 총력적 자기방어 수업을
제공하는 것이다. 교과과정의 일부로서 모든 학교의 모든 학년
에서 이러한 수업이 진행되었으면 한다. 기업과 단체들도 직원
과 구성원들에게 수업을 제공했으면 좋겠다.

　　나는 대부분의 여성과 소녀들이 '내면의 전사'의 존재를 믿
지 않도록 속아왔다고 생각한다. 나는 이 거짓말이 얼마나 터무
니없는지를 선언하고, 내면의 전사를 깨우는 작업을 함께하고
싶다. 여성들 모두의 내면에는 강인한 전사들이 존재하며, 기회
만 준다면 언제든 당신을 지킬 준비가 되어 있다.

1부

내일이면 늦으리,
자기방어 훈련을
당장 시작하라

1

한밤의 침입자

위험과의 잦은 대면은 삶의 일부이다. 죽음에 대해 생각해보는 것처럼,
위험과 친숙해지는 것은 내면을 강인하게 해줄 뿐 아니라
삶의 동력과 우주의 신비에 대한 심오한 의식을 심어줄 것이다.
이렇게 고양된 의식은 당신의 삶에
새로운 의미와 의지, 풍요를 가져다줄 것이다.
— 『주역』 64괘 중 29, R. L. 윙

1990년 로스앤젤레스의 우리 집. 지하실에 칼을 들고 숨어 있던 남자는 아마 우리 차가 들어오는 소리를 듣고 놀라서 얼어붙었을 것이다. 남편과 나는 각자의 차를 몰고 웨스트우드에서 저녁 식사를 한 다음, 자정 무렵 어떠한 위험도 예감하지 못한 채 귀가하는 길이었다. 로스앤젤레스에서는 이동하는 거리가 멀고 다들 바쁘기 때문에 각자의 차를 이용하는 건 많이들 택하는 방식이다.

남편이 먼저 주차를 했다. 차창 밖을 내다보니 차문 쪽으로

몸을 숨기는 남편이 보였다. 남편의 당황한 얼굴에 무슨 일인가 싶어 나도 덩달아 놀랐다. 내가 차문을 열자 남편은 곧바로 다시 닫으며 강아지와 함께 차 안에 있으라고 했다. 그날 저녁의 사건이 내 삶을 얼마나 바꿔놓을지 그때까지는 상상도 할 수 없었다.

"왜 차 안에 있어야 돼?" 내가 묻자, 남편은 손가락을 입술에 대고 작게 말했다. "집 안에 누가 있는 것 같아. 문 쪽을 봐봐. 저기 벽돌이랑 깨진 창문이 보여?" 남편이 말한 곳을 보자마자 내 심장은 가슴을 넘어 목구멍과 발끝까지 요동치기 시작했다. 남편은 집 쪽으로 걸어갔다.

현명한 선택을 하기에는 너무 무지하고 겁에 질린 상태였다. 집 안에 위험한 사람이 있는 상황에, 자정이 다된 시간에 빅토리아풍의 어두운 저택에 남편 혼자 들어가는 것을 막지 못했다. 남편은 나의 남자, 나의 왕자님이 아니던가? 남편이 위험에 맞서는 동안 아름답게 앉아서 보호받고 구조되기를 기다리는 것이 여자로서, 공주님으로서 나의 역할 아니던가?

나는 그저 차에 앉아 남편이 나오기만을 기다렸다. 기다리고, 또 기다렸다. 강아지가 오줌이 마려운지 낑낑대기 시작했다. 차 안에 너무 오래 있었던 것이다. 강아지 덕분에 나는 다시 현실로 돌아올 수 있었다.

나는 공주님 역할을 포기하기로 했다. 남편은 너무 오랫동안 나오지 않았고, 더는 기다릴 수 없었다. 결국 집 안으로 들어가기로 결심하고 옆문으로 다가가 문턱을 넘는 순간, 남색 니트 모자를 쓴 남자가 지하실 계단에서 뛰어 올라오더니 내 앞에서 칼을 머리 위로 들어 찌를 듯한 자세를 취했다.

　나는 귀가 찢어지도록 비명을 질렀고, 곧바로 그 효과를 알 수 있었다. 그 소리는 상대를 놀라게 하기에 충분했다. 남자는 소리를 꽥 지른 후 뒤돌아서 콘크리트 벽으로 둘러싸인 차고 진입로 쪽으로 내달렸다. 우리 집 바로 옆에 있는 공동주택에서 불이 켜지기 시작했다. 남자가 시멘트 바닥에 떨어뜨린 칼이 달그락대는 소리를 냈다. 몇 초 만에 그는 사라지고 없었다. 당시 나의 유일한 자기방어 수단인 '소름 끼치는 비명'이 성공한 것이다.

　남자의 뒷모습이 차고 진입로 끝을 돌아 사라지자마자 남편이 집에서 뛰쳐나왔다. 남편은 별의별 장면을 다 생각했을 것이다. 피범벅이 되어 죽은 나를 발견할 수도 있는 상황이었다. 하지만 남편은 극심한 공포감과 안도감에 주저앉은 나를 발견했다. 온몸이 주체할 수 없이 부들부들 떨려왔고, 그다음에는 미친 듯이 눈물이 쏟아져 내렸다. 마치 모든 감정이 위로 올라와 내 목을 조르는 기분이었다. 숨을 쉴 수 없었다. 그런 내 모습에 남편은 못 믿겠다는 듯 얼어붙었다. 남편은 나를 집 안으로 데려갔고, 그제야 겨우 경찰에 연락할 수 있었다.

경찰이 오기까지는 30분이 걸렸다. 사람들은 우리가 이런 동네에 산다는 것 자체를 늘 신기해했고, 경찰들도 예외는 아니었다. 내가 정말로 운이 좋았던 거라며 혀를 내둘렀다. 경찰들은 지하실을 살펴본 후, 그 남자가 냉장고에 있는 음식을 훔쳐가려 했다고 설명했다. 그 소리를 들으니 마음이 아파왔다. 나를 휩싸던 공포감, 안도감에 죄책감까지 더해졌다. 그 상황을 알았다면 남자에게 분명 음식을 주었을 것이다.

차고 진입로에서 발견된 칼은 조각도 크기의 평범한 부엌칼로, 쉽게 휘어지는 싸구려였다. 경찰관들은 내게 몇 가지 질문을 한 다음, 칼을 증거물로 가져갔다. 나는 남자에 대해 묘사하며 차근차근 사건을 되짚었다. 강아지가 아직 차 안에 있다는 사실이 생각나 데려와서 안정시켰다.

경찰관에게 내가 귀가 찢어질 정도로 비명을 지른 것에 대해 설명했고, 겨우 평정을 되찾고 나서는 경찰들에게 농담도 던졌다. "키는 173센티미터, 몸무게 65킬로그램 정도의 삼사십 대 흑인 남성 중 고막을 다쳐 인근 병원에 간 사람을 찾으면 될 것"이라고 말이다.

경찰관들이 떠나고 나니 힘이 쪽 빠지는 기분이었다. 그들 입장에서는 본분을 다한 것이었지만, 내 눈에는 체념한 것처럼 보였다. 그 남자를 찾을 수 있을지에 대해서는 회의적이었다. 나는 도시의 범죄와 폭력 앞에서 무력해진 느낌이었다. 그래도 더 나쁜 상황으로 이어지지 않고 그만하기가 얼마나 다행이냐고 계속해서 되뇌었다. 다른 한편, 속이 뒤집어지는 기분도 들었다. 목이 마르면서 목소리가 거칠어졌고, 머릿속으로 강박적인 생각을 하기 시작했다. 만약 그 사람이 나를 찔렀더라면… 만약 칼로 가슴이나 목, 배를 찔렀다면 어떻게 됐을까?

강박적인 생각이 계속되었다. 어떤 일들이 일어날 수 있었을까? 그 순간 내가 할 수 있던 유일한 대응이 '비명 지르기'였다는 사실에 화가 치밀었다. 도대체 이게 무슨 일인가? 나는 똑똑하고 고학력에 신체 건강한 여성이었다. 삶의 대부분을 독립적으로 위험을 감수하면서 살았다고 생각했는데, 그런데도 폭력 앞에서 할 줄 아는 유일한 행동이 '비명 지르기'라니, 정말이지 기막히고 답답한 노릇이었다. 자기방어 훈련을 미루는 수많은 여성들과 마찬가지로, 나는 그날 밤 범죄를 직접 겪고 나서야 자기방어 훈련을 받겠다는 확고한 의지를 갖게 되었다.

얼마 지나지 않아 나는 대부분의 여성들이 실제로 폭력 사건을 겪고 발등에 불이 떨어진 후에야 자기방어를 배우기 시작한다는 사실을 알게 되었다. 피해를 입고 나서야 자기방어 계획을 실천에 옮길 수 있을 만큼 분노하는 것이다. 참으로 값비싼 대가를 치르고 얻는 교훈인 셈이다. 하지만 그날 밤에는 그런 나의 태도가 개인적 결함이 아닌 사회문화적 현상임을 알지 못했다.

자기방어에 대한 무지와 편견을 경험하다

남편은 밤새 나의 불평불만을 들어주었고, 생일 선물로 내가 원하는 자기방어 수업을 뭐든 다 등록해주겠노라고 했다. 그런데 자기방어 수업을 어떻게 찾아야 할까? 어디서 시작해야 할지 몰라 전화번호부를 뒤져봤지만 관련된 정보는 아무것도 없었다. 로스앤젤레스처럼 강력 범죄가 많은 도시라면 자기방어 수업이 넘칠 만도 한데 참으로 이상한 일이었다. 나중에야 알게 되었지만, '자기방어'가 아닌 '무술'을 키워드로 찾아야 더 많은 정보를 얻을 수 있었다.

그날 밤 잠을 이룰 수 없었다. 머릿속에서는 몇 시간 전 장면이 계속해서 되풀이되었다. 남자의 팔이 내 머리 위에 있고, 손에 들린 칼은 진입로의 자동 센서 불빛을 받아 반짝인다. 나는 왜 그 자리에 얼어붙었을까? 왜 비명을 질렀을까? 그 사람이 내 쪽으로 더 가까이 왔다면 나는 어떤 반응을 보였을까? 위험한 상황에 부닥치면 꼼짝없이 당할 것이라는, 내가 가장 두려워했던 악몽 같은 상황이 90퍼센트 실현되었다. 내가 비명도 지르지 못할 만큼 얼어붙었다면 악몽은 100퍼센트 실현되었을 것이다. 아마도 대부분의 여성들이 공감하는 두려움일 것이다. 그나마 다행히 비명을 지를 수 있었던 건 왜일까? 비명을 지르는 것이 자연스러워서였을까?

호기심이 발동했고, 그 후 몇 달간은 위험 상황에서 내가 보인 반응을 이해하는 데 몰두했다. 이 과정은 후에 자기방어 능력이 다른 독립성 못지않게 여성의 행복에 중요한 요소임을 탐구하는 계기가 되었다. 그 당시에는 얼마 지나지 않아 내가 자기방어에 대한 굉장한 확신을 갖게 되리라고는 조금도 예상하지 못했다. 자기방어가 전 세계적으로 여성해방의 중요한 열쇠라는 것, 그리고 오랫동안 희망해왔던 것처럼 비폭력적으로 폭력을 이겨내는 방법이라는 사실 말이다.

그날 밤 이후 나는, 이전에는 생각지 않았던 주제들이지만, 폭력과 여성에 대해 몇 가지 가설을 세워보았다. 내가 그때 비명을 질렀던 건 영화에서 비명 지르는 여성들의 모습을 봤기 때문이 아닐까? 현실에서 엄마나 언니, 친구들이 비명 지르는 모습은 못 봤지만, 영화나 텔레비전에서는 본 적이 있었다. 나는 남자들이 비명을 지르는지에 대해서는 그 전까지 한 번도 생각해본 적이 없었다. 비명은 오로지 여성들의 전유물인가? 만약 그렇다면, 그 이유는 무엇일까?

다음 날 출근하면서 내가 일하던 토크쇼 프로그램에 자기방어에 대한 꼭지를 제안해보기로 했다. 토크쇼에서 해당 꼭지를 제작하기 위해서는 아이디어를 정리한 후 담당 PD에게 보고하는, 이른바 '피치'* 과정이 필요했다.

그날 담당 PD에게서 느꼈던 감정은 "싫다."라는 말로는 다 설명이 안 된다. 내가 그 사람의 생각을 무시한다는 것을 내보이

---

* 투수가 공을 던지듯 아이디어를 제시하여 평가받는 것.

진 않았지만, 그렇게 했어도 자기중심성이 강한 담당 PD의 성격
상 내가 그 사람과 그 사람의 가치관을 얼마나 낮게 평가하는지
눈치채지 못했을 것이다. 그는 거만한 성격에, 텔레비전을 보는
"모든 미국 여성들이 무엇을 원하는지" 안다고 확신했다. 자기방
어에 대한 꼭지를 제안하자 그는 코웃음부터 쳤다.

"너무 우려먹어서 닳고 닳은 주제야. 여자들은 낮 시간 토크
쇼에서 자기방어 얘기를 또 듣고 싶어 하진 않는다고." PD의 말
이 맞는다면 흥미로운 일이었다. 정작 나조차도 자기방어에 대
해 아무것도 몰랐으니까. 내가 낮이든 오전이든 저녁이든 토크
쇼를 안 보기 때문일지도 모른다. 아니면 미국에서 유일하게 여
성의 자기방어에 대해 모르는 바보일 수도 있다. 일주일 전에 그
PD는 로자 파크스^{Rosa Parks}*를 초대하자는 내 제안에 비아냥댔
다. "로자 파크스? 아무도 그 사람한테 관심 없어. 다 오래된 일
이잖아." 나는 바로 그런 문제 때문에 제안한 것이다.

나는 동료들에게 누군가에게 공격받을 때 어떻게 대응해야
하는지 알고 있느냐고 물었다. 동료들은 대부분 여성이었고, 비
교적 다양한 인종으로 구성되었으며, 모두 고학력자에 속했다.
대응 방법에 대해 아는 사람은 단 한 명도 없었다. 그녀들도 나
처럼 낮에 일하고 토크쇼를 제작만 할 뿐 시청하지는 않기 때문

....

* 미국 흑인 인권운동의 상징적인 인물. 아프리카계 미국인 시민권 운동가로 백인 승객에
게 앞자리를 양보하라는 운전사의 지시를 거부해 경찰에 체포되었으며, 이 사건을 계기
로 흑백 인종 분리에 저항하는 대규모 운동이 촉발되었다.

인지 모른다. 전날 밤 내가 겪은 일에 대해 털어놓자 그들은 내가 비명이라도 지른 것에 놀라워했다.

그럼에도 담당 PD가 여성들의 자기방어를 철지난 주제로 평가하다니 흥미로운 일이었다. 이후 약 일주일 동안 나는 자기방어라는 주제에(그 주제에 대해 조금이라도 아는 입장에서가 아니라 조금도 모르는 입장에서) 완전히 빠져들었다. 어디를 가든 여성들을 만나면 이 주제를 질문했고, 전화를 걸어 묻기도 했다. 지인들 모두가 폭력 앞에서 어떻게 대처해야 할지 모르고 있었다. 그야말로 모두들 속수무책이었다.

비공식적이지만 자기방어에 관한 설문을 해본 결과, 자기방어 관련 프로그램이 꼭 필요하다는 확신을 갖게 되었다. 다만 조금 다른 각도에서 PD에게 제안해야 했다. 조사 업무를 하는 직원을 찾아가 자기방어에 대한 정보 중 쓸 만한 자료가 있으면 알려달라고 부탁했다.

잠자는 미녀를 깨어난 전사로 만드는 자기방어 프로그램

조사 결과 가장 자주 등장한 자기방어 강좌는 모델 머깅Model Mugging*이라는 프로그램이었다. 여성들은 이 프로그램이 자신들

----

* 실제 공격/피공격 상황을 재연하며 연습하는 자기방어 훈련. 가상 공격 수업.

의 인생을 완전히 바꿔놓았다며 적극적으로 경험담을 공유하고 있었다. 나는 모르겠지만 이 모델 머깅이라는 프로그램이 엄청난 것임은 틀림없었다.

흥미로웠던 점은, 이 프로그램에서는 남성 강사들이 패딩 슈트로 온 몸을 보호한 다음 여성 수강생들이 최대한 현실적인 조건에서 싸움을 체험할 수 있도록 한다는 것이다. 말이 되는 듯했다. 종이 자동차가 아닌 실제 자동차로 운전 연습을 하는 것과 같은 이치였다.

동시에 나는 그 '사건'을 겪기 전에는 한 번도 해보지 않은 질문들을 스스로에게 하기 시작했다. 어렸을 때 우리는 자신을 방어하는 방법을 어떻게 배웠나? 어린이들은 무엇을 배우고 있는가? 왜 어른이 된 지금 이렇게도 무지한 것일까? 그러다 모델 머깅 프로그램을 제공하는 로스앤젤레스 지부에 연락해 어린이 대상의 자기방어 훈련 과정이 있는지 물어보았다.

"네, 있습니다. 캘리포니아 북부에 키드파워KIDPOWER*라는 어린이 대상 수업을 제공하는 곳이에요." 상담원은 내게 아이린 반 더 잔드의 연락처를 알려주었다.

자기방어 강사이자 키드파워의 공동설립자인 아이린은 걸스카우트 단원들을 인솔하던 중 한 남자가 정신 나간 듯이 자신

....
* 1989년 캘리포니아에 설립된 비영리단체로 폭력, 납치 등에서 아동을 보호하는 개인 안전 교육 프로그램을 제공한다.

과 아이들을 쫓아오는 일을 겪은 후 자기방어에 대해 공부한 사람이었다. 그 남자는 "여자애들 중 한 명을 부인으로 삼을 거야!"라고 소리 지르며 쫓아왔다고 한다. 상황이 위험해지던 찰나 다른 사람의 개입으로 공격을 막을 수는 있었지만, 더는 자신과 아이들을 무방비한 채로 놔두는 일은 없어야 한다고 생각했다. 이후 격투기식 자기방어 훈련을 받았고, 남녀 어린이들의 연령대에 적합한 수업을 제공하기 시작했다.

처음 아이린을 만났을 때 나는 평범한 질문들을 던졌다.

"처음 자기방어를 가르칠 때 아이들이 많이 무서워하지 않나요?"

그녀는 "왜 아이들이 수업 이전에는 두려워하지 않았을 거라고 생각하죠?"라고 되물었다.

"무슨 뜻인가요?"

"아이들이 아침식사를 하면서 우유갑에 인쇄된 실종 어린이들의 얼굴을 보면 어떤 느낌이 들까요? 어른이 나를 때리거나 데려가려고 할 때 어떻게 대처해야 하는지 전혀 모르는 상태라면 말이죠."

"하지만 아이들이 이렇게 일찍 폭력을 대면해야 한다는 건 너무 끔찍하고 슬프지 않나요?"

이 분야에서 지난 몇 년간 활동해왔던 아이린은 그동안 여성과 아이를 상대로 한 수많은 폭력 사건들을 보면서 큰 아픔을 겪어왔다. 그녀는 우선 내 말에 동의했다. "맞아요. 많은 부모들이 자신의 아이가 폭력을 대면해야 한다는 사실에 슬퍼하죠. 하지만 이 얘길 한번 들어보세요. 우리 딸 이야기인데, 제 관점을 바꾸는 계기가 됐어요."

"어느 날 저녁 집에 돌아갔는데, 끊이지 않는 폭력 사건들로 그날따라 유난히 감정이 북받친 상태였어요. 우리 딸도 커서 그런 폭력과 마주해야 한다고 생각하니까 슬픈 마음이 들더라고요. 아이를 안고 울었어요. 그런데 딸아이가 나이에 비해 성숙해서 그런지 저를 위로하면서 그러더라고요. '엄마, 울지 마. 우리가 공룡 시대에 살았으면, 공룡들한테 잡아먹힐까 봐 걱정했을 거야.'"

나 역시 동감했다. 그 아이의 말은 옳았고, 내가 생각지 못한 지점을 짚어주었다. 폭력이 발생할 가능성은 늘 있지만 어떻게 대처하는지도 모른 채 살고 있는 것이다. 폭력의 가능성에 대비해야 한다. 폭력이 발생할 것이 분명해서가 아니라 마치 산불이나 지진 등의 자연재해에 대비하는 것처럼 말이다. 아이린에게 담당 PD와 이야기를 나눈 후 다시 연락하겠다고 했다.

나는 긍정적인 반응을 기대하며 어린이 자기방어 프로그램에 대한 아이디어를 제안했다. 어린이들이 출연하는데다 액션과 감동이 있고, 부모들에게 실용적 정보도 제공한다는 점에서 좋은 프로그램이라며 설득했다.

"어린애가 성인 남자를 때리는 걸 보고 싶어 하는 사람이 있다고 생각해?" PD는 내게 소리를 질렀다. 온몸을 보호하는 패딩 슈트를 입은 훈련된 강사들과 연습하는 방식이라고 설명했는데도 그는 계속해서 소리만 질러댔다. "안 된다고! 그 자기방어 얘기 좀 그만하면 안 되겠어?"

그러나 이 일을 계기로 나는 자기방어 프로그램을 만들어야 한다는 의지를 더 분명히 했다. 나뿐만 아니라 많은 사람들이 이 영역에 대해 무지하다는 사실을 점차 깨달았기 때문이다.

담당 PD의 반응은 조금도 이해할 수 없었다. 왜 저렇게 완고하게 나오는 것일까? 왜 여성들이 자기방어에 대해 넘치는 지식을 가지고 있다고 확신하는 것일까? 적어도 내가 알아본 바로는 오히려 그 반대가 많은 것 같은데 말이다. 나는 결과적으로 직장에서 쫓겨날 수도 있는 결단을 내리게 되었다. 담당 PD의 여성 상관인 제작책임자를 직접 만나보기로 했다.

그녀는 회사의 말단직에서 시작해 간부 자리까지 승진한 야심차고 역동적인 여성이었다. 나는 겸손한 자세로 사무실에 찾아가 아마도 내가 어린이 자기방어 프로그램에 대한 프레젠테이션을 잘하지 못해 담당 PD가 거절한 것 같다고 설명했다. 담당 PD의 생각이 형편없다고 말할 수는 없는 노릇이어서 내 부족함을 탓할 수밖에 없었다.

키드파워에 대한 설명을 시작한 지 얼마 안 돼서 그녀는 내 말을 멈추게 했다. 이미 충분히 설득이 된 것이다. 그녀는 몇몇 무술 교실 외에 모델 머깅 같은 수업은 들어본 적이 없다면서 담당 PD와 얘기를 해보겠노라고 했다. 아니나 다를까 담당 PD는 그녀가 키드파워에 관한 얘기를 꺼내자 미소를 짓고 고개를 끄덕이며 적극적으로 호응했다. 하지만 내 쪽을 보면서는 몹시 불쾌한 표정을 지었다. 그가 언젠가는 보복할 거라는 예감이 들었다.

아이린은 키드파워 과정을 수료한 남녀 어린이들과 함께 방청객들이 있는 스튜디오로 들어왔다. 진행자들이 인터뷰를 시작했다. "아이들이 자기방어를 배우면 더 겁을 먹게 되지 않을까요? 아이들이 학교에서 다른 아이들을 괴롭히지는 않을까요? 가해자에게 맞서 싸우면 오히려 더 위험한 상황을 초래하지는 않을까요?" 그녀는 질문에 대해 순서대로 "더 겁먹지 않고, 괴롭히지도 않고, 더 위험해지지도 않을 겁니다."라고 답했고, 10분 정도 강연을 하면서 설명을 보탰다.

그다음에는 강연의 하이라이트 장면, 패딩을 입은 가해자가 헬멧을 착용하지 않은 채 느릿느릿 걸어 나오는 장면이 이어졌다. 상냥한 모습의 시범 강사가 헬멧을 쓰자 부모들의 악몽에 등장할 법한 인물로 변신했다. 아이들은 가해자가 자신을 잡지 못하게 하는 타격술을 구사했고, 스태프들과 방청객들 모두 크게 호응했다.

아이들이 위기에서 스스로 탈출하는 모습은 모두에게 슬픔과 안도감 그리고 분노를 안겨주었다. 그 모습을 보면서 나는 어린 시절 위험에 대처하는 실용적 지식이 얼마나 부족했는지 깨달았다. 자기방어 훈련을 받은 어린이들이 자랑스럽기도 하고, 또 부럽기도 했다. 프로그램은 순식간에 마무리되었다.

프로그램은 좋은 반응으로 끝났고, 제작책임자는 내게 다가와 축하 인사를 전했다. "프로그램이 흥미진진하고, 시기적절하고, 도발적이었습니다. 방송 내내 제 자신한테 질문을 던지게 하는 시간이었어요."

그러나 나의 승리감은 오래가지 않았다. 담당 PD는 프로그램을 칭찬하는 사람들과 열띤 대화를 나누고 있었다. 조금이라도 품위가 있는 사람이었다면 모든 공을 자신에게 돌리지는 않았을 것이다. 하지만 그는 나를 아예 무시해버렸다. 이후 나는 프로그램이 다른 지역으로 옮겨가면서 해고되었지만, 전혀 놀랍지 않았다.

키드파워 꼭지를 제작한 경험은 놀라울 만큼 나를 동요하게 만들었다. 그 아이들과 비슷한 나이에 자기방어를 배웠더라면 내 삶이 어떻게 달라졌을지 계속해서 고민해보았다. 여행을 더 많이 다녔을까? 세상을 다르게 바라봤을까? 남자들과의 관계가 달라졌을까? 더 긍정적이었을까, 더 부정적이었을까?

이후 나는 직접 수업을 신청했다. 모델 머깅 로스앤젤레스 지부에 연락했고, 가장 가까운 시일 내에 시작하는 수업에 등록했다. 이곳은 곧 단체명을 '임팩트 개인 안전IMPACT Personal Safety'* 으로 변경할 예정이라고 했다. 빨리 시작되기를 기대하는 마음

----

* 자기방어를 통한 여성, 아이들, 남성들의 역량 강화를 목표로 활동하는 비영리단체. 줄여서 임팩트IMPACT로 부른다.

도 있었지만, 한편으로는 깊은 두려움도 느끼고 있었다. 그리고 이러한 감정은 시간이 지나면서 더욱 잘 이해할 수 있게 되었다.

친한 친구에게 전화를 걸어 함께 수업을 듣자고 제안했다. 그녀는 예전에 지역 방송에서 모델 머깅에 대해 다룬다며 내게 방송을 보라고 했던 친구이다. 그때는 내가 "그래, 그래, 꼭 봐야지."라고 해놓고는 바로 잊어버렸던 기억이 난다. 그 친구도 일 년 전부터 이 수업을 알고 있었고, 수강할 생각도 있었다. 다만 동기 부여가 되지 않는데다 더 시급한 일들 때문에 미루고 있었다고 했다.

나는 이미 살면서 폭력을 경험해왔는데 왜 미루느냐고 물었고, 죄책감과 두려움을 유도하고 논리와 유머도 활용하면서 온갖 이야기로 친구를 꼬드기고 설득했다. 지금이 아니면 언제 배울 수 있냐고, 이미 오래 기다렸으니 더는 기다리지 말자고 했다. 우리는 모두 '기다리기' 과목에서는 A학점을 받은 사람들이었다. 이제는 다른 기술들을 연마할 차례였다. 결국 우리는 함께 자기방어 수업을 시작했다.

우리는 '기다리는 여성'인 채로 첫 수업에 들어갔지만, 나올 때는 '깨어난 전사'가 되어 있었다.

2
여자의 다리는 남자의 팔보다 약하지 않다

나는 싫다는 말을 하지 못하는 소녀일 뿐이야.
정말로 난처한 상황이지!
– 뮤지컬 〈오클라호마〉 중 한 소절, 오스카 해머스타인

중산층 백인 여성으로서 나는 현실의 야수든 상상속의 야수든, 야수와 싸운다는 개념 자체를 중년이 되어서야 고민하기 시작했다. 무장한 도둑이 우리 집 지하실에 숨어들어왔던 일이 계기가 되었다. 당시 나는 범죄자에게 어떻게 대응할지 아무것도 몰랐지만, 그 사건 이후로 내게 태생적으로 주어진 권리인 '맞서 싸울 권리'에 대한 모든 것을 배우게 되었다. 이전의 나는, 내 안에 용기 있는 전사가 잠들어 있음을 몰랐던 것이다.

맞서 싸울 권리를 찾아 나선 여성들

아름다움을 쟁취하고 유지할 것! 이는 미국 백인 중산층 소녀들에게 가장 흔히 주어지는 과제이다. 미국 경제의 큰 부분은 아름다워지려는 소녀들과 여성들의 노력을 기반으로 한다. 게다가 갈수록 작아지는 지구촌에서 백인 여성의 외모는 마치 미의 표준인 양 선전된다. 미국뿐 아니라 전 세계 여성들이 백인 여성을 기준으로 한 미모 전쟁에서 승리와 패배를 반복한다.

우리가 싸우는 야수는 여드름, 몸무게, 노화, 말을 듣지 않는 머리카락 정도이다. 국제적인 문제? 국제적이라는 게 무슨 의미인데? 페미니즘? 미안하지만 나는 겨드랑이 제모에 신경 쓰며 살아. 폭력? 무슨 폭력? 그건 그렇고, 저 여자애는 왜 저렇게 멍이 든 거야? 아, 계단에서 넘어졌나? 그리고 캔디의 경우에는 뭐, 너도 알다시피 워낙 짧은 치마를 입고 다녔잖아. 그 남자애가 진도를 좀 많이 빼는 것도 당연하지 뭐. 그런데 샐리가 강간당한 일은 참 안타깝지 않니? 그러게 그 시간에 밖에 돌아다니지 말지….

나는 누군가에게 맞서거나 누군가와 싸울 이유가 없다고, 싸움은 내 영역이 아니라고 믿으며 자랐다. 야수들은 왕자님에게 맡기고, 내 외모와 성을 아름답게 꾸미는 데 집중하는 것이 내 임무였다. 여성으로서 나는 신체적으로 약하고 열등해서 싸울 능력이 없다고, 맞서 싸우는 건 불가능하고 무의미하며 치명적인 일이라고 배웠다. 이러한 믿음은 정확히 말하자면 믿음이 아니었다. '믿음'은 의식이 있음을 전제로 하는데, 나는 이 문제에 대해 의식조차 해본 적이 없었다. 나의 생존 능력을 빼앗은 동화와 성경 속 이야기, 사회적 규칙들을 별다른 고민 없이 받아들였던 것이다.

여성이기 때문에 남성들로부터 보호받아야 한다는 것은 생각이나 믿음이 필요 없을 만큼 당연한 것이었다. 여성들이 전통적으로 아이들을 돌보았듯이, 남성들은 여성들과 아이들 모두를 돌보는 존재여야 했다. 아버지가 밖에서 일하고 어머니는 집안에서 아이들과 집안 살림을 책임지는 이상적인 가족의 모습, 나는 이 밖에 다른 형태의 가족이나 상황들이 존재한다는 사실을 알지 못했다. 또한 백인 중산층이 아닌 여성들을 만나거나 그들의 이야기를 들을 일도 좀처럼 없었기에, 그녀들의 삶과 그녀들이 겪는 가난한 현실을 외면할 수 있었다. 이는 주류 대중문화와 언론이 그녀들의 삶을 외면했기 때문이기도 하다.

나는 처음에 자기방어 수업의 수강생들이 모두 백인 중산층이라는 사실에 마음이 불편했다. 그러나 어쩌면 백인 중산층의 죄책감은 사회운동에서 특별한 동력이 될 수 있다. 특권을 가진 계층이 부조리에 눈을 뜨고 나면, 모두를 위한 변화를 주도하기도 한다. 일례로 여성들의 교육권, 참정권 운동의 선두에는 백인 중산층 여성들이 있었는데, 이는 권리를 완전히 박탈당한 다른 여성들에 비해 현실적 상황을 운용할 자원을 많이 갖고 있었기 때문이다. 백인 중산층 여성들이 여유 자금과 시간, 제도화된 권력에의 접근성 등 더 많은 자원을 갖고 있는 것은 현재도 마찬가지이다. 그렇다면 이들이 자기방어의 필요성을 절감하면, 다른 집단의 여성들이 자기방어 훈련을 받을 기회도 더욱 많아질지 모른다.

여성은 바닥에서 싸우는 방법을 알아야 한다

1990년 친구 킴과 함께 남자 탈의실 냄새가 희미하게 나는 교실에 들어섰을 때만 해도 이러한 생각은 머릿속의 작은 불씨에 불과했다. 자기방어 교실은 캘리포니아 주 반 누이스의 한 쇼핑센터 이 층에 자리하고 있었다. 널찍한 교실 바닥 한가운데에는 푹신한 파란색 매트들이 깔려 있고, 한쪽 구석에는 일본풍의 가림막이 설치되어 있었다. 자기방어를 배우기 위해 모인 여성들은 이십 대 초반부터 육십 대 후반까지 다양했고, 모두 중산층에 속하는 듯했다. 모두들 우리만큼이나 어색하고, 난처하고, 불편해 보였다.

　수업 초반에 우리는 설문지를 작성하며 한 번도 생각지 못한 질문들에 답을 해야 했다. 공격을 당한 경험이 있습니까? 자기방어를 배우고 싶은 이유는 무엇입니까? 강간 피해 경험이 있습니까? 마지막 질문에 대해서는 "아니요."라고 했다가 조금 더 생각해본 후 "네."라고 대답을 바꾸었다. 총 20시간 과정의 수업이 시작된 지 십여 분 만에 나는 벌써 새로운 것에 대면하고, 새로운 것을 배우고, 이전에는 생각지 못한 것들에 대해 문제의식을 갖기 시작했다. 설문지를 작성하는 다른 여성들의 모습도 조용하고 숙연해 보였다. 우리는 겁에 질려 있었고, 또 동시에 프로그램에 매료되었다.

교실 안에는 "IMPACT Personal Safety"라는 로고가 새겨진 스웨터와 티셔츠를 입은 사람들도 있었는데, 그때의 나는 이들이 내 삶에 어떤 영향을 미칠지 상상하지 못했다. 단체 이름에 '임팩트IMPACT*'라는 단어가 들어간 데는 다 이유가 있었다.

설문지를 제출하고 나서 우리는 큰 원 모양으로 둘러앉았다. 강사였던 아네트 워싱턴은 이렇게 큰 원을 만들면서 매 수업을 시작하고 마치게 된다고 설명했다. 아네트는 이 모임이 모두에게 안전한 곳이어야 하기 때문에 수업에서 주고받은 이야기들은 서로 비밀을 지켜줄 것을 당부했고, 첫 모임은 각자 수업을 듣게 된 이유를 공유하며 서로 알아가는 시간이라고 했다. '공감대'를 나누는 모임이라니! 나는 예상치 않은 상황에 놀라 눈이 휘둥그레졌다. 하지만 원 모양으로 앉아 경험을 나누는 모임은 이후 매 수업의 구심점이 되었고, 나는 누구보다도 이 활동을 좋아하게 되었다.

모임에서는 자유롭게 말을 해도 되고 안 해도 되지만, 말을

----

* '영향'이라는 의미를 갖고 있다.

하고 싶지 않다거나 할 말이 끝났음을 표시하기 위해서는 옆 사람의 손을 잡고 '권력'을 넘겨줘야 했다. 세상에나! 그래도 우리는 안내받은 대로 서로서로 권력을 넘겨주었고, 각자 경험한 폭력에 대한 이야기, 그리고 이를 둘러싼 자기혐오와 자책, 자기 비난의 말들을 꺼냈다. 한 여성은 자신을 공격한 남자가 이전부터 내심 의심스러웠는데, 대수롭지 않게 넘긴 자신이 너무도 바보같다며 킥킥댔다. 다섯 번째 여성의 이야기로 옮겨갈 무렵 나는 분노하고, 감동받고, 목이 멘 상태였다. 내 이야기를 포함해 모든 여성들의 이야기가 듣고 싶어졌다. 그때까지는 내 경험담을 자기방어와 연관 지어 생각해본 적이 한 번도 없었다. 무언가 중요한 일이 벌어지고 있었다. 뇌가 번뜩이고 호기심이 피어오르는 소리가 사방에서 들렸다.

매트에 올라가기 전에 아네트는 또다시 우리에게 생소한 개념들을 설명하기 시작했다. 우리의 목적은 무술을 배우는 것이 아니었다. 우리가 배울 기술들에 무술이 접목되기는 하지만, 수업에서 가르치는 자기방어 기술은 맷 토마스Matt Thomas*가 여성들이 실제로 공격받는 상황을 분석하여 개발한 것이었다. 그는 자신의 친구가 굉장히 실력 있는 여성 무술가임에도 무자비한 강간을 막아내지 못했다는 사실에 크게 절망한 경험이 있었다.

....

* 무술인으로 3,000명 이상의 성폭력 피해 생존자들과 소통하며 연구해 여성에 대한 공격 유형의 공통점을 발견하고, 이를 바탕으로 모델 머깅 프로그램을 개발하였다.

왜, 도대체 왜? 이후 그가 밝혀낸 사실들은 그의 제자들, 또 그 제자들의 제자들이 전수하는 새로운 형태의 자기방어 기술의 토대가 되었다.

맷 토마스와 동료들은 여성은 남성과 다른 방식으로 공격당한다는 사실을 발견했다. 남성들이 서로 공격할 때는 각자 준비 태세를 갖출 경우가 많지만, 남성들이 여성을 공격할 때는 뒤에서 덮치는 경우가 많았다. 달리 말하자면, 남성들끼리 공격할 때는 영역을 다투는 자세로 접근하지만 여성들을 공격할 때는 포식자의 자세로 접근한다는 것이다. 또한 토마스는 기존의 무술 자체가 남성의 몸에 적합하게 만들어져 여성들에게 도움이 안 된다는 점도 깨달았다.

전통적인 무술은 하층민에게 무기가 주어지지 않던 나라들에서 발전하였다. 사람들은 스스로를 보호하거나 반란을 일으키기 위해 자신의 몸이나 농기구 등을 무기로 활용히는 싸움의 기술을 익혀야 했다.

아네트는 서로 몸이 다른데도 여성들이 남성들처럼 싸우려는 실수를 저지른다고 설명했다. 이를테면 여성의 힘은 골반 쪽에 실리기 때문에 남성들의 상체 근력을 따라가기는 힘들다는 것이다. 그녀는 우스갯소리로 말했다. "사람들이 일어서서 남자답게 싸우라고 말하면, 저는 그 사람들한테 몸을 낮추고 여자답게 싸우라고 대답합니다." 그때는 아네트가 무슨 소리를 하는 건지 도무지 이해할 수 없었다.

그녀는 남성들의 공격은 많은 경우 여성을 강간하기 위해 바닥에 넘어뜨리는 행위부터 시작되므로 바닥에서 싸우는 방법을 알아야 한다고 했다. 이 역시 새로운 개념이었다. 우리가 이 수업에서 무엇을 배울지 전혀 예상치 못했던 건 어쩌면 당연한 일이었다. 적어도 주류 사회에서는 이 문제와 관련된 이야기나 참고할 정보들을 전혀 접하지 못했기 때문이다.

자기방어 1단계, "안 돼!"라고 말하기

매트에 올라갈 시간이 다가오자 우리 모두는 점점 긴장되었다. 웃음소리가 여기저기서 들려왔고, 모두들 긴장된 나머지 갑자기 소녀가 된 것 같았다. 그렇지만 곧바로 싸움을, 적어도 몸으로 하는 싸움을 배울 예정은 아니었다. 지금은 다만 "안 돼." 하고 고함치는 법을 연습하는 시간이었다. 너무도 쉽지 않은가?

하지만 "안 돼."라고 말하는 것은 쉽지 않은 과제였다. 내 경우는 연극학과에서 교육을 받았던 탓에 소리치는 연습은 남들보다 쉽게 넘어갈 수 있었다. 그러나 절반 이상의 수강생들에게 "안 돼."라고 고함치는 것은 굉장히 어렵고 힘든 일이었다. 몇몇 여성들이 "안 돼."라고 비명을 지르거나 작게 속삭이기는 했지만, "안 돼."라고 명확하고 크게 고함을 지르지는 못했다. 연습을 거듭하고 나서야 우리는 비로소 단체로 고함을 지를 수 있었다.

이는 무척이나 흥미로운 경험이었다. "안 돼."라고 말하는 것은 자신을 보호하기 위한 첫 번째 방어막이다. "안 돼, 만지지 마." "안 돼, 안 돼, 안 돼."

우리는 수줍고 덩치도 작았다. 우리 중 몇몇은 대담하기는 했지만 그럼에도 "안 돼."라고 말하는 것은 생각보다 훨씬 쉽지 않았다. 아네트는 비명과 고함은 차이가 있다고 했다. 한 번도 구분해본 적 없는 개념들이다.

지하실에 도둑이 들었던 그날, 내가 지른 것은 고함이라기보다는 비명이었다. 그래도 효과적이지 않았나? 비명 지르기가 효과적인지와는 별개로, 이는 당시 내가 아는 유일한 방어 수단이기도 했다. 비명과 고함은 어떻게 다른 것일까? 비명은 위험한 상황에서 나도 모르게 자동으로 나왔고, 어렸을 때부터 수많은 영화에서 보아왔던 행위다. 그래서 나도 비명을 질렀던 것일까? 고함을 치는 것은 비명을 지르는 것에는 요구되지 않는 또 다른 무언가를 필요로 했다. 비명 지르기는 목을 아프게 했고, 전형적인 행위였기에 강력하지 않았다. 한편 고함을 지르기 위해서는 내 중심이 잡혀야 했고, 숨을 들이쉬고 명령 혹은 요구를 할 수 있어야 했다. 고함 지르기는 자신의 경계를 설정하는 행위였다. 그날 "안 돼."라는 말에 대해 배운 것만으로도 수강료가 아깝지 않았다.

"안 돼."를 배우고 나서 우리는 눈 찌르기, 손바닥으로 올려치기, 무릎치기 그리고 복합 동작 등의 신체적 기술로 넘어갔다.

70

발동작을 연습했고, 안전거리를 지키는 법과 안정적인 자세를 유지하는 방법도 익혔다. 양손을 들어 올려 자신을 방어하면서도 싸움을 유도하지 않는 기술도 연습했다. 이 동작들을 연마하면서 우리는 허공에 대고 "안 돼."라고 소리를 질렀다. 아네트는 "안 돼."라고 고함을 지르는 건 단순한 부가 동작이 아니라 상대에게 전하는 경고이자 자신에게 숨 돌릴 틈을 주고 힘을 실어주는 행위라고 설명했다. 수많은 무술 동작들에 기합소리가 결합되는 것도 바로 이 때문이다.

모델 머깅: 패딩 슈트 입은 가상의 가해자에 맞서 싸우기

이때 '그 남자'가 나타났다. 자기방어 프로그램에 대한 인터넷 리뷰에서 모델 머깅에 대한 평가가 높았던 이유가 바로 이 남자 때문이었다. 나 역시 키드파워 프로그램에서 가상 가해자 역할을 하는 모델이 가장 인상 깊었다. 패드로 만든 전신 슈트를 입은 이 남자는 교실 전체에 퍼져 있는 남자 탈의실 냄새의 주범이기도 했다.

2인으로 구성된 강사 팀의 남성 강사인 론델 도슨은 머리부터 발끝까지 패드로 중무장한 채 등장했다. 론델이 걸어 나올 때 우리는 모두 웃음을 금치 못했다. 워낙 체격이 큰 사람이기도 했지만, 헬멧과 슈트를 입고 우리를 내려다보는 모습이 끔찍한 악몽에 나올 법한 악당처럼 불길했다. 론델은 공격을 받아도 자신이 다치지 않는다는 걸 보여주며 우리를 안심시켰다. 헬멧에 그려진 눈에 공격을 가해도 안쪽 얼굴은 다치지 않으며, 가랑이 사이를 있는 힘껏 차도 안전하다는 사실을 몸소 보여주었다.

우리는 아이처럼 행동했는데, 사실 발달학적으로는 아동과 다름없는 상태라고 해도 무방했다. 폭력적인 상대로부터 자신을 보호하는 문제에 있어 대부분의 여성들은 아동기에 머무른 경우가 많다.

헬멧을 쓰지 않은 론델은 평소대로 네 아이의 아버지이며 친절한 강사이고 페미니스트였지만, 헬멧을 쓰는 순간 '체스터'라는 이름의 수상한 사람으로 변신했다.

모든 동작들이 어색했다. 하지만 계속 연습을 하다 보니 동작들이 이해되기 시작했고, 모든 것이 그렇듯 단련을 할수록 점차 자연스러워졌다. 아네트가 "준비 태세."라고 외치면 우리는 다리를 어깨넓이로 벌린 후, 손을 올리고 팔꿈치를 안쪽으로 당겼다. "외치세요. 안 돼!" 하고 아네트가 선창하면 우리도 따라 소리를 질렀다. "한 발짝, 그리고 눈."이라고 하면 우리는 한 발짝 앞으로 간 뒤 허공에 눈을 찌르는 동작을 했다. "무릎을 가랑이로, 무릎을 머리로." 아네트는 곧 매트 위에서 싸움을 시작하게 될 거라고 안내했고, 강사들은 전 과정이 천천히 진행될 것임을 설명하며 우리를 안심시켰다. 이 연습을 하는 동안 이 분 정도밖에 안 된 것 같았는데, 두 시간이나 지났다는 사실이 믿기지 않았다.

아네트는 파란색 매트 위에서 싸우는 시범을 보여주었고, 강사진 중 한 명이 안내자 역할을 했다. 진행 방식은 이렇다. 수강생들이 매트 옆에 한 줄로 서면 코치, 여성 강사 혹은 조교 중 한 명이 와서 우리를 매트 가운데로 안내한다. 수강생이 부상당했을 경우 아네트에게 부위를 알려주면, 그녀는 가상 가해자에게 그 부위를 아프지 않게 다루라고 일러준다. 부상이 없는 경우에는 "부상 없음, 아네트 준비 완료."라고 말하게 되며, 가해자가 다가오면 우리는 싸움을 시작하면 되는 것이다. 아주 간단했다.

매트 밖에서 기다리는 사람들의 역할은 매트에서 싸우는 사람을 응원하고 격려하는 것이다. 잡담을 하지 않는 것도 규칙 중 하나였는데, 싸우는 사람에게 집중하는 것은 중요한 공부가 되었다. 싸움이 끝나면 아네트나 조교가 호루라기를 불어서 끝을 알렸다.

매트에서 싸움을 벌이다 호루라기 소리가 들리면 일어나서 주위를 둘러보면서 "주변 보기."라고 외쳤다. 혈관에서 아드레날린이 분비되고 있을 때는 시야가 좁아지는데, 이러한 상태를 깨기 위한 지침이었다. 자동차나 숨어 있는 또 다른 가해자 등 위험 요소가 없는지 살펴보는 연습도 해야 했다. 그다음 "점검."이라고 외치는데, 이는 바닥에 쓰러져 있는 가해자가 정말로 제압된 상태인지 파악한 후 안전한 곳으로 대피해야 한다는 점을 스스로에게 상기시키기 위한 것이다. 마지막으로 안전을 상징하는 줄로 뛰어가고, 줄의 맨 뒤에 서 있는 수강생의 손을 잡은 후

"911."을 외쳤다. 이렇게 한 사람의 연습이 마무리되면, 다음 사람이 매트로 올라가 똑같이 싸우는 과정을 연습했다.

아네트는 직접 시범을 보여주었다. 수강생들은 그녀가 힘과 기술, 분노를 실제 몸동작으로 풀어내는 과정을 지켜봤다. 아네트는 몸집이 작았는데도 커다란 체격의 가상 가해자인 체스터를 별 어려움 없이 이겨내는 듯했다. 우리가 환호를 보내자 그녀는 얼마 지나지 않아 우리도 똑같이 할 수 있을 것이라고 말해주었다.

처음 매트에 올라갔을 때, 보통 사랑에 빠지는 순간을 표현하는 말이기는 하지만, 그야말로 "시간이 멈춘 듯한" 느낌이었다. 아네트가 "부상 없음, 엘렌 준비 완료."라고 선언하는 순간 나는 온몸이 얼어붙는 것 같았다. 내가 가장 두려워하는 기분이었다. 도망가고 싶었지만 "안 돼."라고 말하라고 지도하는 아네트의 소리가 들렸다. 그녀의 지시에 따르자마자 얼어붙었던 몸이 다시 이완되었고, 나는 '싸움' 태세에 들어갔다. 강사들이 설명했듯이 그간 배웠던 간단한 방어 동작들은 머리가 아닌 몸에 저장되어 있었다. 얼마 지나지 않아 나는 내 팔살기를 이용해 론델, 아니 체스터를 바닥에 엎어뜨릴 수 있었다. 무릎으로 머리치기 동작은 예상했던 것보다 상대에게 훨씬 큰 타격을 입혔다.

쓰러진 척하는 걸까? 생각하는 순간 호루라기 소리가 들렸고, 나는 주위를 둘러보고 상황을 파악한 다음 안전을 상징하는 줄로 달려가 다른 수강생들과 함께 "911."이라고 소리쳤다. 나는 승리했고, 그 기분에 푹 빠졌다. 드디어 우리 팀이 이기고 있었다.

사실 마음속으로는 당연히 이길 수밖에 없다고, 내가 이기도록 상황이 설정된 것이라고 생각했다. 그리고 20시간의 과정을 모두 수료한 후에는 실제 가해자와 대면하게 되어도 맞서 싸울 수 있겠다는 신체적, 정신적, 감정적 확신을 가질 수 있었다.

두 번째로 매트에서 싸울 차례가 왔을 때, 아네트는 내게 부상이 있는지 다시 물어봤다. 나는 부상이 없다고 말하며 속으로는 '여성이라는 점 말고는'이라고 덧붙였다. 이번 싸움은 뒤에서 공격을 받으면서 시작되고 우리는 바닥으로 '끌려갈' 예정이었다. 생각만 해도 토할 것 같았다.

아네트는 나를 가상 가해자에게서 등을 돌리도록 한 다음, 엄지손가락을 치켜들었다. "부상 없음, 엘렌 준비 완료." 신호가 끝나자 체스터는 뒤에서 공격했고, 나의 두 번째 싸움이 시작되었다. "부상 없음, 엘렌 준비 완료." 나의 인생을 바꾼 말이다.

우리는 서로를 자랑스러워했고, 특히 우리 중 몸집이 작고 소심한 수강생들이 용기를 내서 싸우는 모습을 보며 뿌듯해했다. 강사들과 조교들은 "분노를 활용하세요!"라고 우리에게 외쳤다. 우리는 분노를 효율적으로 사용해야 했다. 분노를 사용해 더 강하게 치고, 잠시 속도를 줄이고 조준한 다음 무릎, 팔꿈치, 손바닥으로 예민한 부위를 가격해 가해자로 하여금 공격을 멈추도록 해야 했다.

이어진 네 번의 토요일 수업은 첫 번째 수업만큼이나 강렬했다. 우리는 수업의 시작과 마무리에 둥글게 앉아 속마음을 털어놓았고, 각자가 가졌던 의심, 악몽, 일상생활을 하면서 느껴지는 변화 등을 공유했다. 아네트는 공격받는 꿈을 꿨던 여성들이 수업 이후 공격을 막아내는 꿈을 꾸기도 한다는 점을 언급하며, 우리에게 꿈을 관찰해보라는 조언을 해주었다. 자기방어 수업을 통해 여성들 스스로 악몽을 이겨내고 있었다.

우리 모두는 감정 기복이 심해졌다. 몇몇은 다음 수업에 참여할 생각에 즐거워했지만, 대부분은 두려워했다. 막상 수업이 진행될 때는 무척 좋아하면서도 다음 수업에 대한 상상은 두려움을 불러일으켰다. 내면의 두려움을 대면하고, 매트 위의 강도와 맞서고, 누군가 자신을 구해줄 것이라는 어린아이 같은 믿음을 버리는 것, 이 모든 것이 우리에게는 편하지 않은 일이었다. 우리는 성인이 되고 나서야 스스로를 구하는 법을 배우고 있었는데, 이는 우리 자신에 대해 무책임해서라기보다는 살면서 늘 위험에 빠진 미녀 역할만 해왔기 때문이었다.

아네트가 우리에게 내준 과제 중에는 생각지도 못한 것이 있었다. 바로 자신이 위험한 존재라는 생각을 갖고 걸어 다녀보라는 것이었다. 스스로가 위험해질 수 있는 존재라고 인식한다면 어떤 느낌일까? 내가 위험하다니, 말이나 되는 일인가?

위험danger이라는 단어를 써놓고 보니, 처음으로 그 위험이 분노anger 앞에 'd' 한 글자를 더한 말이라는 것을 알 수 있었다. 신체적 기술을 익히면서 세상을 바라보는 관점도 변했다. 통제 가능한 분노, 나 자신과 남들을 안전하게 해줄 수 있는 종류의 분노를 처음으로 접했고, 이는 내게 무척이나 혁명적이고 충격적인 일이었다.

강간 상황극: 얼어붙지 않는 것도 연습이 필요하다

우리는 특히 강간 상황극을 연습하는 수업에서 충격을 받았다. 강간 피해 중 절반가량이 피해 여성의 집에서 발생한다는 사실을 배웠다. 가해자들은 문이나 창문을 '바보같이' 잠그지 않은 '기회'를 틈타 피해 여성의 집에 침입하는 경우가 많은데, 무더운 여름에 에어컨이 없어 창문을 열어놓아야 하는 집들, 빈곤 지역의 노인, 젊은이, 유색인종들이 피해에 더 노출되는 셈이다.

　강간 상황극에서는 불가능해 보이는 상황을 반전시키는 방법을 배웠기 때문에 "반전극"이라고도 불렀다. 수업이었지만 우리가 느끼는 공포감이 너무나 생생해서 아마 가장 열심히 싸웠던 것 같다. 체구도 작고 더군다나 잠든 여성을 덩치 큰 남자가 강간하려는 상황, 이 상황이 보여주는 명백한 잔인함 때문에 우리는 어떤 상황극에서보다 동기들을 열심히 응원했다.

　우리는 아무리 작은 여성이라 해도 여성의 다리가 남성의 팔보다 작거나 약하지 않다는 사실을 배웠다. 특히 여성이 바닥에서 골반으로 힘을 주는 경우는 더욱 그렇다. 여성들은 발목을 잡는 가해자의 손을 쳐내거나, 가해 남성의 무릎을 깨질 만큼 강하게 발로 찰 수도 있다. 또한 가해자가 여성을 강간하면서 동시에 피해 여성의 모든 부위를 제압하는 것이 불가능하다는 사실을 강의로도 듣고, 눈으로도 직접 확인했다. 우리는 '틈새', 즉 맞서 싸울 기회를 찾는 방법을 배웠고, 전략을 짜는 법도 익혔다. 그리고 극도의 공포 속에서도 말하는 법을 배웠고, "안 돼!"라는 말이 가진 폭발적인 위력도 알게 되었다.

수업이 시작된 후 첫 싸움부터 마지막 싸움까지, 싸움은 점차 어려워지고 빨라졌다. 싸움을 거듭하며 우리는 그만 때리라고 애원하거나 맞아서 끙끙대고, 우리의 주먹을 피하거나 반격하는 등 다양한 반응을 하는 가해자들과 점점 더 제대로 된 싸움을 하게 되었다.

강간 상황극이나 수강생들이 실제로 가장 두려워하는 장면으로 구성된 상황극에서는 가상 가해자 역할을 한 론델과 또 다른 가해자가 합세하여 최대한 상스러운 언어를 사용하며 공격했다. 이 연습은 실제 상황에서 공격적인 말을 듣게 될 때 경직되고 얼어붙지 않도록 면역력을 키우기 위한 것이었다. 많은 가해자들은 거칠게 말하는 것만으로도 피해 여성을 제압할 수 있다는 것, 피해 여성을 두려움에 떨게 하고 순응하도록 만들 수 있다는 사실을 알고 있다. 우리는 거친 욕설을 한 귀로 흘려보내면서 상대방을 공격할 기회를 틈틈이 노리는 연습을 했고, 이 과정을 통해 거친 언어에 긴장하지 않는 법을 배웠다.

5주 만에 전사로 다시 태어나다

마지막 수업은 졸업식으로, 그동안 배운 기술들을 활용해 폭력적인 공격에 맞서 싸우는 모습을 친구와 가족들에게 보여주는 자리였다. 우리에게는 모두, 이 수업을 권하고 싶은 사람들 혹은 자신의 변화를 얘기해주고 싶은 사람들이 한 명씩은 있었다. 그렇지만 대부분은 관객 앞에서 망신당할까 봐 두려웠고, 공개적인 장소에서 싸우는 것이 과연 현명한 일인지에 대해서도 의문이 들었다. 긴장돼서 바닥에 얼굴을 박고 넘어지지는 않을까?

아네트는 관객들이 오히려 힘이 될 수 있다고, 지금처럼 당당하게 싸우기 시작한 상황에서 관객들의 존재는 우리에게 조금 더 큰 도전이 될 뿐이라고 안심시켰다. 우리는 더는 여린 숙녀가 아니라 말을 타고 창을 든 채 경기장으로 달려 나가는, 막 깨어난 전사로 변모해 있었다.

나는 그 자리에 참석했으면 하는 스무 명의 여성들을 골라 연락했고, 그중 열두 명이 그러마 하고 대답했지만, 실제로 졸업식에는 두 사람만이 왔다. 수강생들의 변화를 본다면 열화와 같은 반응이 있어야 할 강좌이지만, 일반 사람들의 호응을 끌어내는 것이 얼마나 힘든지 느낀 순간이었다.

졸업식에는 서른 명가량의 관객들이 참석했다. 임팩트 로스앤젤레스 지부의 공동창립자인 리사 게타와 그녀의 남편 알 포타쉬는 찬조 강연에서 자기방어의 방법론, 자기방어와 관련된 여성과 남성의 몸 차이 등을 설명했고, 임팩트가 반남성 단체가 아닌 반폭력 단체라는 점도 힘주어 말했다. 또한 아네트가 첫 수업에서 우리에게 설명했던 지침들도 다시 되짚어주었다. 첫 수업을 시작했을 때부터 5주밖에 지나지 않았다는 사실이 새삼 믿기지 않았다.

몇몇 사람들이 우려했던 것과는 달리, 지인들에게 프로그램을 추천하는 과정은 부담스러운 '호객' 행위가 아니었다. 우리 중 많은 이들은 원치 않는 모임이나 선동적인 세미나에 초대되어 궁지에 몰리고, 회유되고, 압박받은 경험이 있다. 친구들이 그런 경험을 다시 하는 게 싫었고, 또 우리가 싸우는 모습을 보여주는 것만으로도 하고 싶은 말을 충분히 전할 수 있었다. 마치 오래전부터 이렇게 맞서 싸워왔던 것처럼 변화된 우리 모습을 보여주는 것 자체가 안전하게 살고 싶은 누군가에게 영감을 주지 않을까? 자기방어 수업을 듣기 전에 우리가 어땠는지 아는 사람들이라면, 이 수업이 주는 의미를 알아챌 수밖에 없지 않을까? 누군가가 이 수업이 수강료를 지불한 만큼의 가치가 있었는지 물었고, 열다섯 명의 수강생은 모두 "그렇다."고 대답했다. 내 경우만 하더라도 어떤 수업에 대한 기대가 100퍼센트 충족되는 경우는 처음이었다.

나는 그때 적어도 다섯 명 정도는 수업에 등록할 것이라고 믿어 의심치 않았던 것 같다. 그러나 스무 명의 잠재적 학생 중에 실제로 등록한 학생은 단 한 명뿐이었다. 참으로 이상한 일이었다.

이 수업은 나의 삶을 영원히 바꿔놓았다. 기초 수업을 마친 후 자기방어와 관련한 모든 수업을 수강했고, 이후 조교와 강사 역할을 거치며 총력적 자기방어의 지지자가 되었다.

그로부터 5년 후, 여성들의 맞서 싸울 권리에 대해 글을 쓰게 될 줄 알았더라면 그때 동기들에게 수업을 통해 무엇이 얼마나 변화했는지에 대한 인터뷰를 청했을 것이다. 동기들을 인터뷰하지는 못했지만, 다음 장에서는 전국의 여성들을 상대로 진행한 전화 인터뷰 내용을 소개할 예정이다. 그녀들과는 자기방어 기초 수업을 시작할 즈음과 졸업 후에 각각 이야기를 나누었다. 모두들 자기만의 개성이 있는 사람들이었지만, 한편으로는 전형적인 여성들이기도 했다. 자신들이 잠들어 있다는 사실을 뒤늦게 깨달은 잠자는 숲속의 미녀들, 나는 그녀들 모두에게서 나 자신을 본다. 당신도 어쩌면 그럴지 모르겠다.

3

자기방어 수업 전과 후, 그녀들의 이야기

뒤돌아보며 분노하지도, 미래를 생각하며 두려워하지도 말고,
다만 깨어 있는 마음으로 주위를 둘러보라.
— 제임스 터버(미국의 유머 작가 겸 소설가·만화가)

우리는 서로 모르던 사람들이었지만 이야기를 털어놓고 나서 모두가 닮았음을 알게 되었다. 자기방어 수업은 처음으로 자신 안의 일상적인 두려움을 인정하는 시간이었다. 우리는 커밍아웃을 하지 않은 '겁쟁이', 집에 혼자 있는 게 무서운 사람들, 야근이 두려워 승진 기회를 놓친 전문직 여성들이었다. 수업에 모인 여성들중 삼분의 일가량은 심리상담사에게 자기방어 프로그램을 추천받은 이들이었다. 몇몇 여성들은 어렸을 때 아버지가 어머니를 구타했던 기억 때문에 지금까지도 남자들이 두렵다고 털어놓았다. 말

로 표현은 안 했어도, 우리는 같은 여성이라는 사실만으로 서로의 경험이 얼마나 비슷한지 이해할 수 있었다. 하지만 우리의 가장 큰 공통점은 우리 모두 자기방어에 대한 어떠한 인식도 없었다는 점, 그리고 그것이 합리적인 것이든 비합리적인 것이든 관계없이 폭력에 대한 두려움 때문에 삶이 크게 바뀌었다는 점이다.

첫 번째 자기방어 수업에서 만난 여성들처럼, 이 책을 위해 내가 인터뷰한 로스앤젤레스, 샌프란시스코, 몬테나, 콜로라도, 워싱턴 D.C., 뉴욕 등에 사는 여성들도 마찬가지 반응이었다. 처음에는 자기방어에 대해 전혀 몰랐지만 훈련을 받은 이후 상상도 못할 만큼 많은 것을 얻었노라고 했다. 이 장에서는 자기방어 수업을 듣기 '전'과 '후'의 이야기를 들어보려고 한다. 그녀들이 그랬듯, 내면의 투지를 일깨울 필요와 권리가 있다는 사실을 깨닫고 나면, 당신도 자신의 몸과 아름다움, 존엄성을 스스로 지키고자 할 것이다. 그녀들의 이야기가 당신 안의 '전사'에게 말을 걸 수 있기를 바란다.

"자기방어 수업에서는 모두가 초보, 걱정할 필요 없죠." - 로즈
로즈는 153센티미터, 50킬로그램 정도의 체격에 나이는 마흔여섯, 그리고 손자를 둔 할머니이다. 그녀는 뉴질랜드에서 자기방어 수업을 듣고 난 후 "광신도적 열정"을 갖게 되었다. 그녀는 자신을 보수적인 인상에 매우 전형적인 중산층 여성으로 묘사했다. 자녀들을 키우고 일하느라 지난 15년간 자기방어 수업을 미

뤄왔는데, 지금은 그토록 오래 미뤄왔다는 사실이 믿기지 않는다. 이전에는 혼자 일할 때나 거리를 걸을 때 조심스럽게 행동했다면 이제는 필요한 순간 스스로를 충분히 보호할 수 있다는 자신감이 생겼다. 지금의 로즈는 이전과는 완전히 다른 사람이다.

인터뷰에 응한 다른 여성들과 마찬가지로, 로즈는 폭력의 위협을 받았을 때 그 자리에서 얼어붙게 될까 봐, '겁쟁이'처럼 행동할까 봐 두려웠다. 자기방어 수업에 참여하면서 잘 따라가지 못할까 염려도 됐지만, 사실 모두가 초보였기 때문에 걱정할 필요가 없다는 것을 이내 깨달았다. 그녀는 직장 동료 네 명과 함께 즐겁게 수업에 참여했고, 경험을 나누면서 이들과 한층 더 돈독해졌다.

로즈는 뉴질랜드의 한 외곽 지역에서 정신건강 전문가로 활동하고 있다. 상태가 심각할 때는 환자를 차에 싣고 거친 길을 운전해야 하는데, 예전에는 이 업무가 힘겨웠다. 자기방어 수업 이후에는 어떤 환자를 만나든, 어떤 상황에 처하든 잘 대처할 수 있다는 자신감이 생겼다.

로즈가 참여한 수업에서는 움직이고, 말하고, 덩치가 큰 상대와 실제로 제대로 된 싸움을 연습해볼 수 있었는데, 주변에 다른 종류의 자기방어 수업을 들었던 지인들은 이 점을 부러워했다.

로즈가 사는 마을은 집집마다 대문을 잠그지 않거나 보안장치를 하지 않는 시골 동네이지만, 그곳에도 여성 폭력은 분명히 존재한다. 그녀의 친구는 혼자서 '안전한' 뉴질랜드 해변을 걷다가 강간 피해를 입었고, 그녀 역시 진남편에게 두 차례 힝문 강간 피해를 당했다. 자기방어 수업을 듣기 전에 로즈는 혼자서 해변에 갈 수도 밤거리를 걷지도 못했지만, 이제 자유롭게 어디든 다닐 수 있다.

"십 대 때 강간당했던 경험을 극복했어요." – 아이리스

간호사인 아이리스는 누구보다 가까이서 폭력의 결과를 목격해왔다. 173센티미터 정도의 큰 키에 몸무게 59킬로그램인 그녀는 십 대 때 의붓아버지와 엄마의 남자 친구들에게 성폭력을 당한 경험이 있다. 아이리스는 샌프란시스코의 모델 머깅 수업에 등록하기 전부터 집단 상담을 받아왔다. 맞서 싸우려는 의지는 있었지만 구체적인 자기방어 기술이 부족했다.

"제가 얼마나 강인한지, 그리고 남자들이 얼마나 약할 수 있는지 알게 되었어요. 정신적으로는 의식이 확장되고, 많은 것들을 비워낼 수 있었어요. 상황극을 직접 재현했을 때가 가장 의미 있었는데, 남성 강사 두 분한테 제가 십 대 때 만났던 엄마의 남자 친구들 역할을 해달라고 부탁드렸죠." 아이리스는 상황극을 지휘하면서 여성 강사에게는 어머니 역할을 부탁했다. 실제 상황에서 어머니는 아이리스를 비웃었지만, 상황극에서는 '엄마'가 '조금' 개입하도록 했다. 스스로 싸움 전체를 진행해보고 싶었기 때문이다. "저의 근본이 뒤바뀌는 경험이었어요. 제 몸의 분자들이 바뀌는 느낌이었죠. 이 수업이 신체적으로, 정신적으로, 감정적으로 그리고 영적인 차원에서 너무나 깊게 파고들어 놀랐습니다."

이 수업을 계기로 다른 여성들에 대한 관점이 바뀌었는지를 묻자, 아이리스는 적극적으로 동의했다. "확실히 바뀌었어요. 예전에는 모두들 저처럼 세상을 보는 줄 알았어요. 수업에 참여한 여성들이 열다섯 명이었는데, 그분들이 같은 주제에 대해 말하는 걸 들으면서 생각이 바뀌었어요. 겁을 먹더라도 싸울 줄 아는 사람들이 있더라고요. '여성스러운'데도 누구보다 용맹한 사람도 있었어요. 자그마한 여성들한테서 거침없고 용감한 모습을 보게 되니 기분이 좋더라고요."

"폭력적이던 아버지 때문에 어렸을 때부터 싸움꾼이었죠." – 에이미

에이미는 서른 살이며, 키 162센티미터의 보통 체격이다. 그녀는 예전부터 싸움꾼이었다. 폭력적이었던 아버지 때문에 어렸을 때부터 자기방어를 익혔기 때문이다. 한번은 길을 걷고 있는데 한 여성이 주먹을 날렸고, 에이미는 날아오는 주먹을 막고는 그녀를 도랑에 던져버렸다. 에이미는 자신감이 지나치다는 점을 걱정했다. 샌프란시스코 지역의 모델 머깅 수업을 들으면서 무엇보다도 무모하게 굴지 않는 법을 배웠다. 신체적으로 새로운 기술도 배웠을 뿐만 아니라 갈등을 피하는 법도 알게 되었다.

에이미의 의견은 상당히 단도직입적이다. 여성에 대한 폭력을 근절하는 방안에 대해 묻자, 그녀가 말했다. "강간범과 성추행범에게는 두 번 다시 기회를 주지 말아야 합니다. 폭력 남편을 살해한 여성들에게는 그녀들이 원하는 꿈의 집을 제공해야 하고

요." (그럴 수 있을까. 하지만 현실에서 폭력 남편을 살해한 여성들은 대부분 꿈의 집이 아닌 교도소에서 살게 된다. 남편에게 수십 년간 고문당하거나 살해 위협을 당했다는 사실이 증명되더라도 말이다.) 에이미는 모든 여성들이 어렸을 때부터 싸우는 법을 배워야 한다는 강한 확신을 갖고 있다.

"처음으로 내 삶이 안전할 거라는 확신이 들었어요." – 캐서린
스물일곱에 네 아이의 엄마인 캐서린은 한 번의 이혼 경험이 있고, 현재 두 번째 이혼을 진행 중이다. 그녀는 감당하기 어려운 고난을 딛고 일어섰다. 세 번의 강간 피해를 겪었고, 아버지에게 수차례 학대당했다. 아버지에게도 강간당했다고 생각하지만 확신할 수는 없다. 하지만 아버지가 한밤중에 지하실로 데려가 묶어놓고 때렸던 기억은 선명하다. "우리한테는 혼내는 거라고 말했지만, 사실은 고문이었어요." 캐서린의 아버지는 자신이 맞으면서 컸던 것처럼, 자녀들에게도 매를 휘둘렀다. 캐서린은 후유증이 너무 심해 2주간 등교를 못한 채 침대에 누워만 있기도 했다.

　캐서린은 세대를 걸쳐 이어온 집안의 폭력을 답습하지 않으리라 다짐했다. 그녀는 책을 읽고 상담 그룹에 참석했다. 그리고 워스 디펜딩Worth Defending* 졸업식에 참석하면서 자기방어야말

....

* 총력적 자기방어 훈련 단체로 북부 캘리포니아, 콜로라도 주의 콜로라도 스프링스, 몬테나 주의 헬레나 지역을 위주로 활동한다.

로 자신이 찾던 프로그램임을 알게 되었다. 그녀는 강인하게 맞서 싸우는 여성들의 모습을 보면서 자극을 받았다. "저는 남편이 무서워요. 접근금지명령은 받아냈지만, 그래도 당장 제 자신을 지키는 방법을 배우고 싶습니다. 정의 실현을 기다리는 것도 이젠 지겨워요."

자기방어 수업에서 그녀는 기대했던 것보다 더 많은 것을 얻었다. "이제는 스스로의 안전을 지킬 수 있습니다. 살면서 처음으로 내가 강간당하지 않을 것이며 안전할 거라는 확신을 갖게 됐어요. 처음으로 내 삶을 사랑한다는 느낌이 들어요."

캐서린은 자신이 성장할 수 있었던 것은 그만큼의 노력이 있었기 때문이라는 것을 잘 안다. 그녀는 "내가 할 수 있다면, 당신도 할 수 있다."는 신념을 실천했으며, 강연을 통해 다른 여성들의 잠재력을 깨우는 과정에 일조하고자 한다. 나는 그녀가 꿈을 이룰 것이라고 믿는다.

"싸움의 기술을 배웠지만 더 평화적인 사람이 됐습니다." - 안드레아
170센티미터에 64킬로그램인 안드레아는 독일인으로, 한 독일 출판사의 워싱턴 특파원으로 일하고 있다. 그녀는 자기방어 문제에 남다른 시각을 가진 여성이다. 내가 인터뷰한 많은 미국 여성들과 달리 거칠게 축구를 하며 자랐고, 어렸을 적에는 싸움꾼이기도 했다. 자라면서 싸움에 참여도 하고 싸움을 걸기도 했으며, 싸움에서 지면 수치스러운 기분이 들었다. 스포츠 경기에서 남자

애들을 많이 때렸고, 그냥 이유 없이 때려눕히기도 했다.

안드레아는 저명한 무술 전문가인 캐롤 미들턴이 대표로 있다는 이유로 임팩트 워싱턴 지부에 등록했고, 그곳에서 가라테 수업을 듣던 중 자기방어 프로그램에 대해 알게 되었다. 패딩 슈트를 입은 가상의 가해자를 상대한다는 발상에 매료된 그녀는 호기심에 수강을 시작했다. 안드레아는 수업을 듣기 전에도 자신의 싸움 실력을 높게 평가했지만, 수업 이후에는 실력이 더 급격히 발전했다.

안드레아는 정신적인 측면에서도 더욱 성장했다. 이전의 그녀는 늘 싸우려는 마음이 있었다. "지금은 갈등이 있어도 육체적인 싸움으로 번지지 않도록 하고, 감정을 다루는 법을 알게 되었어요." 더 평화적인 사람이 된 것이다.

가장 크게 바뀐 점은 다른 여성들에게 전에 없던 연민을 느끼게 되었다는 점이다. 임팩트 수업을 듣기 전에는 다른 여성들이 겪는 폭력에 대해 잘 이해할 수 없었다. "나한테는 일어날 수 없는 일이라고 생각했죠. 다른 여자들은 뭔가 잘못했기 때문에 그런 식의 폭행과 강간을 당한다고 생각했어요." 하지만 다른 여성들의 이야기를 듣고, 특히 매주 강해지는 그녀들의 모습을 보면서 감동받았고, 생각도 완전히 바뀌게 되었다. "그녀들을 존경하게 됐고, 냉혹하게 평가했던 제 안의 잣대를 거둬들였어요."

"성폭력 피해 생존자인 저에게는 인생 최고의 선물이었어요."—론다

열아홉 살이었을 때 론다는 한낮에 도심 지역에서 강간을 당했다. 한 남자가 자신을 따라오는 것 같아 편치 않은 기분이었지만 신경 쓰지 않기로 했다. '나한테는 일어나지 않겠지.' 하는 미신이 잔인하게 깨지고 말았다. "강간 경험은 저를, 제 성격을 완전히 바꿔놓았어요. 제 일부가 사라진 기분이었습니다. 모든 걸 의심하게 됐어요. 지금도 수시로 뒤를 돌아봐요." 당시 가해자는 끝내 검거되지 않았다.

이제 스물네 살의 사회복지사 론다는 간략한 자기방어 워크숍에 참가한 후 워스 디펜딩 단체의 종합 기초 훈련을 받기로 마음먹었다. 그녀는 현재 약혼자가 있고, 페미니스트는 아니며, 스스로를 그럭저럭 '전통적'인 편이라고 생각한다.

격투기식 자기방어 수업에서 그녀가 얻은 건 무엇일까? "스스로 강해지는 법을 배웠어요. 제 자신이 느끼는 안전함의 정도가 이전과는 완전히 다릅니다. 강간 피해 이후 안전하다는 느낌을 가질 수 없었고, 뭘 해도 편히 쉴 수 없었어요. 수영장 의자에 누워 있을 때도 눈을 감지 못했죠. 그런데 이제는 설사 누군가가 나를 노린다 해도 맞서 싸울 수 있습니다. 매사를 의심하지는 않지만, 그렇다고 해서 순진하지도 않죠."

"너무나 멋진 수업이었어요. 특히 성폭력 피해 생존자인 저한테는 평생 해본 것 중 최고의 경험이었어요. 선물 같은 것이죠. 제 인생을 바꿔놨어요. 이 수업을 들을 수 있는 인근 지역의 모든

여성들에게 권하고 싶습니다." 그녀는 들뜬 목소리였다. 처음 대화를 시작했을 때의 론다의 모습은 찾아볼 수 없었다. 그녀는 중대한 변화를 겪었다. 이제 막연한 불안함과 경각심의 차이를 안다. 불안함은 장애가 되는 반면, 경각심은 힘의 원천이 된다.

"밤늦게 일하는 여성들에게 적극 추천합니다." – 지나

지나는 서른네 살에 보통 체격의 소유자이다. 몬테나 주에서 처음 자기방어 수업에 등록할 때만 해도 별 기대가 없었다. 나 역시 그 지역 출신이기에, 그녀가 지닌 중서부 지역 사람 특유의 상식적이고 간단명료한 삶의 태도가 낯설지 않았다. 그녀는 간혹 공격을 당할지 모른다는 생각을 하긴 했지만, 폭력에 대해 진지하게 생각해본 적은 없었다. 자신은 매우 지적인 과학자지만 공격당할 때 어떻게 대응해야 하는지는 전혀 알지 못했다. 또한 자기방어를 배우려 한 적도 없었고, 그런 수업이 있는지도 몰랐다. 다만 식물학자라는 직업상 밤에 혼자 연구실에 있는 경우가 많아 연구소에서 수업을 듣게 한 게 계기가 되었다.

지나가 지도하던 한 남성 연구원은 "폭력적인 자기방어가 이해가 안 된다."고 말했다. 총을 사용하는 건 괜찮아도 몸으로 싸우는 건 안 된다는 뜻이다. (참으로 이해하기 어려운 심리이다.)

지나는 수업을 통해 신체적 자신감 뿐 아니라 정신적 강인함도 얻을 수 있었다. 그녀는 현실적이면서도 안전한 상황극에 깊은 인상을 받았다. 두려움에 떠는 와중에도 완전한 방어 태세를 갖추는 자신의 모습에 스스로 놀라기도 했다. 그녀는 수업에서 만난 몇몇 여성들이 흥미로웠다. "일부 여성들이 자기 신체 능력에 대해 과소평가하는 걸 보고 굉장히 놀랐어요. 실제로는 강인한 여성들인데 말이죠. 나중에 변화되는 모습을 보기 전까지는 계속 마음이 불편하더라고요." 그녀 역시 다른 여성들에게 자기방어 수업을 강력하게 추천한다. "특히 병원이나 식당, 술집, 경찰서 등 밤에 일하는 여성들한테 추천하고 싶어요."

"나를 함부로 대하는 사람들, 당연한 게 아니라 끔찍한 일이죠." – 린다
마케팅 컨설턴트인 쉰한 살의 린다는 임팩트 로스앤젤레스 지부의 수업을 들었다. 신체적으로 강해지는 것을 목표로 시작했지만 기대한 만큼의 성과는 없었다. 수업에서의 경험은 육체적이라기보다는 정신적이고 감정적이며 영적이었다. 그녀에게 자기방어 수업은 그동안 얼마나 자신의 한계와 타협하며 살아왔는지 깨닫는 계기가 되었다. 린다는 모든 여성들이 참지 않아도 된다는 사실을 배운다면 도움이 될 것이라고 말한다.

수업 이후 그녀는 내면 깊은 곳의 울림을 느꼈고, 평소 '모범생' 같았던 모습과는 매우 다르게 행동하기 시작했다. 이전과는 달리 익살을 떨지 않고, 자신을 나약하다고 여기지 않는다. 사실 린다는 수다스럽고 유쾌한 성격 뒤에 자신의 나약함을 감추고 있었다.

그녀는 자기방어 과정을 졸업한 날, 몇 시간 동안이나 눈물이

나는 바람에 새벽 여섯 시가 되어서야 잠이 들었다. 그날 밤 회사 생활과 대인관계에 대한 두 가지 꿈을 꾸었다. 꿈속에서 사람들은 모두 그녀를 함부로 대했으며, 린다 자신을 포함한 모든 사람들이 마치 그렇게 하는 게 정상적인 듯 행동했다. 그녀는 울면서 깨어났고, 함부로 취급받는 것이 당연한 게 아니라 끔찍한 일이라는 사실도 깨달았다. 린다에게는 이 꿈이 늘 상처받고, 망신당하고, 벌 받는 데 익숙했던 자신의 내면을 치유하는 첫걸음이었다.

직장에서의 태도도 달라졌다. 늘 청하지도 않은 충고를 늘어놓는 고객들에게 이전만큼 방어적으로 대하지 않았다. 이전 같았으면 기분 상했을 상황에서도 상대 남성도 업무적으로 최선의 결과를 얻으려는 것이라고 이해하며, 여유롭게 대처했다.

린다는 스스로 더 성장하고 싶은 의욕으로 가득 찬 용기 있는 여성이다. 그전에는 여성들이 강해질 수 있다는 생각을 전혀 하지 못했지만 수업에서 만난 여성들은, 체격이 매우 작은 여성까지도, 얼마나 강해질 수 있는지를 보여주었다. 남성 강사들이 보여주는 모습에도 많은 위안을 얻었다. "여자들을 돕고자 하는 정말 좋은 남자들도 있다는 걸 조금씩 알아가고 있어요."

"여자니까 당연히 감수해야 한다고 생각했어요." – 마릴린

전문 비서로 일하는 마릴린은 157센티미터의 키에 몸무게는 52킬로그램이다. 수업을 듣기 전 진행한 인터뷰에서 자신이 자기방어 기술을 배울 수 있을지 상당한 의구심을 품고 있었다. "너무나

작은" 자신의 체구 때문이었다.

마릴린은 남자들이 여자를 때리는 모습을 보며 자랐다. 한번은 새아버지가 자신을 유혹하려 해서 이를 뿌리친 일이 있었다. 하지만 무서운 마음에 가족들에게 말하지는 못했다. 집안 식구들은 여전히 새아버지를 무서워하지만 마릴린은 더는 두려움을 느끼지 않는다. 무슨 일이 있더라도 이겨낼 수 있다는 것을 알기 때문이다.

"수업을 듣고 자존감이 높아졌어요. 나한테 어떤 권리가 있는지, 그리고 내 자신이 지킬 만한 가치가 있는 사람이란 걸 알게 됐습니다. 이제는 어떤 일이 생기더라도 스스로 방어할 수 있어요." 수업을 듣기 전 그녀는 여자는 맞서 싸울 수 없거나 싸운다고 해도 이길 가능성이 적다고 생각했다.

그녀는 수업 전 인터뷰에서 공격받은 경험이 없다고 답했는데, 이후에는 자신의 답변을 정정했다. "생각해보니 미수에 그친 공격들은 많았어요. 그냥 삶의 일부로 여겼고, 여자니까 당연히 감수해야 하는 거라고 생각했던 것 같아요."

남성에 대한 태도가 변했는지 물어보았다. "네, 이제는 두려움이 많이 없어졌어요. 남자들하고 대화하는 게 훨씬 쉬워졌고, 두려운 마음이 없어지니까 동등하다는 기분이 들더라고요. 남자들을 혐오하거나 나쁘게 생각할 필요도 없어졌어요. 사실 저와 다를 바 없는 사람들이잖아요. 오랫동안 남자들을 무서워했다니 뭔가 속은 기분이에요."

"자기방어 수업이 그 어떤 다이어트보다 자존감을 높여줬어요." – 데브

사십 대 초반에 활기찬 성격의 데브는 자신의 체형이 자기방어를 배우는 데 방해물이 될까 두려웠다고 한다. 다소 체격이 큰 그녀는 스스로에 대해 "해부학적으로 오류가 있는 몸"이라고 설명한다. 하지만 데브는 스스로도 놀랄 만큼 자기방어 수업에 잘 적응했다. 가상 가해자가 자신보다 큰 여성을 끌고 가는 모습을 보면서 자신에게 필요한 수업을 찾았다고 생각했다. 데브는 새아버지의 폭력을 비롯해 여행 중에 입은 강간 피해, 남자 친구의 구타 등 살면서 수많은 폭력을 겪어왔다.

그녀는 이제 개성 있는 사람들로 넘쳐나는 버클리의 거리를 걸으면서 자신이 얼마나 근본적으로 변했는지 체감하고 있다. 이전에는 예측 불가능해 보이는 사람들이 무서웠지만, 지금은 '털끝이라도 건드려 봐. 네가 상대해야 할 사람이 어떤 사람인지 전혀 상상도 못 할 거야.'라고 생각하는 단계에 이르렀다. 한 달 전까지만 해도 그녀는 신체적 폭력에 대해 떠올리면 "미친 듯이 겁이 났던" 여성이었다.

그녀는 다른 많은 사람들과 마찬가지로 자신이 신체적으로 준비가 안 됐다는 생각에 자기방어 수업을 미뤄왔다. "지금 와서 생각해보면 제 삶을 이렇게 근본적으로 변화시키는 수업을 미루고 있었다는 게 믿기지 않아요. 수업을 마치고 나서 활동 범위도 넓어졌고, 제 몸에 대한 자신감도 생겼어요. 살도 많이 빼봤지만 스무 시간의 자기방어 수업이 그 어떤 다이어트보다도 제

자존감을 높여줬어요."

"분노와 마주했을 때 맞서 싸울 수 있게 되었어요." – 소피

소피는 마흔다섯에 경영학 석사과정을 이수했고 보통의 체격을 지녔다. 그녀는 동성 연인의 음주운전을 막으려다 서로 밀치고 싸운 경험이 있다. 그러던 중 주먹질과 발길질을 당했는데, 당시에는 그 자리에서 '얼어붙는' 기분이었다고 한다. 그때의 기억은 소피를 지속적으로 괴롭혔고, 비슷한 상황이 오면 또 그렇게 반응하게 될까 봐 화가 나고 두려웠다. 소피는 15년 전부터 샌프란시스코의 모델 머깅 프로그램을 알았는데, 수업에 대한 평판은 극찬에 가까울 정도로 좋았다. 취지는 좋았지만 여성들의 경험을 반영하기에는 한계가 있었던 대학 시절의 자기방어 수업과는 많이 달랐다.

이번 수업에서 그녀는 무엇을 배웠을까? "꼼짝없이 얼어붙게 될 거라는 공포가 없어졌고, 더 안전한 기분이 들어요. 여전히 두렵지만 그래도 안전한 느낌입니다. 저를 보호할 수 있는 구체적인 기술을 배웠고, 다른 여성들과 연대감도 생겼어요. 자신감이 붙었죠. 저보다 체구가 작은 여성들이 열심히 싸우는 모습을 보면서 정말 많은 도움을 받았어요. "표지로 책을 판단하지 말라."는 속담을 확인했죠. 저 사람은 머리가 텅 빈 게 아닐까 하고 생각했던 여성들도 알고 보니 싸움을 화끈하게 잘하는 사람들이더라고요. 수업에 참여한 여성들은 이십 대에서 사십 대까지 다

양했고, 실력도 천차만별에 청각장애가 있거나 허리가 불편한 사람도 있었어요. 사람들에 맞게 다양한 프로그램을 설계한 진행자들도 참 대단한 것 같아요."

인터뷰가 끝나갈 즈음 그녀에게 덧붙일 말이 있는지 물어보았다. "한번은 수업 중에 싸우다가 울었어요. 싸움을 끝낼 수가 없었죠. 제 안의 분노를 마주하는 데 시간이 꽤 걸렸는데, 이게 너무 어렵더라고요. 마지막 날이 되어서야 드디어 걸러지지 않은 진짜 분노를 느낄 수 있었고, 강사님을 미친 듯이 두들겨 팼어요. 분노는 두려움하고 달라요. 제 경우엔 분노를 느끼고 나서야 맞서 싸우는 즐거움을 느낄 수 있었어요. 수업 중에 계속 싸워야 할지 말지 결정해야 하는 순간이 있었어요. 그냥 그 자리에 누워 포기하는 편이 더 쉽다는 걸 알았지만, 그래도 다시 한 번 일어나서 도전했죠. 시간이 많이 지난 게 아니라 인생을 바꾸는 경험이라고 말하긴 조심스럽지만, 그래도 지금은 그때가 얼마나 중요한 순간이었는지 느끼고 있어요."

"자기방어는 남성 혐오가 아니라 스스로 강해지는 것입니다." – 데미
대학원생인 스물여섯 살의 데미는 남성 혐오적이지 않은 자기방어 수업을 찾고 싶었다. 그러던 중 친구의 모델 머깅 수업 졸업식에 가보고 나서 원하던 수업이라고 생각했다. 155센티미터에 50킬로그램인 데미는 자신처럼 작은 사람은 어차피 불가능할 것이라고 여기고 그동안 수업을 듣지 않았다. 총력적 자기방어 시범

을 본 후 할 수 있겠다는 자신감이 생기긴 했지만 비용이 여전히 고민이었다. 다행히 지역의 비영리단체에서 수업료 일부를 지원받게 되었다. 그녀는 수업을 추천해준 사람이 신뢰할 만하고, 안전한 환경에서 실제 상황인 것처럼 연습하는 것이 필요하다고 생각했다. 그래서 프로그램에 대한 확신을 가지고 있었다.

데미의 남자 친구는 대부분의 사람들이 그렇듯, 그녀가 왜 본격적으로 싸움을 배우려는지 의아해했다. 혹시 여자 친구가 과거에 말 못할 일을 겪었던 건 아닌지 내심 걱정스러웠던 것이다. 그는 많은 여성들이 끊임없이 자신의 안전을 걱정한다는 걸 알지도, 이해하지도 못했다. 특히나 데미처럼 현장에서 무방비한 상태로 혼자 일하는 이들에게는 더욱 필요한 수업이었다. 그러다 졸업식을 보고난 후 남자 친구의 생각이 바뀌었다. 지금은 그녀의 선택이 매우 잘한 일이라며 지지한다.

수업에 참여하기 전 데미는 "단지 자기방어를 배우기 위해 이 수업을 듣는 건 아니에요. 답답함을 풀려는 생각도 있어요. 제 자신을 되찾고 강인해지고 싶어요."라고 말했다. 수업 이후 그녀는 혼자 밖에 있어도 두렵지 않고, 남자들이 자신에 비해 우위에 있다고 생각하지도 않는다. "이제는 쉽사리 위축되지 않아요. 그들만큼 저도 강하거든요." 이제 그녀에게서 공격당할까 봐 늘 두려워하던 모습은 찾아볼 수 없다.

마지막으로 하고픈 말이 있는지 물었다. "이 수업이 남성 혐오직인 것이 아니라 모든 이들에 대한 애정 넘치는 수업이라는 걸 알았으면 좋겠어요." 수업에 참여한 졸업생들은 모두 데미의 의견에 동의할 것이다. 나는 자기방어가 남성 혐오적이라는 편견과 마주할 때면 이런 질문이 떠오른다. "대체 여성이 강해지는 것과 남성을 혐오하는 것이 무슨 연관이 있는가?"

"원하는 걸 할 수 있는 자유를 더 누리고 있어요." - 캐서린

보통의 여성들보다 큰 키에 날렵한 몸매, 거기에 당당한 태도까지 지닌 캐서린은 자기방어 수업에 대한 생각도 없었고, 필요도 없다고 느꼈다. 그러다 데미의 사례처럼 졸업식을 보고 나서야 자기방어 수업이 신체적인 것 이상을 가르친다는 걸 알게 되었다. 이후 3~4년을 더 기다리기는 했지만, 결국 수업에 참여하게 됐다.

캐서린에게 어떤 점이 달라졌는지 물어봤다. "이상하게 들릴지 모르겠지만, 전보다 세세한 점들이 더 눈에 띄어요. 산책을 나갈 때는 저의 모든 감각들이 생생하게 깨어 있는 걸 느껴요. 게으름도 덜 피우고, 바느질을 하든 시를 읽든 원하는 걸 할 수 있는 자유를 더 누리고 있어요. 다른 사람의 인정을 받으려는 경향도 많이 줄었고요."

자기방어 수업 이후 많은 여성들은 경각심이 커지는 한편 위험에 대한 과도한 예민함은 줄어들었다. 스스로 방어하는 법을 알기 때문에 더욱 편안한 상태를 유지할 수 있고, 편안하기 때문에 세세한 부분을 더 알아채게 된다. 현실 부정이나 편집증

적인 태도 등 그동안 우리가 사용하는 방어 기제들 탓에 주변 환경에서 느낄 수 있는 즐거움이 반감되었던 것이다. 일부 여성들은 자기방어를 통해 성숙해지는 과정을 겪는다. 죄책감이나 변명 없이 자신을 위한 시간을 가진다.

캐서린은 다른 여성들에게 더 공감하고, 자신은 물론 수업 동기들의 강해진 모습을 더욱 높게 평가했다. 같은 동네에 사는 여자아이가 벌써부터 얼마나 자신감이 없고, 기운이 빠졌고, 뭔가를 틀릴까 봐 두려워하는지도 눈에 들어왔다. 수업을 듣기 전이라면 그 아이의 태도를 소녀들의 '자연스러운' 행동으로 봤을 것이다.

남성들에 대한 태도에는 변화가 없었을까? "그 부분에 대해서는 아직 애매해요. 하지만 남자들도 저와 비슷한 상황을 견디고 산다는 걸 이제는 알 것 같아요. 확실히 이전만큼 무섭지는 않아요."

수업 중 캐서린은 어릴 적 아버지의 폭행을 재현하는 상황극을 했다. 그녀는 설거지를 하면서 아버지와 대화를 나누고 있었다. 캐서린이 손을 털자 비눗방울과 물방울이 아버지에게 튀었고, 아버지는 그녀의 뺨을 세게 때렸다. 그러고 나서 아무 일 없다는 듯 대화를 이어갔고, 캐서린이 대답을 하지 않자 나무랐다.

상황극에서는 그때와 다르게 대응했다. 그녀는 공격을 맞받아쳤고, 아버지를 아예 때려눕혔다. 그렇게까지 하지는 않겠지만, 만약 현실에서 똑같은 상황이 벌어졌다면 연약한 아이가 스스로를 방어하는 능력 있는 성인 여성으로 변모하는 상징적인 장면이 될 것임은 분명하다. 상황극은 그녀에게 치료제가 되어 주었다.

마지막으로 수업 전에 했던 인터뷰 내용 중 수정하고 싶은 부분이 있냐고 묻자 "공격을 당한 경험이 있는가?" 하는 질문에 "없다."고 했던 사실을 떠올렸다. 그녀는 이 답변을 바꾸고 싶어 했다. 당시에는 아버지가 자신의 뺨을 자주, 그것도 아무 이유도 없이 때렸던 것이 폭력이라는 사실을 몰랐다.

"끔찍한 악몽과 대면하는 것은 쉽지 않죠." – 헤더

헤더는 서른한 살에 167센티미터, 54킬로그램이다. 그녀는 악몽을 자주 꾸는 편이었다. 자기방어 수업을 듣게 되면 그 악몽과 대면해야 할 것 같아 그동안 등록을 미뤄왔다. 그러던 중 심리상담사에게 임팩트 로스앤젤레스 지부의 프로그램을 추천받았다. 이제는 악몽도 꾸지 않고, 일상에서 자신감도 회복했다. 주변 사람들, 특히 남편이 자신의 변화를 더욱 실감하고 있다.

수업 초기만 해도 "안 돼!"라고 크게 소리치기는커녕 입 밖으로 내뱉지도 못했던 여성들이 변화하는 모습을 보면서, 그리고 이전에는 발견하지 못했던 자기 안의 힘을 느끼게 되면서 헤더는 놀라워했고, 또 영감을 얻었다. 매우 수줍어했던 이 여성들은 수업을 통해 신체적으로, 정신적으로 준비된 존재로 변화해 간 것이다.

헤더는 영화계에서 작가이자 제작자로 활동하고 있다. 그녀는 영화계에서 '위기에서 스스로를 구출하는 강인한 여성의 모습'을 그려내는 선구자가 될지도 모른다.

"불편함은 느꼈지만 강인해지는 경험이었어요." – 레이첼

152센티미터에 47킬로그램, 서른넷의 레이첼은 자신을 "늘 경계 태세로 주변을 살피고, 어느 순간에도 방심하지 않는" 사람이라고 소개했다. 누군가가 목걸이를 낚아챈 일 외에는 험한 일을 당한 적 없다는 그녀는 늘 위험에 최소한 노출되기 위해 삶을 제약해왔다. "겁이 나서" 원하는 만큼 여행도 다니지 못했다. 레이첼은 신중하고 내성적인 성격으로, 모르는 사람들 앞에서 싸울 준비가 안 됐다는 이유로 마지막 자기방어 수업에는 아예 참여하지도 않았다.

"맞서 싸우는 행위가 너무나 격정적이어서 놀랐어요. 누군가를 때린다는 생각만 해도 속이 메스꺼웠어요. 수업에서 치한을 걷어차려고 바닥에 몸을 낮추는 동작처럼 생각지도 못했던 기술들을 배우게 되었지만, 감정적으로도 정신적으로도 소화하기 힘들었어요." 레이첼은 다른 학생들만큼 적극적으로 수업에 임할 수 없었다. 한편 남자들이 생각했던 것보다 연약하다는 사실도 깨달았다. '저쪽에 있는 남자가 나한테 해코지를 하면 나는 어떻게 해야 할까?'를 생각하며 상황을 가늠해볼 수 있는 능력이 생겼다는 점에는 감사해했다.

레이첼은 수업을 끝까지 수료하지 않았고, 수업을 예찬하는 입장도 아니었다. 그래도 나는 레이첼의 경험이 다른 이들의 경험만큼 충분히 의미 있다고 생각한다. 그녀의 솔직한 반응도 마음에 들었다. 나도 첫 번째 수업을 들으면서 상당히 충격을 받았다. 불쾌하기도 했고, 다른 사람에 대한 나의 책임을 완전히 새로운 측면에서 끌어올리는 경험이기도 했다.

레이첼은 "내 경험을 다른 이들의 경험과 비교하는 것이 위험할 수 있어요. 수업에 참여하면서 불편함을 느꼈지만 수업 자체가 잘못된 것은 아니죠. 여전히 자기방어 수업은 의미 있어요. 다만 폭력이라는 주제 자체가 생각보다 불쾌하게 다가왔고, 스스로를 방어해야 한다는 책임도 부담스럽게 느껴졌어요. 하지만 강인해지는 경험이었다는 것만은 분명해요. 샌프란시스코 모델 머깅 프로그램을 적극적으로 추천하고 싶네요."

* * *

인터뷰에 응한 여성들은 자기방어 수업을 듣고 싶다는 생각이 있으면서도 오랫동안, 때로는 수년간 미뤄왔다. 프로그램을 마친 후의 인터뷰에서는 "왜 계속 미뤄뒀지? 왜 더 어렸을 때 하지 않았을까?"라는 말을 여러 번 들을 수 있었다.

첫걸음을 내딛는 과정이 왜 이리도 어려운 것일까? 자기방어 전문가들은 여성들이 가진 두려움과 공포감이 수업 참여를 미루는 근본적인 원인이라고 말한다. 흔히들 돈과 시간이 부족하다는 이유를 대지만, 사실은 공격을 당할 가능성 자체가 너무나 두렵기 때문에 대면을 미루게 된다는 것이다. 그래서 우리는 어린아이들처럼, 다른 사람들이 우리를 보호해줄 것이며, 자기방어는 자신의 임무가 아니라는 믿음을 고수한다.

또한 어린아이들처럼, 폭력을 당하는 것이 자신의 탓이라고 생각하는 경우도 많다. 이러한 죄책감은 우리가 안전하다고 생각하는 가정의 품에서 여러 세대를 걸쳐 전해져 내려온 위험한 관념이다.

2부

여성은 어쩌다
잠자는 미녀가 되었나

4

집과 가정의 마법

억압하는 자의 가장 강력한 무기는 피억압자의 정신이다.
— 스티브 비코(1960~70년대 인종차별 철폐 운동을 펼침)의 법정 진술문 중에서

"자기방어를 익힌다고 해서 무슨 소용이 있겠어요? 어쨌든 나는 절대로 이기지 못할 텐데요." 자기방어 훈련을 거부하는 여성들에게서 듣게 되는 가장 실망스럽고도 자의적인 해석이다. 이러한 태도는 패배감을 드러낼 뿐 아니라 현실을 부정하는 것으로, 마치 백혈구가 "나는 세균을 물리칠 수 없어."라고 말하는 것과 같다. 스스로의 잠재력에 대해 비현실적으로 평가하는 것은 정신적 면역 체계에 심각한 문제가 있음을 말해준다. 나쁜 소식은 정신적 면역 결핍이라는 증상이 많은 여성들에게 나타난다는 점

이며, 좋은 소식은 다행스럽게도 싸움의 정신을 회복하는 것은 그리 어려운 일이 아니라는 점이다.

싸움의 의지는 신체적인 영역을 넘어 한 사람의 중심과 자신감, 그리고 근본적인 자아상에도 영향을 미친다. 이번 장에서는 여성들이 자기방어의 권리와 능력을 판단할 때 가족이 미치는 영향을 살펴보고자 한다.

미녀와 야수는 가정에서 만들어진다

싸움의 의지는 가족의 품에서 키워지기도, 반대로 잠재워지기도 한다. 야수들은 야수를 키우는 가정에서, 미녀들은 미녀를 키우는 가정에서 자라난다. 또 어떤 가정에서는 전통적 성 역할에 맞추어 미녀와 야수 모두를 길러내기도 한다. 여자아이들은 대부분 미녀로, 남자아이들은 야수로 길러진다. 어떤 야수들은 미녀만이 해방시켜줄 수 있는 아름다운 마음을 지니기도 하며, 또 어떤 야수들은 포식자의 정체성을 가지고 어떤 미녀든 죽이려 든다. 여기서 미녀는 자신 안의 여성성일 수도, 혹은 살아 있는 다른 여성일 수도 있다. 때로 어떤 미녀들은 미녀가 되어도 '어두운' 야수성을 가질 수 있다고 배운다. 이들은 다른 야수에 대항할 때 자신 안의 야수성을 끌어내기도 한다.

우리는 가정에서 스스로의 미녀성이나 야수성을 키워간다.

우리 모두는 다양한 수준의 미녀적인 특성과 야수적인 특성을 함께 가지고 있다. 그러나 미녀들은 자라면서 어떻게 '발끈'해야 하는지, 어떻게 야수와 맞서 싸우고 물리쳐야 하는지 배우지 않기 때문에 관계에서 지배적인 위치를 점하는 것은 언제나 야수들이다.

우리 사회는 여성들에게 맞서 싸울 힘이 없다고, 시도해볼 필요조차 없다고 믿도록 했다. 종교, 상업, 교육, 가정 등 개인을 포함한 모든 사회구조가 여성의 나약함을 강요하고 강화하도록 설계되었다. 미녀가 무기력하다는 미신은 현실이 되었다. 우리는 스스로를 방어한다는 것이 너무도 낯선 나머지, 자기방어가 정신적·지적 능력은 물론 우리의 힘을 강화하는 수단이 된다는 사실조차 고려하지 못한다.

우리는 가정과 사회를 통해 경계 설정*에 대한 인식을 형성힌다. 싱대가 남성이라는 이유로 자동적으로 권위를 부여한다거나, 반대로 여성이라서 자동적으로 존중하지 않는 등의 가정에서의 경험은 아이들의 태도를 결정한다. 아이들은 부모님 혹은 보호자들의 상호작용을 토대로 남녀의 관계와 성별에 따른 행동 양식을 배운다. 이러한 행동 양식을 사회문화적 현상이 아니

....

* 자신이 안전하다고 느낄 수 있는 물리적·심리적 거리를 확보하는 것으로, 경계 설정 기술에는 자신에게 안전한 거리를 인식하고 확보하는 것뿐 아니라 자신감 표현하기, 위험 상황에서 자신의 감정을 통제하고 다루기, 직면하기 그리고 위험에 처한 다인을 위해 목소리를 내는 것도 포함될 수 있다.

라 당연하고, 옳은 것이라고 믿으며 성장한다. 또한 성별과 힘과 폭력의 관계 역시 배운다. 미리암 미찌안Myriam Miedzian은 자신의 책『사내아이는 사내아이답게: 남성성과 폭력의 연결고리 끊기』에서 남성들에게 폭력에 대한 믿음과 욕구가 주입되는 기제를 철저하게 분석한다. 미찌안의 분석처럼 가정은 우리 문화가 전적으로 지지하는 남성 지배의 가치와 여성적·남성적 행동 양식을 소개하고 강화하는 핵심적인 장이다.

여성들은 말 그대로 병적인 수준의 여성성에 길들여져 왔다. 우리 사회의 한쪽 끝에는 병적으로 남성스러운, 무척 불쾌한 남성들이, 다른 한쪽 끝에는 병적으로 여성스러운 여성들이 있다. 대부분의 사람들은 중간쯤에 위치해 있지만, 자신의 여성성으로 인해 죽음의 위협에 처할 만큼 순종적으로 길들여진 여성들이 존재하는 것 또한 분명한 현실이다.

병적인 수준의 남성성을 지닌 이들에게는 몇몇 특성이 있다. 그중 여성들에게 가장 위협적인 것은 여성이 자신의 소유물이라고 진지하고도 확고하게 믿는다는 점이다. 이들은 자신의 여자가 반항하지 않도록, 집 안에 얌전히 있도록, 여자를 훈육하고 때리고 묶고 가두는 등 필요한 모든 조치를 할 책임이 있다고 생각한다. 여성을 살해하는 것 또한 불가능한 일이 아니다. 사실상 살해의 위협은 그것의 실행 가능성과는 별개로 잠재적이고 궁극적인 위협으로 작동한다. 어떤 가정에서는 아이들이 이 모든 것을 학습하며 자란다.

혹시 당신의 아버지는 자신이 남자라는 이유만으로 어머니를 열등한 존재로 취급한 적이 있는가? 아들에게는 적극적으로 의사를 표현하도록 하면서, 딸들이 '말대꾸'할 때는 여지없이 선을 긋지는 않았는가? 성 역할에 대해 우리가 가진 기대감은 많은 부분 가정에서 보고 습득한 것들이다. 어쩔 수 없는 사실이다.

전문가들은 성 역할 학습이 태어나면서부터 시작된다고 말한다. 사람들은 아이들의 배내옷 색깔에 따라 다른 방식으로 말을 걸기 시작한다. 미묘한 차이라도 여자아이에게는 뽀뽀를 더 많이 하거나 자주 껴안아주고, 더 극진히 보살피는 경향이 있다. 남자아이는 여자아이보다 거칠게 다루며, 안아줄 때조차 '강인하게' 키우려고 마음먹는다. 양육하는 사람들이 아들에게 따뜻하고 사랑스럽게 대하더라도, 집에 놀러온 이모나 삼촌은 아이들을 다르게 대한다. 아들에게는 장난스럽게 꿀밤을 먹이고, 딸에게는 다정하게 뽀뽀할 수도 있다. 성별을 나누는 메시지는 구석구석 스며 있으며 끊임없이 반복된다.

남자아이들은 또래 친구들이나 어른들과 관계를 맺을 때 더욱 자유롭게 경계선을 설정할 수 있다. 남자아이들의 경계를 침범할 수 있는 사람은 형이나 남자 어른뿐이다. "안 돼."라고 말할 수 있는 권력 서열이 있다면, 여자아이들은 가장 낮은 위치이다. 경계선은 강제할 때만 효력이 있고, 강제력에는 힘이 전제된다. 여자아이들이 힘과 관련해 배우는 것은 남자아이들은 힘이 세니 어쩔 수 없다거나 "사내애들은 사내애답게" 굴도록 놔둬야 한다는 것뿐이다. 자라면서 나는 누군가가 여자아이에게 단호한 어조로 "힘에는 힘으로 맞서도 된다."고 얘기하는 것을 본 적이 없다.

나는 총력적 자기방어 강사이자 조교로 활동하면서 아프리카계 미국인과 유대인 집안에서 자란 여성들이 유럽계나 히스패닉계 미국인, 비유대인 여성에 비해 자신의 의사를 적극적으로 표현한다는 점을 발견했다. 물론 예외적인 사례들도 있다. 나는 유대인들의 문화가 모든 구성원들의 지적 능력을 중요시하며, 남성들뿐 아니라 여성들도 자신의 의견을 피력하고 견지하기 위해 언어적 능력을 개발하도록 허용한다는 가설을 세웠다. 아프리카계 미국인 여성들은 비아프리카계 여성들에 비해 자기 의견의 가치와 정당성에 대해 현실적으로 판단하는 경우가 많은 것으로 보인다. 그녀들이 상대적으로 긍정적인 자아상을 가진 것은 자라면서 남성이 자신을 구해주거나 돌봐줄 것이라는 기대감을 배우지 않았기 때문일 수 있다. 이러한 능력들은 지적, 정서적, 신체적 경계선을 설정하고 유지하는 데 중요한 요소가 된다.

강아지들만큼만 평등하게

최근 몇 년 사이 나는 기득권을 가진 백인 중산층 여성으로 성장해온 과정이 강아지를 조련시키는 과정과 명시적으로 또 묵시적으로 많이 닮아 있음을 알게 되었다. 나는 평범하지만 실은 매우 친절하고 진보적인 부모님께서 문화적 성별 규범에 따라 키운, 굉장히 얌전하고 명석한 애완동물이었던 셈이다.

적어도 나와 같은 세대의 백인 중산층 여자아이들은 최고의 신랑감과 짝을 맺어주고 다양한 행사에서 뽐내려는 목적으로 길러졌다. 비록 '선머슴'처럼 자라긴 했지만 남자들이 하는 것만큼 나중에 직업적으로 도움이 될 만한 인맥을 쌓지도 않았고, 다른 사람이 나를 함부로 대할 수 없도록 자기방어 능력을 키우지도 못했다. 내가 했던 모든 일, 그리고 모든 인간관계의 이면에는 '나는 사실 다른 사람과 맞서 싸울 수 없다.'는 무의식적인, 무언의 두려움이 깔려 있었다.

'말 잘 듣는 아이', 어린 여자아이로서 칭찬받을 수 있는 기질은 이것뿐이었다. 나는 학교 선생님이나 주일학교 사람들, 그리고 모든 문화적 훈계를 통해 "선머슴 같다."는 숱한 꾸지람을 들어야 했고, 그 후 이런 나의 기질이 사람들의 노여움을 산다는 것을 예감하기 시작했다. 스스로를 언어적으로 방어하는 능력은 체벌이나 비판을 받을 수 있다는 무언의 위협으로 인해 완전히 없어져버렸다. 몇십 년 동안 나는 다리 사이에 꼬리를 숨긴 채 누군가를 기분 나쁘게 하지 않을까 두려워하며, 열심히 묘기를 부리며 살았다. 신발을 물어뜯거나 가구 위에서 뛰어다니는 행동 같은 것은 절대로 하지 않았다.

한편으로 나는 선머슴 같은 기질로 인해 다른 소녀들이나 여성들에 비해 늘 용기가 있는 편이었다. 물론 나보다 더 용기 있는 사람들도 있었지만 말이다.

만약 애견 조련사가 강아지를 성별에 따라 나누고, 여기저기 공을 '사냥'하러 다니며 노는 법이나 어른 개로서 생존하는 법을 수컷에게만 가르친다면 어떻겠는가? 암컷에게는 으르렁대지 말고, 구르지 말고, 지저분해지지 말고, 공격을 받아도 맞서 싸우지 않도록 훈련시킨다면 우리는 그 조련사를 정신이 나갔거나 터무니없다고 생각할 것이다. 강아지들이 놀 때 어떻게 움직이는지 관찰해보라. 강아지들의 놀이는 싸움의 부드러운 형태로, 실전에 대비한 연습이기도 하다. 암컷들은 한쪽 옆에 앉아 수컷들을 구경하며 응원하는 것이 아니라, '싸우는' 강아지들 사이에서 똑같이 활발하게 뒤엉켜 있다. 자기방어 능력을 사용한 적이 없는 암캐라면 자신의 새끼들을 잘 키우지 못할 것이다.

인간들은 왜 여성들에게 내재적 생존 본능을 무시하도록 가르치는 것일까? 왜 여자아이에게 언어적으로 대항하는 법을 가르치지 않는 것일까? 같은 시기에 남자아이들은 여자아이들, 그리고 그 아이들이 자란 성인 여성들도 효과적으로 맞서 싸우지 못하는 존재라고 믿으며 자란다.

여자아이들이 암컷 강아지만큼만 평등하게 길러진다면 어떨까? 강아지들이 서로 어우러져 자라는 모습은 인간 역시 형제, 자매, 사촌들과 역동적으로 어울리면서 어른으로서의 삶을 연습할 수 있음을 보여준다. 남매끼리 씨름을 하는데 여동생이 우세한 상황이라고 하자. 여동생이 어쩌다 오빠의 다리 사이를 때렸을 때, 부모는 "절대로, 절대로 남자애들의 주요 부분을 때리면 안 돼."라고 하는 대신, 이 전술이 훗날 유용하게 쓰일 수 있다는 사실을 알려준다면 어떨까? 예를 들어 이렇게 말할 수 있을 것이다. "정말로 아프게 해야 할 이유가 있는 게 아니면 오빠 가랑이 사이를 때리면 안 돼. 그 방법은 정말로 너를 해코지하려는 사람한테 사용해야 돼. 아빠나 새아빠, 할아버지, 오빠, 농장 인부, 성직자 등등. 어떤 남자라도 너를 해치려고 하면 곧바로 급소를 노려!"

여자아이들이 남자아이들과의 신체적 놀이에 동참하지 못함은 물론, 항상 누군가가 자신을 보호하거나 도와주려 하는 상황에서 성장한다면, 나중에 데이트 상대가 이상한 행동을 할 때 그녀들은 어떻게 대처할 수 있을까? 사무실 복사기 앞에서 자신을 더듬는 손길을 느낄 때 어떤 반응을 보일 수 있을까? 강아지들의 '싸움'과 같은, 남녀 모두가 참여하는 놀이를 여자아이들에게 허락하지 않는다는 것은 훗날 그녀들에게 필수적일 수 있는 능력을 빼앗는 것이다. 나아가 비슷한 과정으로 자라게 될 그녀들의 딸들에게서도 꼭 필요한 자기방어 능력을 빼앗게 되는 셈이다. 여성들의 굴레는 그렇게 계속해서 이어진다. 자기방어 수업을 하다 보면 싸우는 방법을 빠르게 익히는 여성들이 있는데, 이들 중 남자형제와 함께 자란 경우가 많다는 것은 결코 우연이 아니다. 이들은 강아지들이 뒤엉켜 자라듯, 어느 수준에서 함께 싸우고 놀았던 경험이 있다.

물론 형제자매 간의 폭력을 권장해야 한다는 뜻은 아니다. 강아지들의 싸움이 거칠어지면 어미 개가 관여하듯, 부모들도 중재에 나서야 한다. 그러나 '새끼들의 싸움'에서 딸을 끌어내고 자신의 힘과 한계를 경험하지 못하도록 하는 것은 아이에게 큰 불이익을 안길 것이다. 이런 과정을 통해 인간의 딸들은 자기방어와 지배에 대해 배울 기회를 잃어버린다.

새끼 강아지들 무리에서 반드시 수컷이 지배적인 것은 아니며, 이는 인간 아이들 사이에서도 마찬가지이다. 동물의 세계에서는 지배적인 암컷이 있고, 수컷들이 그녀를 보조하는 구조를 흔히 볼 수 있다. 자기방어와 짓궂은 장난도 수컷의 전유물이 아니며, 사냥을 하거나 공격당하는 상황에 대비하기 위해, 다시 말해 현실에 대비하기 위해 성별 구분 없이 모두가 신체적 놀이에 참여한다.

자기방어 수업에서는 '다치는 것'에 대해 비현실적이고 과장된 두려움을 가진 여성들을 만나게 된다. 이는 어렸을 때부터 신체적 놀이를 경험하지 못한 소녀들이 많기 때문이다. 여자아이들도 '강아지들'처럼 길러졌다면 집에서, 운동장에서 그리고 동네에서 치고받고 뒹굴며 놀았을 것이다. 이러한 경험을 하는 것은 매우 중요하다. 몸을 접촉하는 스포츠에서 '타격'을 입는다 해도 심각한 부상이 생기는 경우는 드물다. 놀이를 하며 부상을 견디는 것은 실제 다치는 것보다 다치는 것에 대한 두려움이 더 괴로울 수 있음을 가르쳐준다.

여성들은 실제 상황에서 맞서 싸우는 것을 두려워하는 경우가 많다. 맞서 싸우면 더 큰 피해를 입을지 모른다는 걱정 때문이다. 하지만 이는 사실이 아니다. 오포섬*이 아닌 이상 수동적인 방어는 미신에 불과하다. 맞서 싸우는 여성은 피해를 입을 가능성도 적고, '반항은 강간범을 더 폭력적으로 만든다.'고 믿는 여성보다 더 큰 피해를 입지도 않는다. 이와 관련해 한 연구에서는 여성들이 가해자에게 자신을 해치지 말라고 애원하고 간청하며 수동적으로 행동하는 경우, 피해를 입을 가능성이 오히려 높은 것으로 나타났다. 왜냐하면 이때의 여성들은 가해자가 생각하는 전형적인 여성에 부합하기 때문이다. 즉 여성들은 나약하고 징징대며 혐오스러운 존재이고, 남자가 아니기 때문에 인간이 아닌 것이다.

사라 울만Sarah Ullman과 레이먼드 나이트Raymond Knight는 「강간 상황에서 여성들의 저항 전략의 효율성 연구」**에서 다음과 같은 결론을 얻었다.

"가해자와 싸우고 비명을 지르고, 도망가거나 가해자를 밀쳐내는 등의 강력한 저항 전략은 피해 상황에서, 특히 밀폐된 공간이나 현장에 흉기가 있는 위험한 상황에서 강간을 피하는 데 더 효과적이다. 한편 애원하기, 눈물 흘리기, 설득하기 등의 대응은 강간과 부상을 피하는 데 효과가 없다는 선행연구 결과(Bart &

....

* 주머니쥐, 호주와 북미 등에 서식하는 들쥐로 위기에 처할 경우 죽은 시늉을 한다.
** 『계간여성심리학The Psyshology of Women Quarterly』, 1993년 3월호.

O'Brien, 1985)도 재확인했으며(Ullman & Knight, 1992), 상대적으로 위험도가 낮은 상황 그리고 성폭력 및 신체적 상해 위험이 높은 상황 모두에서 역효과를 가져올 수 있다."

경우에 따라 수동성은 효과적인 전략일 수 있다. 강아지들의 놀이를 다시 한 번 살펴보자. 강아지들은 어떨 때는 가만히 누워 무관심한 척하거나 쉬는 시늉을 하기도 한다. 그러다가 축 늘어져 있던 강아지가 갑자기 쏜살같이 튀어나가면서 싸움이 재개된다. 수동성이라는 것이 위험에 처한 당사자가 아는 '유일한 방법'이라면 이는 전략이 될 수 없다. 전략은 다른 선택지도 있을 때에야 비로소 전략일 수 있다. 우리는 인간 여성들에게 수동성이 최선의 그리고 유일한 전략이라고 가르치면서 그녀들을 위험에 빠뜨린다.

딸의 경계선에 무신경한 엄마들

중서부 지역의 농장에서 자란 한 친구의 이야기가 기억에 남는다. 농장에 고용된 아저씨가 있었는데, 그 사람이 늘 다정히 대해 줘서 가족처럼 여겼다. 그 친구는 남자형제들과 같이 자랐는데, 운동을 할 때도 농장 일을 할 때도 형제들에게 결코 뒤처지지 않을 만큼 자기방어 능력이 좋은 편이었다.

열한 살 무렵 외양간에 있던 어느 날, 농장 아저씨가 뒤에서 다가오더니 친구를 들어 올리고 짚더미 위로 던지기 시작했다. 처음엔 장난인 줄 알았는데 이윽고 아저씨의 눈빛이 이상하다는 것을 눈치챘다. 겁이 난 친구는 놓아달라고 간청했다. 하지만 소용없었다. 친구는 울기 시작했다. 아마도 그런 행동이 그 사람에게 겁을 주었는지 놀이하는 것처럼 상황을 바꾸면서 얼굴을 핥기 시작했다는 것이다. 친구는 토할 것 같은 기분이었고, 지금까지도 담배 냄새가 밴 그 사람의 침 냄새가 느껴진다고 했다. 그리고 그날 이후로 자신에게 있었던 싸움의 의지를 상당 부분 잃었다고 했다.

당시 그녀는 완전히 침해받고 모욕당한 기분이었다. 그리고 만약 반격하겠다는 의지가 있다면 상대가 다치더라도 밀쳐낼 수 있다는 사실도 몰랐다. 친구는 이 일을 어머니에게 털어놓았지만 "별일 아니야. 강아지들도 맨날 너를 핥잖아."라며 그녀를 놀리고 사건을 축소했다.

폭력 여부를 판난하는 한 가지 방법은 성별을 바꾸어 생각해보는 것이다. 연상의 남자나 여자가 자신을 제압하고 억지로 얼굴을 핥았다면, 한창 자라나는 젊은 남자는 어떤 느낌을 받게 될까? 이 상황에서 분노를 느끼는 것은 자연스러운 감정이며, 다른 이들도 그럴 만하다고 이해할 것이다. 그러나 많은 경우 여자아이들에게는 그렇지 않다. 특별히 나쁜 의도를 가진 경우가 아니더라도 남녀를 불문하고 대부분의 사람들은 딸들의 경계선을 가볍게 여긴다. 이 경계가 완전히 침범될 수도 있다고 무의식적으로 가르친다.

여성스러운 옷차림은 자기방어의 장애물이다

"남자애들은 원래 그렇게 놀아. 어차피 너도 치마가 더럽혀지는 건 싫잖니?" 나의 사랑하는 부모님 역시 못된 아이들과 맞서 싸우도록 나를 놀이터로 돌려보내지는 않았다. 나는 나 자신의 안전 그리고 존엄성을 깨끗한 옷과 맞바꾸었다.

　우리가 입는 옷은 맞서 싸울 수 있는 능력에 영향을 미친다. 당연한 일이다. 코르셋 위에 여러 겹의 속치마와 거대한 드레스, 레이스로 묶는 신발을 신은 사진 속 여성과 오늘 날 젊은 여성들의 활동적인 모습을 비교해보자. 닥터 마틴 신발에 청바지, 티셔츠를 입은 소녀는 자신을 보호하고자 할 때 지식과 기술 부족이 문제가 될지언정 적어도 옷차림이 장애가 되지는 않을 것이다.

　일할 때의 복장은 또 다른 문제일 수 있는데, 자기방어 수업을 하다 보면 직장에서의 옷차림에 대해 걱정하는 사람들을 꼭 만나게 된다. 공격을 당했을 때 하이힐을 신고 있으면 어떡하나요? (벗어 던지자.) 꽉 끼는 스커트를 입고 있으면요? (필요하면 찢어지도록 놔두자.) 자기방어 수업에 참여하는 남성이 호신술에 관한 대화를 하는데 옷차림을 걱정한다고 상상해보자. 너무도 이상하지 않은가.

　전보다 많이 완화되긴 했지만 옷차림에 대한 규범은 여전히 존재한다. 여성들의 복장은 위험할 수도 있고, 놀이나 자기방어에도 유리하지 않다. 근본적으로 편안함을 추구하는 소년과 남성들의 복장(넥타이는 예외이다.)과는 달리, 여성들의 전통적 복장은 타인의 시선을 의식한 것이다. 늘 어떤 부분은 노출하거나 어떤 부분은 가려야 한다. 신발은 발을 조이거나 뒤뚱거리게 만들고, 끈들은 풀어지거나 살을 파고든다. 대부분의 여성들은 아름다움을 위해 불편을 감수하는 것에 이미 익숙하다. 아름다움은 위험할 수 있다.

어렸을 때부터 우리는 늘 숙녀답게 행동하라는 당부를 들었다. 남자형제들과 사촌들은 뒷마당에서 하는 바비큐 모임이든 격식을 차린 결혼식이든 어떤 환경에서도 놀 수 있었지만, 우리는 얌전히 앉아 있어야 했다. 어머니는 남자아이들이 결혼식에 입고 온 옷을 망쳤다고 화내기도 하지만, 그럴 때 아버지는 "남자애들이 다 그렇지. 그래봐야 옷인데 화내지 마." 하면서 끼어들곤 한다.

한편 여자아이들은 옷을 깨끗이 하기 위해 어머니들이 어떤 노력을 하는지 보면서, 나중에 자신들도 바느질, 청소, 다림질에 신경 써야 한다고 생각한다. 남자아이들도 청소하고 바느질하는 법을 배운다면 옷에 더 신경 쓸지 모를 일이다. 입고 있는 옷에 따라 어떤 놀이에 참여할지 망설였던 기억이 난다. 더 들어가 설명하자면, 자기방어는 의식적이든 무의식적이든 망설임이 아닌 즉각적 반응을 필요로 한다.

여자아이들의 캐주얼한 옷차림 또한 방어력을 떨어뜨릴 수 있다. 신발, 옷, 머리 모양을 포함한 전체적인 복장이 '완성'되고 어울려야 한다는 강박이 신체적 자유를 제한할 수 있다. 완성된 복장은 결과물이 단정하든 엉성하든 적지 않은 노력을 필요로 한다. 이에 비해 머리만 빗고 당장 집밖으로 뛰어나갈 수 있는 남자아이들은 훨씬 큰 신체적 자유를 보장받을 수 있다. 어떤 이유에서든 신체적 자유를 제한하는 것은 스스로를 방어해야 하는 상황에서 장애가 된다.

자기방어를 배우는 남자아이, 보살핌을 연습하는 여자아이

여자아이들이 무방비한 느낌을 갖게 되는 또 다른 이유는 너무도 많은 게임과 놀이들이 '남자아이들 전용'으로 여겨진다는 점이다. 어린 시절 동네 남자아이들은 옷차림은 전혀 신경 쓰지 않은 채 나무집과 요새를 만들었고, 완성되고 난 후 "여자 출입 금지"라는 푯말을 붙였다. 심지어 요새를 만드는 과정에서 여자아이들의 노동력을 착취했는데도 그녀들을 소외시켰다. 어른들은 이런 행동을 귀여워했지만 어린 내게는 이 모든 것이 끔찍하게 느껴졌다.

왜 어른들에게는 아이들 간의 이런 행동이 재미로 비쳐지는 것일까? 어린 소녀들에 대한 부당한 행동을 왜 귀엽다고 여길까? 비록 '놀이'를 위한 집이지만, 왜 어느 누구도 집에 대한 사용권이 불공평하니 맞서 싸우라고 하지 않았을까? 어린 시절, 아이들은 삶에 대한 예행연습을 한다. 여성들이 차별을 경험해도 대수롭지 않게 여긴다고 치자. 공격에 맞서 싸울 필요가 없다고 어린 시절부터 배워왔다면 성인이 된 후의 여성들 반응도 어쩌면 당연한 것이 아니겠는가?

남자아이들 입장에서 소꿉놀이나 진흙으로 만두 빚기, 인형 돌보기를 좋아한다는 것은 놀림거리가 되기에 충분한 일이다. 어렸을 때 소꿉놀이를 정말로 좋아했던 남자 친구들이 있었다. 그들 중에는 이성애자로 성장한 아이도, 동성애자로 성장한 아이도 있을 것이다. 하지만 남자아이들은 결국 아버지나 삼촌, 동성애를 혐오하는 이모에게 망신을 당하고 나서 양육과 요리, 배우자와의 상호작용을 연습하고 싶은 본능을 외면하게 된다. 여전히 많은 어른들은 아들이 어떤 장난감을 갖고 노는지에 예민하다. 이러한 면에서는 여자아이들이 남자아이들보다 좋아하는 장난감을 탐색할 자유가 더 있는 셈이다.

우리 사회가 그동안 많이 발전했다고 생각한다면, 장난감 가게에 한번 들러보라. 가게 전체가 사실상 성별에 따라 나뉘어 있음을 알게 될 것이다. 여자아이들을 위한 장난감 중에 개인적 차원이든 영역에 관한 놀이든, 경계를 설정하거나 자신의 공간을 보호하도록 훈련하는 장난감은 없다.

남자아이들도 인형을 가지고 놀지만, 열등한 여자아이들과는 달라야 하기 때문에 자신들의 인형을 "인형"이라고 부르길 원치 않는다. 남자아이들의 인형은 "액션 피겨"라고 지칭해야 한다. 장난감 가게에서 액션 피겨 코너에 있는 〈스타트랙〉, 〈스타워즈) 등을 제외하면 대부분의 여성 피겨는 매우 사악하거나 현실의 여성이 가질 수 없는 '끝장나게' 멋진 몸매를 가지고 있다.

이를 통해 남자아이들은 여자아이들, 그리고 여성들과 관계 맺는 것에 대해 무엇을 배우게 될까? 분명 온전한 인격체로서의 여성에 대해 배우지는 않을 것이다. 남자아이들에게 여성 피겨는 욕망하거나 공격해야 하는, 혹은 두 가지를 동시에 해야 하는 존재이다. 소년들이 여성들과 친구나 연인 관계를 맺기 어려워하는 남성들로 성장하는 것도 당연하다.

놀이가 삶에 대한 예행연습의 일종이라면, 왜 소년들은 액션 피겨로 연습하는 걸까? 남자아이들은 인형을 통해 자기방어를 배우고, 실제 있을 수 있는 싸움에 대비한다. 여자아이들은 인형을 통해 보살핌을 연습한다. 물론 훌륭한 가치지만, 여자아이들도 싸움에 대해 배워야 한다. 여자아이가 바비 인형을 옆차기 자세로 세워놓고, 남자 인형인 켄의 주요 부위를 공격하며 노는 모습을 언젠가는 꼭 보고 싶다.

바비가 켄으로부터 자신을 보호하는 장면이 불편하게 느껴진다면, 이 장면이 남자아이가 지아이조 인형으로 범인을 공격하는 모습보다 왜 더 불편한지 스스로에게 물어보라. 만약 더 불편하다면, 왜 그렇다고 생각하는가?

나는 남자아이들에게 누군가를 구해주는 '구조자' 역할을 권장하지 않지만, '구조'는 최소한 남녀 어린이 모두가 참여하고 긍정적 효과를 거둘 수 있는 보살핌 놀이로 볼 수 있다. 하지만 액션 피겨의 세계에는 '위험에 빠진 미녀' 또는 잠자는 미녀와 같은 전형적인 여성 인물조차 찾기 힘들다. 만약 액션 피겨에도 '착한' 여성들이 존재한다면, 남자아이들은 소위 고결한 여성을 지키며 기사도와 보호본능을 느낄지도 모른다. 남자아이들이 백마 탄 왕자를 자처하는 것도 문제지만, 적어도 여성을 물리쳐야 할 악당으로 여기는 것보다는 나을 것이다.

〈지나: 여전사 공주〉의 지나, 〈버피: 뱀파이어 해결사〉의 버피, 〈아바타〉의 네이티리는 액션 피겨 세계의 '여성 금지' 원칙에서 매우 예외적인 모델이다. 이들은 선하고 강하며 자신을 포함한 다른 여성과 남성 그리고 아이들과 동물들을 구하며 승리를 쟁취할 능력이 있다. 어린이들의 놀이에서 너무나 오랫동안 부재했던 다이애나*의 정신을 구현한 것이다.

여전사 지나는 헤라클레스 피겨 세트에만 포함돼 있기 때문에 실제로 얼마나 많은 남자아이늘이 지나 피겨를 사고 싶어 하는지는 모르겠지만, 사고 싶다고 해도 장난감 가게에서 그녀를 찾기란 쉽지 않다. 1997년 캘리포니아 주에서 진행된 지나와 헤라클레스 전에서는 이틀로 예정되었던 행사임에도 첫째 날, 한 시간 만에 지나 피겨가 품절되었다. (참고로 이 행사에는 다양한 배경의 여자아이들이 참여했다.) 이를 생각하면 장난감 가게의 여전사 품귀 현상은 상업적으로도 이해하기 어려운 일이다.

....
* 사냥과 달의 여신으로 독립적이고 성취 지향적인 여성 정신을 대표한다.

124

〈스타워즈〉에 빠진 친구의 딸은 오랫동안 레아 공주 피겨를 찾아다녔지만 구하기가 쉽지 않았고, 결국 이 사실을 레아가 다른 남자 캐릭터들에 비해 열등하다는 의미로 받아들였다.

아이들의 실제 삶에서 가장 전형적인 액션 피겨는 동물들이다. 아이들은 함께 생활하고 관찰하는 놀이 친구인 동물들에게서 많은 것을 배우며, 다른 생명에 대한 책임감도 익힌다. 또한 반려동물, 가축, 야생동물들은 부모들이 아이들에게 자기방어법을 가르치는 데 훌륭한 본보기가 될 수 있다. 일례로 나는 부모 대상의 자기방어 수업에서 둥지 속의 아기 새들이 위협받을 때 얼마나 시끄럽게 구는지를 예로 들곤 한다. 아이들은 동물들의 대응 방법을 관찰하고 따라하면서 기초적인 자기방어 기술을 익힐 수 있다.

사람한테 안기고 싶지 않을 때 새끼 고양이나 강아지는 어떻게 행동할까. 아이들에게 한번 설명해달라고 해보자. 꿈틀대기, 꽥꽥 비명 지르기, 할퀴기, 밀치기, 짖기, 으르렁대기, 도망치기, 숨기 등등 아이들의 설명에는 여러 가지 행동이 등장한다. 새끼 고양이나 강아지들의 대응은 아이들도 적용해보기 쉬운 것들이다.

오락과 놀이는 삶에 대한 예행연습이다. 아이들의 놀이를 보면서 "지금 우리 아이는 무엇을 연습하는 것일까?" 스스로에게 질문해보자. 이 질문에 대한 답에 따라 아이들의 장난감이나 옷차림을 바꿔야 할 이유가 생길지도 모른다. 놀이 시간은 아이들이 삶을 살아나가는 방식, 다른 사람들과 관계 맺는 방식에 영향을 미친다. 놀이 시간을 통해 켄이 이상한 행동을 할 때 바비는 어떻게 자신을 보호할 수 있는지, 암컷 동물들이 어떻게 놀고 어떻게 스스로를 방어하는지를 여자아이들에게 보여주는 것은 위협적인 상황에서의 대응법을 익힐 수 있게 해준다.

'위험에 처한 미녀, 구출하는 왕자'의 신화 깨뜨리기

옛날이야기와 동화들은 전통적으로 올바른 성 역할과 관계 방식을 알려주는 문학적 설명서 역할을 해왔다.

잠들기 전 아이에게 들려주는 이야기들은 남녀 어린이들에게 사회구조에 대한 비현실적 기대와 혼란스러운 이중 메시지를 전달한다. 이제는 성인 여성이 된 여러 세대의 소녀들은 누군가 자신을 구해줄 것이라는 강박, 즉 신데렐라 콤플렉스에 대한 대가를 치르고 있다. 많은 여성들은 젊음과 아름다움, 착한 성품이 자신을 위험에서 지켜줄 것이라고 믿는다. 딸들에게 백마 탄 왕자는 어딘가에 존재하며 그를 찾기만 하면 모든 문제가 해결될 것이라고 가르치는 엄마들도 수없이 많다.

우리는 어쩌면, 나이를 불문하고, 왕자님이 우리를 구해줄 것이라는 꿈을 깨고 애도하는 시간을 가져야 할지 모른다. 한 가지 방법은 여성들 자신이 직접, 스스로의 왕자이자 구조자가 되는 것이다. 우리가 꿈꾸는 왕자는 자기 자신조차 구하지 못하는 경우가 많다.

위험에 처한 미녀와 구출하는 왕자. 성 역할에 따른 신화는 우리 내면 깊숙이 자리한 동화이자 우리가 여전히 매달리는 마지막 로맨스 중 하나이다. 어쩌면 지금쯤 낭만이 흐려지고 잠에서 깨어난 공주가 있을지도 모르겠다. 그렇다면 잠자는 숲 속의 공주여, 이제 자신을 보호해주지 않는 왕자를 해고하자. 혹은 왕자에게 우리가 별일 없음을 알리고, 말 위에 올라타 왕자의 허리를 잡는 대신, 두 마리의 말을 타고 나란히 달려가자. 연인이 없는 사람들이라면 사실 자신이 손해를 보고 있다거나, 최소한 동화 속 애기만큼 대단한 것을 놓치고 있다고 생각할 필요가 없다.

잠들기 전 들었던 동화들을 지우고 삭제되었던 이야기들을 찾아내는 것은 자기방어 영역에서 중요하고도 실현 가능한 과제이다. 자신을 보호하는 것은 모든 생명체에게 지극히 자연스러운 행위이며, 오히려 스스로 무방비하다고 믿는 것이 훨씬 어려운 일이다. 원생동물인 아메바조차도 빛이 너무 많거나 다른 침입자가 있을 때 자신의 세포막을 보호하기 위해 움직인다. 실제로 자기방어 수업에서 만나는 여성들은 자기방어 기술이 매우쉽고 논리적이라는 점을 깨닫고 무척 놀라워한다. 자신에게 날아오는 주먹을 막아내는 데 대단한 지적 능력이나 엄청난 근력이 필요한 것은 아니다. 누구든 할 수 있다. 그리고 모든 여자아이들에게 그 방법을 가르쳐야 한다.

동화책을 창밖으로 내던질 필요는 없지만 이를 다르게 활용해볼 수 있다. 예를 들어 『빨간 망토』를 읽어줄 때 이런 질문을 함께 던져보자. "빨간 망토는 또 어떤 행동을 할 수 있을까? 경찰에 신고하는 방법은? 늑대의 다리 사이를 발로 세게 차서 아프게 할 수는 없었을까?" 익숙한 이야기에 대한 다른 접근 방식과 가능성을 알려주자.

교육은 삶에 완전히 참여하도록 해주는 열쇠이다. 여성들은 자신과 가족을 보호하는 강력한 본능을 발휘해야 한다. 맞서 싸우려는 우리의 내재적 본능이 왜, 어떻게 사라졌는지에 대해서도 알아야 한다. 동물의 세계에서 어미가 새끼에게 생존 기술을 가르치는 것처럼, 인간 세상에서도 어머니들이 최초의 자기방어 선생님이 될 수 있다. 이는 우리의 딸과 조카, 손녀, 제자 그리고 할머니들을 위한 일이다. 다음 장에서는 여성들이 '나는 신체적으로 무방비하다.'는 질못된 인식을 갖는 데 송교와 과학이 어떤 영향을 끼쳤는지 살펴볼 것이다.

5

종교와 과학이라는 이름의 수면제

그 어떤 여성도 자신을 파괴하면서까지 세상을 더 좋게 만들 의무는 없다.

– 소퍼(19세기 랍비)

"조용한 여인The Quiet Woman"—나는 영국과 호주 그리고 캘리포니아의 코로나 델 마르 해변에서 여러 차례 같은 이름의 술집을 보았다. 식당이자 술집인 이곳에는 자신의 머리를 손에 든 여인의 모습을 한 영국풍의 옛 간판이 걸려 있다. 어떤 여성이 자신의 술집을 "조용한 남자The Quiet Man"로 이름 짓고, 피투성이 머리를 든 목이 잘린 남성의 그림을 간판으로 세운다면, 우리는 매력적이거나 유쾌하다고 생각할 수 있을까?

혹시 "비난의 가면scold's bridle"*에 대해 들어본 적이 있는가?

비난의 가면은 여성의 입을 막고 말을 하면 고통을 받도록 고안된 철제 투구로, 공공장소에서 남성에게 감히 이래라저래라 한 여성들에게 벌을 주기 위해 사용되었다. 영국을 포함한 유럽 국가들에서 사용되었던 이 야만적인 기구는 지금은 유물에 불과하지만, 수 세기 동안 여성들을 침묵하게 한 사회적 규율을 상징적으로 보여준다. 언어적으로 자신을 방어하는 것이 너무나도 타당한 상황임에도, 여전히 수많은 여성들은 자신의 의견을 피력하는 것이 여자답지 못하고 옳지 않으며, 경우에 따라서는 목숨을 위태롭게 할 만큼 위험하다고 믿는다.

종교와 과학은 각각 여성을 침묵하게 하고, 여성의 무방비한 위치를 재확인시키는 데 일조해왔다. 새로운 종교가 된 과학은 여성에 대한 혐오와 편견을 강화하는 도구로 자주 이용되었다. 일례로 많은 생물학적 이론들이 여성과 유색인종 남성에 대한 차별을 정당화하는 수단으로 쓰여왔다.

"여성의 몸은 남성의 몸만큼 크거나 강하지 않다."는 생물학적 주장은 지금까지도 남녀 모두에게 여성들이 자신을 효과적으로 방어하지 못한다는 확신의 근거가 된다. 그렇다면 이 말은 사실일까? 여성에 대한 남성의 육체적 지배는 체격 차이로 인한 어쩔 수 없는, 생물학적으로 결정된 현상일까? 이 말이 사실이라

----

* "꾸짖음의 재갈"이라고도 부른다. 15~18세기 유럽에서 남자의 말을 듣지 않거나 잔소리를 하는 여성에 대한 고문과 형벌의 도구로 사용되었다.

면 왜 체격이 큰 여성은 체격이 작은 남성을 공격하지 않을까? 또 힘을 갖는다는 것이 배타적으로 남성과 수컷의 영역이라면, 왜 체격이 큰 남성이 상대적으로 작은 암컷 경비견을 보고 도망가는 것일까? 체격 차이에 기반을 둔 성별 논쟁은 남성이 육체적으로 여성을 지배해왔다는 사실을 설득력 있게 설명하지 못한다. 여성에 대한 지배를 정당화하는 문화는 사실상 종교에서 시작되었다. 과학은 단지 이 전통을 이어나갔을 뿐이다.

종교, 남성의 여성 지배를 정당화하다

선사시대 여성들이 남성에게 지배당하지 않았다는 많은 증거 자료들이 있다. 지난 30년간 여성주의 학자들이 진행해온 연구는 여성들이 신격화되었던 사회가 존재했음을 실체적 증거와 함께 입증하였다. 그 사회에서 여성들은 존경받았고, 발언권이 있었으며, 인간의 모든 활동에서 지도자 역할을 할 자격이 주어졌다.

멀린 스톤Merlin Stone은 『하느님이 여자였던 시절』이라는 책에서 여성 신의 개념을 탐구한다. 대부분의 사람들이 그렇듯, 나역시 하느님을 오로지 "그", "아버지", "하늘에 계시는 거대한 하얀 수염 할아버지"라고 지칭하는 문화권에서 성장했다. 때문에 하느님을 여성 혹은 남녀 모두라고 생각했던 고대문명들이 존재했다는 사실은 굉장히 놀랍고도 감동적으로 다가왔다.

그전까지는 내게 아버지라는 존재가 얼마나 낯설게 느껴지는지 실감하지 못했다. 나는 많은 남성을 좋아하고 사랑했음에도 불구하고, 남성에게 조건 없는 사랑이나 엄청난 지혜를 경험한 적은 없다. 반면 사랑하는 사람들에 대한 여성들의 조건 없는 사랑은 본 적이 있다.

〈약이 되는 음악Medicine Music〉이라는 바비 맥퍼린Bobby McFerrin의 아름다운 앨범은 여성적인 하느님의 모습을 묘사한다. 앨범을 처음 들었을 때 나는 한 번도 느껴본 적 없었던 깊은 여운과 신성에 대한 열망을 느낄 수 있었고, 지금까지도 앨범을 들을 때면 여전히 그런 기분에 사로잡힌다. 앨범의 마지막 곡은 시편 23편에 대한 맥퍼린의 재해석이다. "여호와는 나의 목자시니, 내게 부족함이 없으리로다. 그녀가 나를 푸른 초장에 누이시며 쉴 만한 물가로 인도하시는도다." 마지막 구절은 이렇다. "우리의 어머니와 딸과 가장 신성한 것에게 영광을, 처음과 지금과 앞으로의 모든 세상에게, 끝도 없이 아멘." 그리고 끝에는 "나의 어머니에게"로 마무리된다. 맥퍼린의 생모인지 신성한 의미의 어머니인지, 두 존재 모두를 지칭하는 의미인지 궁금하게 만드는 대목이다.

맥퍼린의 목소리와 가사는 온 몸에 전율을 일으킨다. 시편 23편에 대해 늘 아름답다고 생각해왔지만, 여성적 측면과 어머니의 모습이 부각되도록 재해석하니 완전히 새로운 의미와 친밀감이 더해진다. 또한 여성이 창조자와 목자의 역할을 한다는 점은 나 자신에 대한 새로운 자존감과 다른 여성에 대한 존경심을 불러일으킨다. 하느님이 여성이거나 최소한 성별이 없었더라면 남성들은 여성들을 더 존중할 수 있었을까?

"그 자리에 있어도 되지만 말을 해서는 안 된다." 모범적인 아이의 태도를 일컫는 이 구절은 천주교와 개신교를 포함한 대부분의 기독교 종파에서 여성에게 적용하던 원칙 중 하나이다. 성 바오로는 여성들이 공공장소에서 그리고 남편과의 관계에서 가져야 할 태도에 대한 종교적 규칙을 퍼뜨린 주요 인물이다. 물론 유일한 인물은 아니지만 말이다.

신약 에베소서(5: 21~33)에 나오는 남편과 아내들에 대한 성 바오로의 훈계는 완전한 지적 존재로서 사회에 기여할 수 있는 여성 혹은 지도자로서의 여성의 잠재력을 억압하는 사고방식을 담고 있다. 기독교 운동 초기에는 여러 기독교 공동체에서 여성들이 높은 지위를 갖고 있었음에도 불구하고 해당 구절들은 여성들이 교회는 물론 가정에서도 종속적 지위에 머물러야 한다고 설파한다. 몇몇 근본주의자들은 가정 폭력을 포함한 여성에 대한 범죄를 정당화하는 근거로 성 바오로의 말을 인용해왔다. 여성들은 자기주장이 있어도 집이나 공동체에서 자신의 안전을 위해 목소리를 억누르는 법을 익혀야 했다. 아담과 이브의 이야기는 유대교 및 기독교적 전통에서 여성에 대한 남성의 지배를 정당화하는 구심점이다. 나는 일레인 페이걸스Elaine Pagels의 『아담, 이브, 뱀』 혹은 킴 처닌Kim Chernin의 『이브의 재창조』를 읽기 전에도, 주일학교 교사나 목사들이 설명해주었던 아담과 이브의 이야기를 신뢰하지 않았다. 신뢰했더라도 아담이 왕이 된다는 설정은 이해하기 어려웠을 것이다. 대체 어떤 왕이 그리도 무능력하고 쉽게 속으며 책임감도 없단 말인가? 그는 사과를 거절하지도 않았으며, 들키자마자 이브를 탓했다. 비겁한 사람이다. 내 기준에서는 절대로 지도자감이 아니다.

출산의 고통은 이브가 받은 형벌이자 나아가 모든 여성이 짊어져야 할 짐으로 명명되었다. 규율을 지키지 않는 여성에 대해 고문, 강간, 폭행, 모욕, 살인으로 보복하는 것도 이 명제와 크게 다른 것 같지는 않다. 남자는 왕, 여자는 악마의 대변인이라는 것이 진리라면, 여자를 조금 못살게 군다고 해서 큰일 날 것도 없지 않은가? 그렇다면 남편이나 다른 남성이 여성의 몸에 깃든 악마를 쫓아내려 두들겨 팬다고 해도, 여성이 맞서 싸울 자격은 없지 않겠는가? 수많은 여성들은 여자라는 사실 자체가 수치이며 비인간적 대우를 받아 마땅하다고 여겼다. 안타깝게도 예수가 지닌 고유한 여성주의적 정신을 본받아 저항할 수 있었던 여성은 너무도 적었다. 예수는 적어도 여성을 위한 혁명을 시도했었다.

퀘이커 교도들은 여성에게 침묵을 강요하지 않는, 예외적인 문화를 갖고 있었다. 퀘이커교 여성들이 진보적 사회운동에서 선구적인 역할을 해온 것도 우연이 아니다. 새로운 사상을 퍼뜨리기 위해서는 말을 하고 글을 쓰는 언어적 능력이 필요하다. 노예제 폐지와 여성운동은 많은 부분, 퀘이커교 남성과 여성들이 만들고 이끌어나갔다.

엘리너 플렉스너Eleanor Flexner는『투쟁의 역사: 미국의 여성운동』에서 여성의 교육권, 재산권, 투표권을 얻기 위한 비폭력적 노력들을 예리하고 포괄적으로 다루었다. 책에서도 지적했듯, 대부분의 주류 종교 지도자들은 여성의 투표권에 반대했다.

사람들에게 잘 알려지지는 않았지만, 시민 불복종과 비폭력 혁명을 설파한 마하트마 간디도 자신의 신념을 형성하는 데 여성 참정권 운동가들의 영향을 받았음을 공개적으로 인정한 바 있다. 글로리아 스타이넘은 자신이 1960년대에 만났던 인도 여성운동가들은 여성운동가들이 간디의 사상에 영향을 미쳤다는 사실을 잘 알고 있었다고 전하기도 했다.

퀘이커 교도들은 비폭력 저항 운동의 시초로 여겨지는 간디나 마틴 루터 킹 주니어가 등장하기 이전부터 사회혁명의 선두에 있었다. 어쩌면 퀘이커 교도들의 진보적인 여성관 때문에 그들의 역할이 과소평가된 것인지도 모른다. 퀘이커 교리는 교회와 공공장소에서 여성들의 발언권을 허용해왔고, 덕분에 여성들은 왜 노예제가 나쁜지, 여성들이 왜 종속적인 신분에서 해방되어야 하는지를 주장하고 설득할 수 있었다.

과학, 남성 우월주의를 공고히 하다

고고학은 다른 분야와 마찬가지로 오랫동안 남성의 영역이었다.

비교적 신생 학문임에도 초기 고고학자들은 언덕이나 무덤, 왕릉 등에서 발굴한 전사들의 유골을 모두 남성의 것으로 간주했다. 무기 혹은 사회적 부와 명예를 상징하는 물건들 말이다. 사실 당연한 일이다. 유전자 검사나 탄소 연대 측정법 같은 과학기술을 사용할 수 없었던 당시 학자들은 개인적 경험과 편견을 토대로 판단할 수밖에 없었다. 그들은 살면서 한 번도 여전사를 접해보지 못했을 것이다.

19세기 후반에는 선사시대 무덤이 도굴되는 일이 여러 차례 발생했다. 당시에는 수많은 발굴 작업이 진행 중이었고, 고고학자들(거의 모두 남성이었던)이 체계 없이 되는 대로 발굴을 감행하던 때였다. 차후 검토를 위해 그저 쌓여 있는 유물도 많았다. 고고학계에 여성들이 진출하면서 유물을 편견 없이 조사하고 평가해야 한다는 목소리가 높아지기 시작했다. 재조사 결과, 지난 세기의 발굴자들이 남성으로 간주했던 전사의 유골들 중에는 여성의 유골이 상당수 있음이 밝혀졌다. 소녀와 여성들이 선사시대부터 이어진 여전사의 존재를 알고 자랐다면 어땠을까? 여성들도 맞서 싸울 수 있다는 사실이 더 설득력 있게 느껴지지 않았을까?

『여신의 문명』, 『여신의 언어』의 저자이자 UCLA의 고고인류학 교수였던 마리야 김부타스Marija Gimbutas는 남성들이 '섹스' 심벌이나 장식에 불과하다고 여겼던 여신의 의미를 재발견하고 재해석하는 데 일생을 바쳤다. 남성 과학자들은 여신상들에 대해 단지 고대 남성들의 '플레이보이 바니걸' 같은 존재였다고 결론지었다. 그러나 근래에 와서는 현대의 몇몇 국가들에서 십자가가 갖는 의미만큼 사회 전체에 영향력을 행사했다는 견해가 힘을 얻고 있다. 많은 부분 김부타스의 연구 성과이다.

미노아 유적지에서는 남녀 평등 사회를 보여주는 프리즈*와 프레스코화가 발견되었다. 또한 함께 발굴된 공예품들에서는 전통적으로 남성만의 영역이라고 여겨졌던 재판관, 신부, 치료사, 화학자, 음악가, 무용가, 예술가, 무역상, 상담사, 상인, 운동가, 탐험가, 전사 등의 역할을 여성들이 수행하는 모습이 묘사되어 있었다.

옛날에는 여성에 대한 공격이 신성 모독이었다

고대사회에서 양성평등이 가능했던 이면에는 남녀 모두 여신을 섬겼다는 점이 바탕이 되었다. 자신들이 섬기는 신이 여성이라면, 어떻게 여성이 선천적으로 결함 있는 존재라고 생각할 수 있겠는가? 이는 신 자체를 부정하는 일이 아닌가? 출산의 기적을 바라보는 선사시대의 남녀에게, 신이 여성이라는 사실은 자연스러운 것이었다. 생명을 만들고 이어가는 일이라니 얼마나 신성

----

* 방이나 건물의 윗부분에 그림이나 조각으로 띠 모양의 장식을 한 것.

한 행위인가. 어떻게 여성이 창조주, 즉 어머니 하느님의 신성한 분신이 아닐 수 있겠는가?

이 책의 주제인 자기방어와 관련해 생각해보자. 만약 우리 사회가 여신의 개념을 받아들인다면, 여성에 대한 신체적 공격은 신성을 모독하는 것과 다름없다. 그리고 만약 신이 여성이라면, 어떤 사악한 사람이 공격했을 때 그녀는 스스로 맞서 싸울 모든 권리와 능력이 있다고 확신했을 것이다.

다소 과하게 요약하자면, 여신 중심적인 평등한 사회는 철을 만들고 불에 의지하던 추운 북방의 집단들이 남쪽으로 이동하면서 무너지기 시작했다. 북방에서 이주해온 집단들은 비교적 온화했던 온대와 아열대 지역의 사회를 지배했다. 남방의 문화는 폭력과 지배를 바탕으로 형성된 문화가 아니었으므로 북방의 폭력에 맞서는 법을 몰랐다. 북쪽은 남쪽을 지배하고 남성들은 곧 여성들을 지배했으며, 그 과정에서 여신들은 싸움을 중시하는 남성 우월적인 신들에게 자리를 내어주었다.

'여성의 힘'에 대한 개념과 실재를 완전히 억압하기 위해 초월적 존재로서의 여성들에 대한 이야기 역시 파괴되었다. 이야기나 역사가 없다면, 특정 집단이 스스로 열등하다고 믿게 하는 것은 어려운 일이 아니다. 나아가 여성의 힘과 능력에 대한 이야기를 삭제하고, 그 자리를 반여성적인 이야기들로 대체한다면 피지배자들이 지배자들에게 복종하도록 협박하는 것도 가능하다.

성경과 마녀사냥: 여성이 열등하다는 마케팅의 시작

여성의 '태생적' 열등함에 대한 믿음은 수없이 사고 또 팔렸으며, 강요되고 또 강화되었다. 오늘날 여성주의 학자들은 창조론을 비롯한 히브리 이야기들 중 많은 수가 아버지가 어머니를 진압하고 지배하는 과정을 감추고 있다고 지적한다. 구약 사회에서의 "하나님 가라사대"의 논리로 "남자들만 되고 여자들은 안 된다."는 식의 이야기를 성문화했으며, 이슬람교도들과 마찬가지로 여성 혐오 정신을 받아들이고 이어나간다는 것이다.

종교적 관행 중에는 여성이 남성보다 열등하다는 믿음을 바탕으로 한 것들이 많다. 성별에 따른 차별과 복종의 강요, 월경과 출산에 관한 원칙들, 여성들을 침묵시키고 교육 기회를 제한하는 것 등 종교는 여성들이 해야 할 적절한 행동과 지켜야 할 규칙들을 정해왔다. 극단적 정통파에 속하는 이스라엘 유대인들은 오늘날에도 성별에 따라 버스 좌석을 분리할 것을 주장한다. (남성들이 여성들을 앞자리에 앉히자는 식의 주장을 하는 것은 당연히 아니다. 예루살렘의 로자 파크스는 어디에 있는 것일까?)

구약의 신명기(25: 11~12)는 특히나 강력한데, 모세는 이스라엘 백성들에게 이렇게 말한다. "두 사람이 싸울 때 한 사람의 아내가 남편을 때리는 사람의 손에서 남편을 구해내려고 손을 내밀어 그 사람의 치부를 붙잡을 경우, 너희는 그 여자의 손을 잘라버리고 동정해서는 안 된다." 남편을 보호하려는 여성을 처벌하라고 가르칠 만큼 여성의 잠재적 힘을 두려워하는 문화는 대체 어디서 비롯된 것일까? 자신의 남편을 구하기 위해 다른 남자의 음부를 잡은 여성의 손을 잘라내라고 명령하는 문화, 이런 남성 지배적 문화는 무엇이 그리도 두려운 것일까?

신명기(25: 11~12)는 자기방어와 관련하여 어떤 관점을 보여줄까? 이 구절은 여성의 정체성이 남편에게 완전히 예속된 상황에서 여성의 자기방어를 엄격히 금지하는 규칙이다. 자신의 손과 남편 사이에서 선택을 해야 하다니, 이 얼마나 극단적인가? 당시 대부분의 여성에게 남편은 신분과 생존을 위한 유일한 수단이었다. 때문에 해당 여성은 남편을 잃을까 봐 끔찍이도 두려울 것이다. 한편 손이 있어야 먹고 살았던 시대에 손을 잃는다는 것 역시 중요한 생존 수단을 잃는 것과 마찬가지였다.

중세시대 유럽 여성들이 목숨을 잃을지도 모르는 위험을 안고 살았다는 사실을 아는 사람은 많지 않다. 15세기 중반부터 17세기 후반까지* 마녀사냥으로 처형당한 여성들의 수는 헤아릴 수 없으며, 심지어 제대로 된 기록조차 없다는 사실을 알았을 때 느꼈던 충격과 슬픔, 분노는 지금도 그리고 앞으로도 잊을 수 없을 것 같다. 유럽 여성의 대학살에 대해 처음 알게 된 것은 메릴린 프렌치Marilyn French의 『권력을 넘어서: 여성, 남성

....

* 미국의 경우 1692년까지 마녀재판이 행해졌다.

그리고 도덕에 대하여』를 통해서였다. 허술한 기록으로 처형당한 여성들의 수가 어느 정도인지 정확히 파악할 수는 없지만, 학자들은 대략 50만 명 정도로 추정한다. 이는 당시 거의 모든 유럽인들에게 ('제대로 된' 여성이 아니라는 이유로) 처형당한 여성 친척이 있었음을 뜻한다. "젠더사이드gendercide"*라고도 표현할 수 있는 이런 현상은 어떤 측면에서는 여전히 우리 사회의 어두운 그림자로 남아 있다.

　남성 성직자와 교육받은 남성 평신도들은 마녀 화형을 부추겼고, 이러한 방식으로 여성 혐오는 대규모 사업이자 의례가 되었다. 여성에 대한 혐오는 열성적인 도미니크회 수도사들이 집필한 『말루스 말리피카룸』**이라는 책을 통해 더욱 넓게 퍼져나갔다. 여성의 모습을 한 사탄을 제거하는 일에 유럽 대륙 전체가 몰두하게 된 것이다. 남자들은 소의 젖이 나오지 않을 때 옆집 여자를 마녀로 고발했고, 옆집 여자가 충분히 미소 짓지 않을 때도 마찬가지였다. 수 세기 동안 어머니들이 딸들에게 전수해 온 약용 허브 제조 기술도 충분히 고발 사유가 되었다. 또 여자의 재산이 탐날 때도 마녀로 고발했다.

....

* 특정 인종 또는 민족에 대한 말살을 뜻하는 제노사이드genocide에 빗대어 만든 신조어로, 특정 성별자에 대한 조직적인 살해 및 그 행위를 지칭한다.
** '마녀의 망치'라는 뜻. 도미니크회 수도사 헨리 크레이머Henry Kramer와 제이콥 스프렝거Jacob Sprenger가 1486년에 집필한 책으로 마법의 존재, 마녀의 능력, 마녀를 처형하는 법 등에 대해 다룬다.

마녀 화형이 유럽을 휩쓴 후, 순종적이고 다정하며 예쁜 숙녀가 되는 것은 여성들에게 생존을 위한 필수 조건이 되었다. 독특하고 강한 개성을 가진 여성은 살해당할 수도 있었다. 마리나 워너Marina Warner의 『야수에서 금발 미녀까지: 동화 그리고 이야기꾼들에 대하여』는 남성의 힘에 복종하도록 경고하는 이야기들이 역설적으로 얼마나 자기방어적인지 설명한다. 저자는 동화 속의 숨은 경고들이 마녀사냥을 계기로 만들어졌다고 구체적으로 언급하지는 않는다. 하지만 소녀들에게 눈에 띄지 않고 풍파를 일으키지 않아야 살아남을 수 있다는 메시지는 확실히 전달한다.

마녀를 화형하고, 참수하고, 익사시키고, 목 졸라 죽였던 것이 흑사병의 원인 중 하나라는 주장도 있다. 열광적인 마녀 사냥꾼들은 마녀를 모두 없애버리는 것이 목표였으므로 허브로 만든 치료약이나 퍼밀리어familiar* 등 관련된 모든 것을 말살했다. 퍼밀리어는 고양이가 대부분이었고, 처형당한 여성들만큼 고양이의 수도 급격히 감소했다. 쥐가 많아질수록 벼룩과 흑사병 보균자는 함께 증가할 수밖에 없다. 참으로 모순적인 인과응보 아닌가? 연기 속으로 사라진 자연 약제에 대한 지식들도 고려해보아야 한다. 아이러니하게도 임파선종 페스트**의 치료법 역시 여성

....

* 사람, 마법사 등을 섬기는 정령을 일컫는 말로 고양이나 새 등 동물의 형태를 띠는 경우가 많다.
** 선페스트라고도 하며, 주로 설치동물들이 앓는 병으로 대체로 쥐의 몸에 붙어사는 벼룩에 의해 전염된다.

들과 함께 불타 없어졌을지 모른다.

마녀 사냥꾼들이 마녀들의 집이나 재산까지 태워버린 것은 물론 아니었다. 마녀들의 재산은 인근 성당의 금고로 들어갔다. 마녀사냥은 돈이 되는 일이었다. 부유하고 독립적인 여성이나 과부들이 많이 처형당한 것은 어찌 보면 당연한 일이었다.

지금까지도 여성들 스스로 자기방어 능력이 없다고 믿는 것은 여성들의 작은 신체 조건과는 크게 연관이 없다. 오히려 그보다는 살해당할지 모른다는 근거 있는 두려움, 역사를 통해 보고 배운 결과일지 모른다.

자기방어 기술을 연마하고 다른 여성들을 가르쳤다는 이유로 처형당한 여성은 없었을까? 수 세기에 걸쳐 어머니에게서 딸에게로 이어졌지만 결국 잊혀져버린 기술들이 있지 않을까? 이제는 모두 알 수 없는 일이 되었다.

자기방어는 궁극적인 피임 수단이다

여성의 재생산은 종교와 과학 분야 모두와 관련된 삶의 영역이다. 그동안 종교와 과학은 여성의 출산을 관리하려 했다. 낙태와 인공 피임에 반대하는 로마 가톨릭의 입장을 생각해보자. 순종적인 성모 마리아가 되도록 훈련받은 가톨릭 여성들은 성관계를 원치 않을 때 상당히 곤란한 상황에 처할 수 있다. 이는 중세시대 뿐 아니라 현대에 와서도 마찬가지이다. 피임을 원하지만 마초 남자 친구에게 콘돔을 사용하라고 말하는 것이 두려울 수 있다. "싫다."고 말하지 못할 경우 원치 않는 임신이나 에이즈로 사망할 확률이 있음에도 말이다. 더군다나 출산 중 사망률이 높았던 시대에는 원치 않는 성관계에서 스스로를 보호하는 일은 생사와 관련된 중요한 문제였다. 원치 않는 육체적 '관심'에서 자신을 보호하는 것은 궁극적인 피임 방법이다.

"안 돼!"라는 말만으로 부족하다면 상대의 고환을 빠르고 정확하게 발로 차거나 주먹으로 때리는 것도 자연스러운 피임법이 될 수 있다. 이는 생리 주기에 따른 피임법보다도 더 자연스럽고 즉각적인 효과를 얻을 수 있다. (아마 고환을 세게 맞고 나서도 성욕이 남아 있는 남자는 없을 것이다.) 성폭력에 대한 방어적 반격으로 강간범의 성기가 심각하게 훼손된다면, 이는 인류의 유전자 풀*에서 폭력적인 남성들을 제거하는 결과로 이어질지도 모른다. 누가 알겠는가. 그동안 사회는 종교와 과학의 적극적 협조 아래 여성을 비난하고, 여성의 모든 행동을 너무도 강력하게 제약해왔다. 여성들이 물리적 자기방어를 통해 어느 정도 임신과 출산을 자연스럽게 통제할 수 있는지에 대해서는 그저 추측만 할 뿐이다.

---

* 어떤 생물 집단 속에 있는 유전 정보의 총량.

자연스럽고 타당한 성 역할을 다시 생각할 때

20년 전까지만 해도 과학은 여성이 신체적, 사회적으로 열등하다는 믿음을 냉정하게 뒷받침해왔다. 예컨대 생물학자와 동물학자들은 인간의 가부장적 체계와 유사한 방식으로 동물의 행동을 해석했다. 많은 남성 과학자들은 야생동물을 관찰할 때도 성차별적 관념을 투사했다. TV의 야생동물 다큐멘터리만 봐도 흔히 찾아볼 수 있다. 남자 성우의 해설이 깔린다. "수컷이 원하는 대로 욕망을 채우려고 하자, 암컷은 기대감에 넋이 나간 채 순종적으로 기다립니다." 한편 "수컷이 원하는 대로" 짝짓기를 하고 싶지 않던 암컷이 수컷의 다리를 부러뜨리는 장면은 화면 밖의 일이다.

과학은 종교만큼이나 효과적으로 양성평등을 저지해왔다. 여성들이 교육받을 권리를 주장했을 때 성직자와 과학자들은 모두 자연스럽지 않다고 항변했다. 너무 많은 지식을 습득하면 여성의 난소가 말라붙는다, 인류 전체가 위기에 처할 수 있다는 것이 반론의 핵심이었다.

19세기 말 이전까지 여성들의 시민권이란 극히 미미하거나 아예 존재하지 않는 것이었다. 남편에게 '대드는' 여성은 재판에서 변론할 기회도 갖지 못한 채 정신병원에 수감되거나, 재판 없이 자식을 빼앗길 수 있었다. 여성을 대신해 증언해주는 이들은 의학과 과학, 성경을 근거로 한 의사, 과학자, 성직자들이었다. 이러한 상황에서 여성들이 남편의 폭력에서 자신을 방어할 수 있더라도, 실제로 실천에 옮길 수 있었을까? 자기방어를 하는 것이 오히려 상황을 악화시키는 것은 아니었을까?

그때와 지금은 다르다고 치더라도, 이 낡은 가치관들은 여전히 현대 여성들의 자기방어에 영향을 미친다. 우선, 우리는 낡은 가치관을 무비판적으로 흡수했을 뿐 합리적 사고로 바꾸지 못했다. 때문에 여성들이 왜 적극적으로 자신을 방어하지 않는지에 대해 진지하게 질문해본 적이 없다. 게다가 전 세계적으로 보면 '현대 여성'의 지위를 갖지 못한 여성들도 상당수에 이른다. 둘째, 자기방어에 대한 논의는 여전히 부족할 뿐더러 여성들의 자기방어 태도 자체도 찾아보기 힘들다. 마지막으로, 우리의 어머니, 할머니 세대가 여자들의 행동 양식에 대한 구시대적 관념, 종교와 과학의 권위자들이 발전시켜온 관념을 강하게 고수하고 있다는 점도 유의해야 한다. 우리를 키워준 사람들조차 믿지 않았는데, 우리가 자라면서 자기방어와 관련해 무엇을 배울 수 있었겠는가?

지금의 종교는 자기방어를 어떻게 생각하는가

종교적 믿음은 자기방어에 어떠한 영향을 미칠까. 나는 이에 대한 해답을 찾기 위해 종교 단체의 여성 지도자들과 이야기를 나누었다. 이들은 모두 총력적 자기방어 훈련을 받은 경험이 있었다.

로스앤젤레스에 소재한 유대교 회당의 개혁파 랍비 크롤(그녀는 사람들에게 늘 임팩트 로스앤젤레스 지부를 추천한다.)은 "유대교의 가르침 중에 여성의 자기방어를 반대하는 내용은 없다."고 확신한다. 크롤은 자신의 딸이 간략한 자기방어 훈련을 받은 후 변화된 모습을 보고 자신 또한 수업을 듣기로 결심했다. 그녀는 거리를 다닐 때마다 자신이 자기방어 훈련을 받았다는 사실에 감사하며, 지금은 남편보다도 위험에 대처하는 요령을 많이 알고 있다. 또한 여성들에게 자기방어 훈련을 제공하는 것은 윤리적 의무라고 생각한다.

노트르담 국제수녀회 소속의 수잔 올슨 수녀는 다른 수녀들과 마찬가지로 경제적으로 독립적인 생활을 한다. 그녀는 노숙자 쉼터 입소자들을 위한 프로그램을 진행하다가 총력적 자기방어 훈련을 받았는데, 훈련 이후 자신을 포함한 쉼터 여성들 모두 놀랄 정도로 크게 변화했다고 한다. 짧은 기간이었음에도 이 여성들은 기적처럼 겁쟁이에서 강인한 여성으로 변했다.

"몸에 대한 감각이 훨씬 향상되고 자신의 존재감을 표출하는 힘도 생겼어요. 여성들은 보통 존재감을 드러내지 않잖아요." 올슨 수녀 역시, 로마 가톨릭 교회가 여성의 자기방어에 대해 반대하는 입장을 보인 적은 없다고 말한다.

펜테코스트파*의 목사인 베로나 크리톤은 로스앤젤레스 임

---

* 오순절 교회파. 20세기 초 미국에서 창시된 기독교 종파로 근본주의에 가깝다.

팩트 재단에서 주최한 네 시간짜리 시범 훈련을 받은 경험이 있다. 자기방어에 대한 그녀의 의견은 간단하다. "할 수 있는 일들은 모두 해야 합니다. 예수님은 우리를 살리기 위해 당신의 삶을 희생하셨어요." 그녀 또한 여성의 자기방어는 종교적 믿음에 부합됨은 물론, 전 세계적으로 폭력이 만연한 만큼 모든 여성과 소녀들에게 자기방어를 추천하고 싶다고 말한다.

이벨리세 로만은 20년간 다니던 펜테코스트파/카리스마파 개신교 교회의 신앙이 '해로운 신앙생활'을 한다는 생각에 떠나게 되었고, 지금은 개혁파 장로교 수도회에서 사제로 활동하고 있다. 그녀는 전국에서 가장 규모 있는 총력적 자기방어 단체 중 하나인 프리페어PrePare Inc. 뉴욕 지부에서 기초 수업을 수강한 경험이 있다. 로만 신부는 이전에 다녔던 교회의 남자 신도들의 경우 여성의 자기방어에 대해 상당히 부정적일 것이라고 생각한다. 남자 신도들의 싱차별적 관념은 '여성의 분란함이 성폭력이나 다른 폭력을 야기한다', '바오로의 규칙에 따르지 않기 때문에 피해를 볼 만하다', '여성은 남편을 통해서만 구원을 받을 수 있다'는 식이다. 이들은 "아내는 남편 뒤에서 조용히 무기를 들지 말라."거나 "남자처럼 옷을 입지 말라."는 구약성서의 가르침을 따른다. 로만 신부는 이른바 바이블 벨트*에서 성폭력, 폭행, 친족 성폭력이 빈번히 발생한다고 지적한다. 또한 그녀가 자유롭

....

* 기독교세가 강한 미국 남부와 중서부 지역.

게 활동한다는 이유만으로 남편을 동성애자라고 비난하는 사람들도 있었다고 한다.

랍비 크롤과 마찬가지로, 로만 신부는 여성이 무력하다는 미신을 타파하는 것이 윤리적 의무라고 생각한다. 그녀는 상담사로서 자기방어 수업을 듣게 되었고, 성폭력에 관한 이야기를 지속적으로 들으면서 여성들이 스스로를 보호할 수 있어야 한다고 확신했다. 프리페어 단체의 강연은 로만 신부가 자기방어라는 주제에 투신하는 자극제가 되었고, 그녀의 삶은 개인적으로 또 직업적으로 완전히 변했다.

익명을 요청한 한 무슬림 여성은 코란에서 여성의 자기방어를 막는 그 어떠한 구절도 찾지 못했노라고 했다. 한편 코란이 다양한 방식으로 해석될 수 있다는 점도 인정했다. 근본주의적 신도일수록 여성에게 어떠한 종류의 독립성도 허락하지 않으려 한다. 그러나 여성에 대한 억압이 코란 자체에 내재된 관점은 아니다.

유니테리언 유니버설리즘 종파*의 사제인 마가렛 킵은 총력적 자기방어의 적극적인 지지자이자 대변자이다. 그녀의 아들은 합기도에 기반을 둔 자기방어 지도자이자 강사이기도 하다. 그녀는 자기방어 수업 졸업식에 참석한 후 큰 감동을 받았고, 타인과의 경계 설정을 잘하지 못하던 스스로를 바꿔보고자 직접 배

....
* 북미의 자유주의적인 그리스도교 종파.

워보기로 했다. 졸업하는 여성들이 보여줬던 힘에 대한 감각과 자신감을 갖고 싶기도 했다. 유니테리언 유니버설리즘 공동체 내부적으로 여성 폭력에 대한 공식 의견이 있냐고 묻자, 그녀는 확신에 찬 목소리로 "네!"라고 대답했다.

1993년 유니테리언 유니버설리즘회는 여성 폭력 근절을 촉구하는 결의안을 통과시켰다. 이 감동적인 결의안은 여성에 대한 대규모 폭력이 얼마나 만연하고 지속적인 문제인지 공식적으로 인정했다. 유니테리언 종파가 퀘이커교의 '사촌 격'이라는 것도 우연이 아니다.

마지막으로는 임팩트 로스앤젤레스 지부의 졸업생 시리 람을 인터뷰했다. 그녀는 독실한 시크교 신자이다. 시리의 종교에서는 여성의 자기방어에 대한 어떠한 종교적 반감도 찾아볼 수 없다. 시크교에서는 군사적으로 억압받았던 역사와 여성이 신성하나는 의식 때문에 여성들도 육체적, 정신적으로 전사 훈련을 받는다. 시크교도들은 칼과 검을 다룰 줄 알고, 스스로의 목숨을 지키기 위해 늘 칼을 소지한다. 그들은 '신성한 전사'의 길을 걸으며 언제나 성스럽게 보고 행동하되, 늘 전투에 임할 수 있도록 훈련받는다. 아니나 다를까, 시크교의 창조자에게는 성별이 없다.

대화를 나눴던 신자들 중에서 교회에서 여성의 자기방어에 대해 반대할 것이라 예상한 이들은 근본주의적 교회에 다니는 두 명의 여성 기독교도뿐이었다. 그녀들은 싸우는 법을 배우는 여성들이 지나치게 많아지면 교회에서 부정적으로 반응할 것이라고 생각했다. 그러면서도 이 말을 덧붙였다. "그건 그 사람들 생각이지, 예수님이나 하나님의 생각은 아니에요."

근본주의는 세계적으로 급부상하고 있고, 그 결과 많은 여성들이 피해를 입고 있다. 일각에서는, 메릴린 프렌치가 자신의 저서『여성에 대한 전쟁』에서 주장하듯, 여성주의와 여성 인권에 대항하는 근본주의가 부활하고 있다고 본다.

아프가니스탄의 탈레반은 몸을 제대로 가리지 않은 여성들을 돌로 때려죽일 수 있도록 하는 억압적이고 살인적인 환경을 만들었다. 여성들은 더는 학교에도 가지 못하며, 불륜을 저질렀다는 이유로 공개 처형당하기도 한다. 이러한 환경에서 남성에게 맞서 싸우려는 아프가니스탄 여성이 있다면 군중들은 어떻게 반응할까?

여성을 억압하는 것은 이슬람 근본주의자뿐만이 아니다. 1997년 4월 16일, 로스앤젤레스 고등법원은 한국인 여성 정씨의 죽음과 관련하여 세 명의 한국인 남성들에게 과실치사죄를 선고하였다. 기독교 선교사들과 피해자의 남편이었던 이들은 퇴마의식을 하면서 피해 여성을 발로 세게 밟으며 기도하고 노래를 불렀다. 결국 피해 여성 정씨를 밟아죽이기에 이른다.

당시『LA타임스』기사에 따르면, "(정씨의) 갈비뼈 16개가 부러졌고, 허벅지 근육은 심하게 파열됐으며, 장기는 뭉개졌고, 심장과 이어진 혈관은 찢어졌다."고 한다.

이 사건에 대해 2급 살인죄가 아닌 과실치사죄를 선고한 법원은 이 남성들이 "종교적 열정에 눈이 멀었을지는 모르나, 피해자에게 빙의된 악마를 물리쳐 그녀를 구하려는 목적이 있었다."고 판시했다.

해당 사건의 선교사들은 피해자 정씨가 남편에게 순종적이지 않고 대들거나 거만한 태도를 보인다는 이유로 악마에 빙의되었다고 판단했으며, 이에 따라 안수기도를 감행하기로 결정했다. 그녀의 영혼에는 정말로 악마가 든 것일까, 아니면 자신의 욕구와 정체성을 표현한 것일까? 1997년 로스앤젤레스의 선교사들과 1597년 스위스의 마녀 사냥꾼들은 과연 어떤 차이가 있는 것일까?

자신의 머리를 든 '조용한 여인'의 간판은 유쾌하지 않지만, 사실상 그리 오래된 사고방식도 아니다. 여성들은 여전히 '대든다'는 이유로, 또 하나님의 이름으로 살해당하고 있다.

6

남성 왕국, 그들만의 법칙

계몽된 세상에서는 위험을 감수하지 않고도,

신성한 왕권 같은 남편들의 권리에 대항할 수 있기를.

— 메리 울스톤크래프트(1759~1797, 영국의 작가 · 시민운동가)

우리는 무법자라고 하면 검은 모자에 코와 입을 가리고 은행을 털거나 말을 타고 기차를 추격하는 '악당'의 모습을 연상하곤 한다. 그들은 잔인한 테러리스트로 묘사되기도 하고, 보니와 클라이드, 로빈후드처럼 이상적으로 그려지기도 한다.

하지만 다른 종류의 무법자도 있다. 당신도 아마 이 '범법자'들을 만나보았거나 이야기를 들어봤을 것이다. 바로 성차별적인 성문법 혹은 불문법에 대항하는 여성들이다.

무법자가 되어야 하는 여성들

여성이 자기 몸의 주인이 아니라고 말하는 법이 있다. 세계 각지에서 지지받고 있는 이 불문법은 여성 할례부터 시작해 정해진 복장만을 입도록 하거나 피임이나 낙태를 금하는 등 특정 관습들을 장려한다.

우리 사회는 아이를 출산한다는 이유로 여성의 몸에 사회적 개입이 필요하다고 주장한다. 여성의 재생산 능력이 사회 전체에 영향을 미친다고 보는 것이다. 이 관점은 개인으로서의 여성은 자신이나 가족, 사회를 위해 최선의 선택을 할 수 없는, 불완전하고 미성숙한 시민이라는 전제가 깔려 있다. 점점 많은 여성들이 '무법자'를 자처하면서 출산과 관련된 법은 비판을 받고 있다. 그리고 더 많은 여성들이 무법자가 되어야만 법을 바꿀 수 있고, 그녀들의 주장이 '합법'이 되는 세상을 만들 수 있다. 제도권 내에서나 밖에서나, 법을 바꾸는 데는 용기가 필요하다.

여성 인권에 관한 현실적인 문제 중 하나는, 권리에는 책임이 따른다는 점이다. 권리를 주장하면서 책임을 회피하거나 부인할 수는 없는 노릇이다. 이 책임 중에는 자신의 몸에 대한 관리는 물론 스스로에 대한 방어도 포함된다. 여성이 의식적, 무의식적으로 자신의 안전에 대한 책임을 타인에게 위임할 때 그녀는 사실상 여성이 자신의 몸의 주인이 아니라는 불문법을 따르고 있는 것이다.

남성들에게 "당신의 몸과 개인적 안전을 책임지는 사람은 누구입니까?"라고 묻는다면, "당연히 나죠."라고 답할 것이다. 같은 질문을 여성에게 했을 때 예상되는 답은 그렇게 명확치 않다. 우리 문화에서는 "제 남편이나 아버지, 오빠, 경찰들이요."라고 답하는 여성을 미성숙하다거나 이상하다고 여기진 않는다. 반면 "아내나 부모님, 누나, 경찰이 책임집니다."라는 남성이 있다면 우리는 이상한 눈으로 바라볼 것이다. 안타까운 일이지만 여성의 자기방어가 일반화되지 않으면 여성들은 신체적 안전에 대한 책임을 회피하게 된다. 반대로 스스로를 지키지 않으면 위험하다는 사실을 깨달은 여성은 '무법자'가 될 것이다.

강간이나 폭행 피해를 반복적으로 입은 여성들은 무법자가 될 가능성이 높다. 누군가 구해줄 것이라는 낭만적인 기대가 잔인하게 깨졌기 때문이다. 몇몇 문화권에서는 성폭력 피해 여성을 공동체에서 소외시키거나 쫓아내는데, 거부당하고 갈 곳이 없어진 여성들은 어쩔 수 없이 무법자가 되기도 한다. 아이러니하게도 여성이 피해자인 사건 자체가 여성이 스스로를 보호하는 계기가 된다.

분노조차 못할 만큼 큰 상처를 입은 경우, 피해 여성은 위축된 나머지 자신의 권리와 책임에서 더욱 멀어질 수도 있다. 예를 들면 성폭력 피해 이후 절대 외출하지 않는 등 적극적인 삶을 포기하는 경우이다. 성폭력 피해에 관한 본격적인 논의가 시작되기 전에는 이러한 사례들이 너무도 많았다. 성폭력 피해를 여성의 탓으로 돌리는 또 하나의 불문법(지역에 따라서는 성문법일 수도 있다.)은 피해 여성들에게 수치심을 느끼게 한다. 그러나 책임이 아닌 '탓'이라는 점에 유의해야 한다. 강간은 명시적이고 묵시적인 성별 규범을 강화하고, 이에 따르지 않는 여성들을 처벌하는 도구로 사용되었다.

다음의 명령들을 어기면 강간은 정당화될 수 있다.

- 여성은 해가 진 후 동반자 없이 밖에 나가서는 안 된다. 만약 나가야 한다면 그녀를 소유한 남성과 동반해야 한다. 이럴 경우 남성은 필요에 따라 다른 남자들에게서 여성을 보호할 권리가 있다.
- 여성은 건방지게 남성과 같은 자유를 누려서는 안 된다.
- 여성은 고의가 아니더라도 남성을 비웃거나 부끄럽게 만들어서는 안 된다.
- 여성은 남성에게 대들어서는 안 된다.
- 여성은 어떤 경우에도 화를 내서는 안 된다.
- 여성은 너무 매력적이어도, 너무 매력이 없어도 안 된다.
- 여성은 언제 어디서 남편과 성관계를 가질지 결정해서는 안 된다.
- 여성은 자신의 것이 아닌 어떤 남성의 것이어야 한다.
- 여성은 남성에게서 스스로를 보호해서는 안 된다. 그렇지 않으면 그의 주체할 수 없는 분노로 벌을 받을 것이다.

여성의 권리를 침해하는, 남성에게만 해당되는 '명령'들도 있다. 예컨대 "남성은 모든 여성을 훑어보고, 만지고, 희롱할 권리가 있으며, '자기' 여자를 처벌할 권리도 있다."와 같은 명령 말이다.

영화 〈리틀 조의 발라드〉는 흥행에는 성공하지 못했지만 뛰어난 작품이다. 이 영화는 삶을 최대한 누리기 위해, 사실은 생존하기 위해 일부러 법을 어기고 살았던 한 여성의 아픈 이야기이다.

서부에 살던 여성, 리틀 조는 잔인하게 강간 피해를 입은 후 자신을 보호하기 위해 성 정체성을 바꾸었다. 그녀는 머리를 자르고 얼굴에 흉터를 만든 후 남장을 하고 다녔다. 왜 당시에는 크로스 드레싱*이 불법이었을까? 입법자들은 이등 시민이 일등 시민 '행세'를 하면서 그들의 권력과 혜택을 누리는 것이 싫었다. 여성이 남장을 하거나 남성이 여장을 하는 것은 구약성서의 '법'에 어긋나는 일이기도 했다.

리틀 조는 의도적으로 무법자가 되었다. 치마를 부풀리는 속옷에 코르셋까지 갖춘 드레스를 입고 처음으로 혼자 나간 날 강간당했기 때문이다. 당시에는 성폭력 상담전화나 도움을 주는 단체도 없었으며, 사람들에게 동정도 받지 못했다.

리틀 조는 남장에 재능이 있었고, 그냥 남자도 아닌 성공적인 남자가 되었다. 지주이자 존경받는 시민이 되었고, 사람들은

---

* 특정 사회에서 일반적으로 반대 성별이 입는 것으로 인식되는 옷을 입는 행위. 여자가 남장을 하거나, 남자가 여장을 하는 행위를 말한다.

그녀(그)의 말에 귀를 기울이며 따랐다. 리틀 조의 정체는 그녀가 사망한 후 장의사에 의해 밝혀졌다. 몇 분 전까지만 해도 그녀의 죽음을 애도하던 남성들은 그녀의 시신을 광장 한복판에 전시했고, 순식간에 '그녀'를 증오와 배신의 대상으로 탈바꿈시켰다.

아이다호 주 루비 시티에 살았던 조 모나한Jo Monaghan의 실화를 바탕으로 한 이 영화는 죽어서도 자비를 받지 못했던 한 젠더 무법자의 모습을 보여준다.

우리 역사에는 생존하기 위해 남자 '행세'를 했던 수많은 여성들이 존재해왔고, 이 중에는 남자의 세계에서 성공한 여성들도 많다. 그녀들의 이야기는 20세기 후반까지도 알려지지 않았다. 다른 여성들에게 '이상한 생각'을 심어줄 가능성이 있기 때문이다. 남장을 한 무법자들이 성공을 이뤘다는 자체가 남성들이 태생적으로 우월하고 능력 있다는 거짓말을 위태롭게 했던 것이다.

자기방어의 권리를 빼앗긴 여성들

여성들은 역사적으로 굉장히 오랜 기간 동안 남성들의 법적 재산으로 취급되었다. 재산, 물건, 가축에게는 절대로 시민권이 없다. 재산이 스스로를 보호하는 것은 재산으로서의 신분을 벗어나는 행동이며, 허용되지도 이론적으로 가능하지도 않는 행위이다. 자기방어를 하기 위해서는 방어할 '자기'가 있어야 한다. 여성이 소지품으로 취급되던 시대에 여성에게는 자기방어의 권리가 없었으며, 그녀들을 폭행하고 강간하고 살해하더라도 별다른 처벌이 따르지 않았다.

수 세기 동안 세계의 여러 지역에서 강간은 여성의 권리를 침해하는 죄가 아닌 다른 남성의 재산을 '훼손'하는 죄로 처벌받았다. 아버지나 오빠는 여성을 결혼시킬 때 최대한 비싼 값을 부를 수 있도록 '훼손되지 않게' 보존할 필요가 있었다. 처녀들에게는 비싼 값이 매겨졌고, '망가진' 소녀들은 그나마 결혼이라도 할 수 있는 것이 행운이었다.

강간에 관한 몇몇 법들은 피해자의 임신 여부를 기준으로 삼았다. 피해 여성이 '강간'으로 임신했다면 그것은 강간이 아니었고, 가해자는 처벌되지 않았다. 또 다른 몇몇 법에 의하면 피해 여성은 강간범과 결혼해야 했다. 어떤 법에서는 여성의 결혼 여부를 기준으로 피해자가 유부녀인 경우 강간은 간통으로 치부되었다. 어찌 되었든 여성은 피해자가 될 수 없는 재산의 신분이었으므로 피해를 먼저 주장할 권리가 없었다. 이러한 상황에서 자기방어는 무법자들에게나 가능한 일이었다. 여성을 자신의 소유물 정도로 취급하는 남성들이 아직까지도 많다는 것은 놀라운 일이 아니다. 이러한 구시대적이고 성차별적인 태도와 사상은 현대의 문화와 법체계에도 여전히 반영되고 있다.

어렵게 자기방어를 실천한 여성들은 '합리적 일반인'의 법칙과 대면해야 했다. 이는 불법 행위를 한 당사자의 행동이 사회

구성원으로서 용인 가능한지 판단할 때 쓰인다. 판사는 같은 상황에서 합리적인 일반인이라면 어떻게 행동했을지에 견주어 피고인을 판단한다. 여기서 합리적인 일반인이란 보통 합리적인 남성과 동격이고, 그래서 여성의 자기방어 정도가 합리적이었는지를 판단하는 것 자체가 매우 불리한 경우가 많다.

매 맞는 여성이면서 살인자가 된 이들에 대한 시각은 근래 들어 조금씩 변화했다. "여성 행위의 합리성을 판단할 때 합리적인 남성의 기준을 그대로 적용해서는 안 된다."는 판례들이 나왔기 때문이다. 한번 가정해보자. 평균적인 체구의 남성은 자신보다 작은 남성에게서 합리적인 위협을 느끼지 않는다. 스스로 보호할 수 있고, 상대의 공격을 쉽게 막아낼 수 있다는 믿음 때문이다. 그러나 상대 남성이 무기가 있을 경우 합리적인 남성의 기준은 달라진다. 총을 든 작은 남성은 자신보다 더 큰 남성이 총을 들었을 때와 마찬가지 수준으로 위협적이다. 공격과 방어의 정도는 위해를 가하겠다는 협박과, 협박을 실천에 옮길 수 있는 능력에 따라 결정된다.

위의 상황을 다음의 상황과 비교해보자. 키가 큰 여성이 자신보다 작은 남성에게 공격을 당한다. 그녀는 몸을 사용해 방어하는 법을 전혀 모르고 있다. 그녀와 같은 체구의 일반적인 남성이라면 같은 상황에서 위협을 느끼지 않는다. 그렇다면 그녀 또한 상대방의 협박에 위협을 느끼지 않을까? 판사나 배심원단이 자신의 경험을 통해 그녀가 '지나친' 위력을 사용했더라도 충분히 합리적인 대응이었음을 알 수 있다면 그녀는 풀려나거나 무죄 판결을 받을 수 있다. 반면 판사나 배심원단이 남녀가 경험하는 현실이 다르다는 점을 부정한다면 그녀는 합리적 남성의 기준에서 판결을 받게 될 것이다.

'마초' 같은 남편에게 감금되고 매 맞는 아내들이 '뒤늦게' 방어하는 것은, 전쟁 포로가 적군의 진영에서 탈출하기 위해 상황 파악을 하는 것과 같다. 지나치게 과장된 비유라는 생각이 든다면, 매일같이 죽이겠다고 위협하는 남성과 사는 여성들을 상상해보라. 이 남성들은 아내나 여자 친구가 대들거나, 집을 나가거나, 불평하거나, 성관계를 거부하거나, 저녁을 태우거나, 혹은 불행해 보이면 죽이겠다고 협박한다.

전쟁 중 포로가 된 남성들이 적에게 동조하는 현상을 일컫는 스톡홀름 신드롬은 폭력적이고 지배적인 남성에게 잡혀 사는 여성들에게도 적용된다. 그럼에도 너무나 많은 사람들이 엄연히 존재하는 남녀 간의 불공평한 싸움을 외면한다. 전시의 남성 포로에게는 당연히 주어지는 사회적 이해와 동정이 성별 전쟁(에서)의 여성 포로들에게는 주어지지 않는다.

누군가의 재산으로서의 사회적 지위, 법의 이중 잣대, 경제적 의존성 등 성별 관계를 엮어내는 여러 요소들을 고려하면 여성들이 '방어적으로 뒤처진' 이유를 쉽게 이해할 수 있다.

야수족이 미녀국을 지배하는 12가지 전략

국가는 역사, 언어, 경험, 규칙, 법, 관습 등 문화를 공유하는 집단이 만들어낸 독립체이다. 다른 국가를 지배한다는 것은 경계선을 침범하고, 소통 방식을 점령하고, 언어를 부정하고, 생산수단을 제한하는 것이다. 지배되거나 식민지화된 사람들은 '제거'되든지 아니면 자신들의 문화를 부정하고 지배자의 문화를 받들어야 한다.

당신이 불안정한 미녀국을 지배하려는 야수족의 수장, '베스트맨'이라고 가정해보라. 이 나라를 지배하고자 한다면 당신은 어떤 '체크 리스트'를 만들겠는가? 권력을 유지하고 강화하기 위해 당신이 수행해야 할 전략은 무엇일까?

1. 모든 라디오 및 텔레비전 방송국, 신문을 장악한다.
2. 친(親) 야수족 프로그램을 만들고 미녀들을 바보처럼 묘사한다. 미녀들이 야수족의 지배를 반기는 것처럼 표현한다. 야수족을 무너뜨리려는 시도를 하는 미녀들은 반드시 다치거나 죽임을 당하는 모습을 보여준다.
3. 다른 미녀들을 비판하는 미녀들을 칭찬하고 적극적으로 소개한다.
4. 강한 미녀들을 돕거나 그들에게 공감하는 야수족들을 조롱하고, 소외시키고, 괴롭힌다.

5. 미녀국에는 문화적 유산이 없거나, 존재하는 유산은 모두 거짓말이라고 미녀들을 설득한다.
6. 미녀들의 인간적인 모습을 보여주는 문학 작품을 검열한다.
7. 과거의 미녀국 지도자와 영웅들을 억압한다.
8. 미녀어 사용을 금지한다.
9. 미녀들 간의 집회를 금지한다.
10. 미녀들의 신을 부정한다.
11. 야수족 가치관에 따르지 않는 미녀들은 부를 축적하거나 교육을 받을 수 없도록 한다.
12. 우월한 야수족으로부터 스스로를 방어하려고 노력하는 것은 소용없는 일이라고 미녀들을 설득한다.

이 중 마지막 전략은 이 책의 핵심 주제이기도 하다. 그런데 마지막 전략을 완수하기 위해서는 다른 전략들이 먼저 수행되어야 한다. 전쟁으로 분열된 국가들을 보면 이 '체크 리스트'가 꼭 지켜진다. 아프가니스탄이 여성에 대한 전쟁을 시작했을 때 탈레반이 최우선으로 시행한 전략 중 하나는 여성의 교육을 금지시킨 것이다. 미국 헌법의 경우에도 위의 지배 전략으로부터 남성들을 보호하려는 의도를 찾아볼 수 있다. 여기에서 여성과 소수민족은 배제되었다.

자신들을 위한 대형 신문사도 방송국도 없는 나라, 세계 여러 기구에서 발언권도 결정권도 없는 나라, 세계의 주류 역사에서 소외된 나라, 단지 그 국가에 태어났기 때문에 스스로 무력하다고 여기는 시민들. 여성을 하나의 국가로 설정해보면 현실은 더 분명해진다.

여성 혐오주의자가 한 여성을 강간하고 살해할 때 범죄의 대상은 한 개인이 아니라 여성 전체가 된다. 그는 여성 모두에 대한 자신의 권력을 표출한다. 남성 공화국은 수 세기에 걸쳐 여성을 상대로 전쟁을 벌여왔다. 가부장적 관습이 깊게 자리 잡고 강화될수록 그에 대한 반발은 더욱 억압받았다. 여성들 스스로가 그야말로 살아남기 위해 남성 공화국의 법칙을 따를 때까지 말이다.

마가렛 대처가 있어도 세상은 남자들이 지배한다

"세상은 남자들이 지배한다." 이 명제에 동의하지 않는 사람은 몇 안 될 것이다. 사실상 남성들이 세상의 모든 국가, 주, 도시, 마을에서 권력을 차지한다는 것은 부정할 수 없는 현실이다. 은행, 학교, 회사, 기업, 연구소는 물론이고 거의 모든 기관들이 남성들의 지휘를 받는다. 어떤 면에서 이 상황은 일종의 젠더 독재, '맨오폴리man-opoly'라고도 할 수 있다. 다른 형태의 지배도 존재한다. 많은 국가들은 백인들이 피부색이 어두운 사람들을 지배한다. 한편 지위의 우열이 피부색보다는 부족이나 종교적 소속에 의해 결정되는 국가도 있다. 반면 여성들은 우열을 결정하는 다른 요소들과 무관하게 거의 모든 사회에서 남성에게 지배받는다.

물론 권력자의 지위에 오른 여성들도 있다. 하지만 소위 선진적이고 민주적인 국가에서도 그녀들은 지극히 예외적인 존재이다. 진정한 민주주의를 얻으려면 권력을 가진 여성들의 비중이 상당수에 달해야 할 것이다.

정치계에 더 많은 여성의 비전과 여성적 '에너지'가 필요하다는 논의를 하다 보면, 거의 예외 없이 누군가 (팔꿈치로 툭툭 찌르면서 윙크를 날리고 킥킥 웃으며) "그래, 마가렛 대처 덕분에 영국 상황이 참 좋아졌지!"라며 한마디 하곤 한다.

그 사람들은 대처 총리가 보수적이고 욕심 많은 백인 남성 지도자들과 크게 다르지 않다는 점을 지적하는 것이다. 고위직 여성 비율이 높아져야 한다고 주장하는 사람들이 자신의 말을 듣고 깨달음을 얻기를 바라는 것이다. "그래, 여자도 똑같이 정부에 진출해야 한다고 생각한 내가 바보였던 것 같아. 평등이 이루어져도 바뀌는 것은 없을 텐데 말이야. 이제 그만해야겠어. 대처가 모든 여성을 대표한다는 사실을 상기시켜줘서 고마워."라고 말이다.

마가렛 대처라는 주제를 꺼내는 순간 대화는 멈춘다. "대처 덕분에 영국 상황이 참 좋아졌지!" 이는 반감을 겨우 감추고 내뱉는 한마디이다. 모든 여성과 유색인종 남성은 자신이 속한 집단을 대변하라는 요구를 수시로 받게 된다. 한 사람의 아프리카계 미국인으로서 모든 아프리카계 미국인의 입장을 설명해야 한다면 참으로 골치 아플 것이다. 다른 여성이 민망한 행동을 할 때마다 나도 덩달아 민망해지는 것도 굉장히 큰 부담이다. 단지 생물학적으로 유사하다는 이유로 그녀는 어느 정도 나를 대표한다고 여겨지는 것이다.

하지만 나는 자신이 특권을 가진 백인 남성이라는 이유로 다른 백인 남성들을 책임지거나 그 입장을 설명해야 한다고 생각하는 경우를 본 적이 없다. "같은 백인 남성으로서 닉슨 대통령의 입장을 한번 설명해주시겠어요?"라고 묻는다면, 상대 남성은 그런 질문을 하는 나를 두고 제정신이 아니라고 생각할 것이다.

여직원이 나밖에 없는 직장에서 근무했던 적이 있다. '여자는 어떻게 하는지'를 확인하려 내게 쏟아지는 눈길을 의식하며 지내야 했다. 누군가 부적절한 농담을 던지면 모두의 시선이 나를 향하기도 하고, '여성의 입장'을 알고 싶다며 모든 사람들이 나를 주시하는 상황도 있었다. 나는 내 의지와 상관없이 마가렛 대처의 입장을 방어해야 하는 상황에 자주 놓이게 되었다. 나는 그녀 자체도, 그녀가 표방하는 정치적 입장도 지지하지 않았기 때문에 단지 여자라는 이유만으로 대처의 입장을 대변해야 하는 것이 불쾌했다. 그렇다고 해서 그녀를 보면서 행운을 빌지 않았던 것은 아니다. 대처가 다른 여성들에게 길을 터주길 바랐다.

완벽한 가정에는 엄마와 아빠가 필요하다고들 한다. 그렇다면 완벽한 국내 혹은 국제적 기구에서도 마찬가지여야 하지 않겠는가? 대부분의 연구는 양친이 모두 있는 건강한 가족 형태가 아이들에게 긍정적인 영향을 미친다고 말한다. 인류가 모여 있는, 보다 큰 '가족'도 남녀 모두가 이끌어가는 쪽이 합리적일 것이다. 대부분의 여성들과 아이들에 대한 처우가 열악하다는 것은 전 세계적으로 분명한 사실이다. 그렇다면 의사 결정의 장으로 '엄마'들을 불러내는 편이 좋지 않겠는가?

내가 대처 총리를 변명할 의무가 없다는 점은 분명히 해두었으니 이제는 그녀를 조금 방어해보고자 한다. 남성들은 내게, 마가렛 대처가 보수적인 백인 남성 지도자들과 다르지 않다고 비판했다. 시민들은 그녀가 여성 지도자라서 감정적일까 봐, 전쟁과 범죄자에 대해 너무 '물렁'할까 봐, 여성 호르몬의 영향을 너무 많이 받을까 봐 걱정하지 않았던가.

여성들에게 길을 터주기 위해서는 전통적인 남성적 가치관을 체화하여 주류에 편입하게 된 여성들을 어느 정도 동정할 필요가 있다. 사회적 혁명이 시작될 때는 필연적으로 모순이 발생할 수밖에 없다는 점을 이해하는 것도 중요하다. 마가렛 대처가 총리로서 보인 행보들에 모두 동의하지는 않지만, 다른 한편으로는 그녀가 많은 공격을 견뎌냈다는 점, 그리고 남성적 가치관과는 다른 생각을 갖고 있는 여성들에게도 설 자리를 마련해줬다는 점은 높이 평가한다.

젠더 독재는 여성들에게 적대적인 환경을 조성하므로, 전 세계적으로 만연된 여성 폭력 근절을 위해서는 성비의 균형을 맞추는 것이 반드시 필요하다. 유엔 안전보장이사회나 총회에 남

성과 여성이 비슷한 비율로 참여한다고 상상해보자. 불가능한
일도 아니다.

자기방어를 위한 새판 짜기

자기방어 지지자로서 나는 미국을 포함한 모든 민주주의 국가에
서 적극적 조치affirmative action*를 펼쳐야 한다고 굳게 믿는다. 왜
일까? 그리고 적극적 조치와 자기방어는 어떠한 관련이 있을까?
정부의 적극적 조치는, 미국에서는 거의 화제가 되지 못하지만
유럽 국가들에서는 매우 익숙한 개념인 "성비 균형gender balance"
의 형태를 지닌다.

　사회가 여성들의 경험에 귀를 기울이고 여성이 공식적 정책
에 영향을 미치기 위해서는 전통적으로 남성들의 영역이었던 제
도권에 접근할 수 있어야 한다. 정치와 경제, 학문의 영역이 계속
해서 남성들로 구성되고 유지된다면 여성들의 경험과 지혜의 가
치는 끊임없이 폄하될 수밖에 없다.

　여성들이 정책 결정을 바꿀 만큼 영향력을 갖지 않는 이상,

....
* 원래 미국에서 인종 차별을 없애기 위해 시작된 반차별 정책의 하나로, 1967년에 이르
러서야 적용 대상에 여성이 포함되었다. 단순히 차별을 철폐하는 차원을 넘어 흑인, 히스
패닉, 아시안, 여성 등 소수자에게 입학이나 취업 등에서 적극적으로 혜택을 주자는 것이
어서 소수자 우대 정책의 성격을 지닌다.

세상에 여성의 목소리를 전달하기란 불가능하다. 예외적으로 고위직에 오른 여성들이라도 변화를 이끌 수 있는 영향력은 갖추지 못했을 수 있다. 적극적 조치는 여성과 유색인들이 주류의 신뢰를 얻는 기회와 힘을 더 많이 갖도록 하며, 결과적으로 이들이 결정을 내리고 정책을 입안하는 자리에 오를 가능성을 높인다. 다수의 힘없는 국민들을 대표하고 그들의 삶의 경험을 공유하는 지도자가 늘어나지 않는다면 사회정의의 실현은 더욱 늦춰질 것이다. 성폭력 관련 법안을 주장하는 국회의원이 어떤 사람이라면 좋을까? 여성의 잘못으로 성폭력이 발생한다는 통념을 가진 사람과 성폭력 피해의 경험을 이겨낸 사람 중 어느 편이 더 현실을 반영할 수 있을까? 혹은 국회에서 공공장소에서의 반려동물 동반 불법화에 대해 논의한다면 어떨까? 만약 당신에게 반려견이 위험에서 스스로를 보호하는 의미라면?

초등학생의 자기방어 수업을 의무화하는 법안을 발의하는 사람이 자기방어가 여성들을 얼마나 강인하게 만들었는지 이해하는 의원이면 좋지 않겠는가? 자기방어를 통해 직접 폭력적인 상황을 이겨냈거나, 딸이나 여자 친구의 경험을 간접적으로라도 지켜본 사람 말이다. 당신은 정말로 이러한 이슈를 대표하는 사람들이 무력한 집단에 속한다는 것이 어떠한 의미인지 전혀 모르는 사람들(백인 남성 집단)이길 바라는가?

정부 차원에서 성비 균형 원칙을 적용하는 북유럽 국가들에서는 보육, 육아 휴직, 일과 가정의 양립 등과 관련한 가장 진보적인 정책들이 만들어진다. 이 국가들은 투표를 통해 인구의 절반인 여성들 없이는 진정한 민주주의가 불가능하다는 사실을 인정해왔다.

여성들의 완전한 사회 참여를 막아왔던 미국과 같은 나라들이 성비 균형을 이루기 위해서는 소수자 우대 정책이 필요하다. 여성들의 정치적 의견을 보도할 수 있는 자유롭고 편견 없는 언론, 선거 캠페인 방식의 변화 등이 그것이다.

남성들의 네트워크가 강화되는 한, 이들의 부와 영향력은 자신들의 이해관계를 더욱 공고히 하는 데 발휘될 것이다. 그리고 이러한 영향력은 수백만 달러의 돈을 지불해야만 출마할 수 있는 정치 현실에도 그대로 적용된다. 때문에 선거 캠페인을 개혁하는 것은 정치적 차원의 자기방어일 수 있다.

만약 어떤 여성이 매 맞는 여성들의 정당방위와 관련한 법규 유연화, 공립학교의 자기방어 수업 의무화, 그리고 소수자 우대 정책 등의 이슈를 제기하기 위해 정계 진출을 목표로 삼는다고 하자. 현실적으로 이 여성이 당선되기 위해서는 자신의 주장을 희석시켜야 한다. 그렇지 않으면 필요한 선거 자금을 포기해야만 한다. 참으로 아이러니한 상황이다.

자금이 뒷받침되어야만 하는 전국 단위 선거의 대안으로 지역 단위 활동을 들 수 있다. 여성들은 서로의 출마를 격려하고, 입후보한 여성들을 지지하며 지역 차원의 위원회 및 의회에 적극적으로 참여할 필요가 있다.

자기방어 이슈와 관련하여, 지역구 차원에서 변화를 만들 수 있는 방법은 무엇일까? 아파트에 반려견과 함께 입주할 권리, 상업 장소에 반려견을 동반할 권리와 관련 법규를 예로 한번 들어보자. 어떤 사람들에게 반려견은 훌륭한 경호원 역할을 하기 때문에 해당 법규는 자기방어와 관련된 이슈가 될 수 있다. 한 연구에 의하면 범죄자들에게 자신의 집을 어떻게 보호할지 물었을 때 대부분은 도난 경보 시스템이 아닌 방범견을 선택했다.* 중년의 백인 남성들은 반려견이 주는 안정감을 이해 못할 수 있지만, 여성들과 노인들은 그 의미를 알고 있을 것이다. 나라면 지역에서 애견 통제 법규를 만드느니 엄격한 총기 규제 법규를 도입하자고 주장할 것이다. 강아지를 몰래 숨겨 동반하는 것보다 총을 숨긴 채 공공장소에 출입하는 것이 훨씬 위험한 일이다.

반려견과의 동반 입주를 금지하는 법이 반려견이 필요한 사람들에 대한 차별의 문제도 될 수 있다. 지역의 대표가 반려견이 주인의 안전과 자신감에 영향을 미친다는 사실에 공감한다면, 유럽처럼 반려견과 출입 가능한 장소가 늘어날 것이다.

범행을 저지한 반려견들의 성공담은 수도 없이 많다. 나 역시도 지금 키우는 암캐, 메기와 있을 때 훨씬 안전하게 느낀다. 그러나 개를 키우지 않더라도, 내면의 암캐를 불러내보는 건 어떨까? 그녀는 당신을 위한 언어의 전사가 될 것이다. 더 자세한 설명은 다음 장에 있다.

....
* 『맥컬스MaCall's』, 1992년 5월호.

7

일상생활 속 은폐된 언어폭력

온전한 인간이기를 선택한 모든 여성은 수구 세력들이
일종의 저급한 농담 정도로 여성을 취급한다는 것을 알고 경계해야 한다.
그것은 그들이 휘두르는 최초의 자연스러운 무기이다.
― 「자매애」(『미즈MS』, 1972년 봄호), 글로리아 스타이넘

여성들은 여성이라는 이유만으로 사회의 모든 층위에서 언어폭력을 경험한다. 이 또한 자기방어와 관련된 문제이다. 언어폭력이라는 사실도 모른 채 방어하지 않는다면 여성의 시민권 기반은 흔들릴 수밖에 없다. 여성을 존중하지 않는 문화, 여성에 대한 무시를 언어적으로 드러내는 문화는 신체적 폭력 역시 정당화한다.

　여성들은 언어폭력에 너무도 익숙해져서 많은 경우 공격을 당하더라도 무감각하거나 의식하지 못한다. 나중에 무언가 기분이 나빴다고 생각하거나 '이렇게 저렇게 답을 했어야 했는데.' 하

며 곱씹을 수는 있지만, 사건이 일어나는 순간에는 제대로 반응하지 못하는 경우가 많다. 우리는 말 그대로 "평화를 지키도록" 교육받았고, 이는 매우 좋은 것이다. 나 역시 평화롭게 지내는 법을 아는 것이 중요하다고 생각한다. 하지만 그러기 위해서는 갈등 해결과 균형이 필요하다. 만일 우리가 인류의 절반을 설득, 세뇌, 협박해서 갈등을 회피하도록 하면, 결국 세상의 절반은 갈등을 대면하는 순간 얼어붙을지도 모른다. 갈등을 대면하지 않은 채 이 세상에서 시민으로 살아가기란 불가능하다.

스스로를 방어하기 위해서는 공격의 실체를 인식할 수 있어야 한다. 여성에 대한 언어폭력은 명백할 때도, 은밀할 때도 있다. 어떤 사람들에게는 알아보는 것 자체가 어려울 수도 있지만 한번 실체가 보이기 시작하면 대항할 수 있는 능력도 생긴다. 이번 장에서는 여성이 경험하는 언어의 세계, 그중에서 비교적 은밀한 형태로 빈번히 발생하는 폭력에 대해 살펴보고자 한다.

카우보이가 페미니스트를 만났을 때

건방진 여성들은 늘 인신공격을 받곤 한다. 1971년, 당시 건방진 대학 새내기였던 나는 몬테나 주 로키 마운틴 대학의 학생회관 계단을 뛰어올라가고 있었다. 한 카우보이가 나를 보더니 휘파람을 불었다. 여성주의를 처음 접한 상태였고, 그때껏 내게 대놓고 적대적인 사람을 만나본 적은 없었다. 여성주의 글들을 엮은 로빈 모건Robin Morgan의 문집 『자매애는 강하다』 탐독을 막 끝낸 나는 성차별주의에 맞서려는 의지를 불태우는 상태였다. 그녀의 책은 너무도 많은 의문들을 해결해주었다. 나는 이 남자의 휘파람이 마음에 들지 않았다. 위협받는 기분이 들었다. 그를 무시하려고도 했지만, 결국 그쪽으로 가서 남자를 대면하기로 했다. 성차별주의를 없애는 것이 합리적인, 배운 사람의 행동이 아니겠는가. 카우보이는 나처럼 어린 망아지가 말대꾸를 해서 놀라는 눈치였다.

그녀 휘파람 불지 말아줄래요. 무례하거든요. 저는 개가 아니에요.

그 여자들은 휘파람을 좋아한다고 다들 나한테 그러던데요.

그녀 몇 명은 그럴지 모르지만 저는 아니에요. 어쨌든 여자에게 휘파람을 부는 것은 성차별적이에요. 여성은 성적 대상이 아니에요. 우리는 사람이라고요.

그 이런, 당신 설마 남자를 증오하는 페미는 아니죠?

그녀 페미니스트는 맞지만 남자를 증오하지는 않아요.

그 당신은 아마 레즈일 거요.

그녀 레즈가 뭐죠?

그 남자 친구를 못 만드는 여자 말입니다.

그녀 네?

그 그래서 다른 여자애들이랑 사귀는 거지요.

그녀 여자랑 사귀지 않아요.

그 당신 되게 예쁘네요. 남자 친구만 있으면 되겠어요.

그녀 남자 친구 있는데요. (거짓말이었다. 만나는 사람은 있었지만 남자 친구는 없었다.) 제 외모가 어떻든 댁이 상관할 문제는 아니죠.

그 우와, 짜증 내니까 귀여운데? 너무 감정적으로 반응하진 마요.

그녀 감정적으로 반응하는 게 아니에요. 그냥 휘파람 불지 말라는 거예요.

그 재수 없게 굴지 마요. 난 그냥 장난치는 거였어요.

그녀 저는 재미없었어요.

그 세상에, 되게 방어적이네.

카우보이가 내게 방어적이라고 하자 나는 '그런 유형의' 페미니스트로 보이지 않도록 웃으면서 더 상냥하게 행동하려고 했다. '개념 있는' 페미니스트의 모습을 보여주면서 남자들에게 페미니스트가 얼마나 좋은 사람들인지 증명해야 한다는 의무감을 느꼈다. 어쩌다 보니 전공과 부전공에 대한 이야기가 나왔고, 나는 연기를 전공하고 있지만 로스쿨에 갈 생각이라고 말했다. 아니나 다를까! 그는 내 말을 마음에 들어 하지 않았다.

그 여자애들은 변호사 못 해요. 충분히 논리적이지 않거든요.

그녀 할 수 있어요.

그 아니, 못 해요.

그녀 할 수 있다고요.

그 아니, 못 한다고요. (이 말을 하면서 그는 뻔뻔하게도 팔을 뻗어 내 볼을 꼬집었다.)

그녀 한다고요.

그 아니라고요.

그녀 한다니까요. 왜 못 하는데요?

그 그냥 내가 알아, 못 한다는 거.

그녀 무슨 소리 하는 거예요? 당연히 할 수 있죠. 여긴 미국이잖아요!

그 한 번도 여자 변호사를 본 적이 없다고. 여자는 결혼해서 애를 낳고 남자는 돈을 벌어와야 하고. 여자 변호사 한 명만 대봐요.

그녀 생각이 안 나지만, 그래도 여자 변호사는 있어요.

그 어디에 있는데? 한 명만 대보라니까.

그녀 (조용히 생각하며 머리를 굴려보지만 아무것도 떠오르지 않는다…)

그 봐봐. 여자들은 변호사 못 해요. 할 수 있었다면 몇 명 있었겠지. 너도 살만 조금 빼면 아주 좋은 아내가 될 수 있을 거야.

그녀 닥쳐요. 나는 살 안 빼도 돼요.

그 왜 그래요? 농담 하나 못 받아줘요?

카우보이가 이겼다. 비논리와 무지와 거만함으로 이겼다. 내가 패배한 데는 내 자신이 무지한 탓도 있었고, 착한 사람이 되도록 남들의 좋은 점만 보도록 길러진 탓도 있었다. 애초에 그와 말을 섞은 것이 실수이기도 했다. 그리고 사실은 그가 대화를 하고 있었던 게 아니기 때문이기도 했다.

당시엔 몰랐지만 그가 '대화'에서 한 모든 말들이 사실은 공격이었다. 내가 그 사실을 깨닫지 못했을 뿐이다. 애초에 불가능한 싸움이었다. 카우보이는 방어적으로 나오다가 공격 태세로 전환했다. 나는 그가 정확히 지적했듯이 방어적으로 행동했다. 공격을 당하니 당연한 일이었지만 그때의 나는 방어적인 행동은 하지 말아야 할, 부정적인 태도라고 생각했다.

아마도 평생 증명하지는 못할 것 같지만 내게는 하나의 이론이 있다. 여성들이 나와 같은 상황을 한두 차례 겪게 되면 여성주의에 대한 적극적 지지를 포기해버린다는 것이다. 카우보이가 내게 퍼부은 것과 같은 근본도 없는 비논리적 공격들은 여성들로 하여금 "나는 페미니스트는 아니지만…."이라고 말문을 열게 만든다.

다음에서는 카우보이의 대사 속에 감춰진 공격의 실체를 보고자 한다. 어떤 공격들은 명확하고, 일부는 중첩되며, 또 다른 것들은 하나의 주제가 변형된 모습을 하고 있다.

공격 1 휘파람 불기

카우보이의 첫 도발이었던 휘파람은 일종의 언어폭력이다. 미모야말로 여성에게 가장 중요한 덕목이라고 가르치는 문화에서 휘파람은 다음과 같은 사실을 전달한다. 첫째, 여성의 외모는 언제, 어디서나, 누구에게든 평가되고 인정받아야 하는 것이다. 둘째,

누군가 당신에게 휘파람을 분다면 당신은 인정받은 것이며, 그런 일이 없다면 당신이 아름답지 않다는 뜻이다. 여자에게 휘파람을 부는 남자는 여성들 중에는 휘파람을 무서워하는 경우도, 뿌듯해하는 경우도, 모욕적으로 느끼고 분노하는 경우도 있다는 사실을 완전히 무시한다. 휘파람에 대한 개인의 해석과는 별도로, 행인에 대한 휘파람은 길을 걷는 지극히 단순한 행위를 침해하는 것이다. 남성들의 특권 중 하나는 길을 걸을 때 귀찮게 구는 사람을 만나지 않아도 된다는 것이다. 적어도 자신들의 영역에서는 말이다. 그러나 수녀원이나 여성을 위한 행사 정도를 제외하면 여성에게는 그들만의 '영역'이 없다고 봐도 무방하다.

공격 2 "여자들은 휘파람을 좋아한다고 다들 나한테 그러던데요."
여성들 중에는 휘파람을 칭찬으로 여기는 사람도 있을 것이다. 그녀들 역시 "여자라면 아름다워야 한다."고 말하는 문화에서 성장해왔다. 문제는 지배 문화가 한 사람의 의견을 토대로 전체 여성에 대한 규칙을 만들고자 할 때 발생한다. 다시 말하면, 그 카우보이는 단지 한 명의 여성에게 "나는 휘파람 부는 것도 괜찮아. 기분 좋은 거라고 생각해."라는 얘기를 들었을 가능성이 높다.

'타인'에 대해 법칙을 만들고자 하는 것은 인간적인 행동이다. 일반적으로 여성들은 남성들이 각각 다름을 알고, 각자가 다른 개인으로 살 수 있는 자유를 인정하는 편이다. 반면 남성들은 '여자들은 다 똑같다.'고 생각하도록 교육받았기 때문에 모든 여성에 대한 일정한 법칙을 정하려고 한다. 그러나 모든 여성, 모든 독일인, 모든 흑인, 모든 남성 등 집단 전체가 어느 한 가지를 똑같이 좋아하는 것은 불가능한 일이다.

공격 3 "이런, 당신 설마 남자를 증오하는 페미는 아니죠?"
그 카우보이가 "남자 증오하는 페미"에 대한 정보를 어디서 얻었는지는 알 수 없지만, 실제로 남성들 중에는 여성 관련 기사 하나를 읽었거나 그 주제에 대해 짧은 대화를 나눴다는 이유만으로 여성운동의 전문가인 양 구는 경우가 놀라울 정도로 많다.

　한번은 북경여성대회에 참여했던 경험을 나누기 위해 멘사 MENSA 회의에 강연자로 초대된 적이 있었다. 강연을 마친 후 말쑥하게 차려입은 오십 대 중반의 한 남성 회원이 내게 다가와 여성 인권에 관한 논쟁을 하고자 했다.

　나는 우선 그의 말을 멈추게 한 후 이렇게 물었다. "이야기를 시작하기 전에, 우선 여성 인권에 대해 얼마나 공부가 된 상태인지 조금 알려주시겠어요? 어떤 책들을 읽어보셨나요?" 그는 조금의 부끄러움도 없이 이렇게 대답했다. "전 부인이 『여성주의의 신비The Feminist{sic} Mystique』*라는 책을 60년대에 읽었어요. 저한테 다 헛소리라고 하더군요."

　나는 놀라움을 감추면서 다시 물었다. "그렇다면 여성운동과

....

* 베티 프리드먼Betty Friedman의 『여성의 신비The Feminine Mystique』를 잘못 말한 것이다.

관련해 직접 읽은 책은 전혀 없는 건가요?"

"그건 상관없죠. 저는 저만의 의견이 있으니까요."

내가 대답했다. "물론 그러시겠죠. 하지만 우리 대화는 조금 미뤄야 할 것 같네요. 좀 더 지식을 쌓고 나서 이 주제에 대해 대화를 나눠봅시다."

이 '천재'는 전해 들은 이야기를 토대로 여성 인권에 대한 부정적 입장을 가진 상태였고, 심지어 책 제목도 제대로 인용하지 못했다. 그렇다면 왜 근거도 없는 부정적 의견이 이렇게도 많은 것일까? 많은 남성들은 특권을 빼앗길지 모른다는 생각에 의식적, 무의식적으로 여성운동을 위협적으로 느낀다. 그들은 특권층 남성들에 의해 만들어진 미디어에 노출되어 있으며, 여성운동에 대한 미디어의 논조는 대부분 조롱과 폄하로 가득 차 있다. 여성들은 전통적으로 자신들을 둘러싼 부정적 이미지에 대항할 기회가 많지 않았다. 뉴스 가치가 있는 기사를 모으고 배포하고 통제하는 것도, 심지어 접근하는 것도 어려웠기 때문이다.

남성 해설자나 보수적 여성 해설자는 신문이나 방송에서 흔히 볼 수 있지만 진보적 여성 해설자들의 모습은 찾기 어렵다. 민주적인 언론은 모든 정치적 입장을 전달할 수 있어야 하며, 대중적 인기가 없는 견해라 해도 매체에 접근할 수 있는 기회를 제공해야 한다. 그런데 여성 인권 지지자들은 왜 보이지 않는 것일까? 19세기에서 20세기 초반까지 이어진 여성 참정권 운동만 보더라도 언론이 여성 인권을 어떻게 억압하는지 명확히 알 수 있다.

여성 참정권 운동은 수많은 반대에 부딪혔다. 주류 언론, 신문, 잡지 등은 '반여성 참정권' 기사와 만화를 실었다. 중년의 사나운 여자들이 프라이팬, 밀방망이 같은 전형적인 무기를 사용해 남성성을 상실한 남편들에게 '여자의 일'을 강요하는 이미지를 퍼뜨렸다. 현상 유지를 주장하며 여성 참정권에 적극 반대하던 사람들은 주류, 보험, 철도 사업의 큰손들이었다. 한편 투표권을 얻으려 몇 십 년간 투쟁해온 여성들은 경제적 장벽으로 인해 자신들의 입장을 담은 손톱만 한 광고도 싣지 못했다. 그들에게는 일일이 사람들을 만나면서 설득하는 것 외에는 다른 방법이 없었다. 주요 언론사와 대중매체가 끊임없이 공격하는 상황에서 여성 참정권 운동을 지켜내는 것은 상상하지 못할 정도로 힘들었을 것이다.

무성영화와 보드빌* 촌극에서는 여성 참정권 운동가와 고통받는 가족들의 모습을 조롱하고 희화화했다. 당시 언론에서 사용한 "서프러제트suffragette"**라는 표현 역시 국제적 인권 운동인 여성 참정권 운동을 폄하하기 위해 고안된 것이다. 이 '유머러스한' 이미지들은 여성운동에 참여하고 남성에게 위기감을 주는 여성들에게 수치심을 심어주기 위해 사용되었다. 여성들이 '참정권녀'라는 사실을 밝히면 남성들에게 소외되고 조롱당할 것이라는 메시지였다. 당시 독립적 생계 수단이 없던 여성으로서는 남

----

* 노래와 춤을 섞은 대중적인 풍자극으로, 19세기 후반에서 20세기 초 사이에 유행하였다.
** 20세기 초 여성 참정권 운동가. 우리말로 바꾸면 '참정권녀' 정도로 볼 수 있다.

편이나 남자 형제, 아버지 등 남성에게 잘 보여야만 했다. 물론 여기서의 모순은 자유와 독립을 위해 참정권을 얻어내야 하는 여성들은 참정권을 얻기 위한 활동을 할 수 있는 자유가 필요했다는 점이다. 그리고 참정권을 얻어내기 위해서는 남성들의 심기를 건드릴 수밖에 없었다.

주류 언론이 전달하는 가장 핵심적인 메시지는 여성의 참정권이 남성들의 남성성을 박탈하고, 여성에게 부자연스러운 성 역할을 부여한다는 것이다. 이를 여성들 입장에서 바꿔 말하면 남성들의 특권이 줄어들고, 여성에게 더 평등한 세상이 온다는 의미이기도 하다. 여성의 참정권 획득 과정이 그토록 길고 험난했던 것은 이상한 일이 아니다.

여성주의자들, 그리고 강인한 여성들은 오늘날에도 주류 언론의 조롱거리가 되는 경우가 많다. 여성들 중에는 방어적으로 "나는 페미니스트는 아니지만⋯."이라고 변명하는 경우도 빈번하다. 안타깝지만 일상적으로 조롱거리가 되는 집단과 연관이 없다는 반응은 이해할 만하다. 대부분의 미국인은 남성 지배적 문화가 만들어온 편견 때문에 여성주의 안에 얼마나 다양한 방식과 의견이 존재하는지 전혀 모른다.

사실상 여성주의자임에도 자신의 성향을 부인하는 사람들은 언어적 공격을 인식하지 못하는 경우가 많다. 그들은 스스로를 방어하는 법을 모른다. 그리고 자신에게 긍정적인 영향을 끼쳤지만 지속적으로 왜곡되어온 여성운동을 방어하는 법도 모른다. 때문에 여성주의를 지지한다는 사실을 부인한다. 여성운동에 대한 공격을 막아내는 것은 쉽지 않은 일이다. 여성운동의 역사를 배우고, 위기감을 느낀 남성들이 끊임없이 만들어내는 말과 글을 분석하고, 그 속에 담긴 농담을 가장한 폭력을 깨닫지 않는다면 말이다.

카밀 파글리아Camille Paglia, 케이티 로이프Katie Roiphe 같은 '페미니스트' 작가들은 다른 여성주의자들을 거세게 비난한다는 이유로 집중 조명을 받았다. 보도국 남성들이 "야호! 여자들끼리 싸운다!"며 신나서 외치는 소리가 내 귀에 들리는 것 같았다. 아니나 다를까, 신문과 방송에서는 파글리아와 로이프에 대해 앞다퉈 보도하기 시작했다. 그러나 그녀들이 비판한 사람들의 이야기는 조금도 다루어지지 않았다.

여성 참정권을 위해 노력했던 선조들과 마찬가지로, 남자를 혐오하는 페미라는 비난을 받는 여성들은 자신들을 헐뜯는 사람들(남성이든 여성이든)의 공격에 대항할 기회를 갖지 못했다. 만약 글로리아 스타이넘Gloria Steinem, 수잔 팔루디Susan Faludi, 벨 훅스bell hooks,* 퍼트리샤 아일랜드Patricia Ireland, 캐서린 맥키넌Catherine Mackinnon, 페그 요킨Peg Yorkin 같은 수많은 여성운동가들이 성차별, 인종차별에 대한 관심을 접어둔 채 서로에 대한 비방전을 펼친다면, 아마도 충분히 언론의 관심을 받았을 것이다.

....

* 미국의 여성주의자 글로리아 진 왓킨스Gloria Jean Watkins의 필명으로, 벨 훅스는 자신의 이름을 소문자로 쓰기를 고집한다.

공격 4 "당신은 아마 레즈일 거요."

누구도 부정적인 이름으로 불리거나 혐오(오해)를 받는 집단과 동일시되기를 원치 않는다. 70년대 초반에 나는 정말로 다이크dyke*가 어떤 의미인지 몰랐다. 하지만 역겨워하는 카우보이의 표정을 통해 적어도 바다를 막는 네덜란드의 벽wall을 의미하는 것은 아님을 알 수 있었다.

나아지고는 있지만 이성애자 페미니스트 중에는 여전히, 다른 사람들이 자신을 나쁜 년 혹은 레즈비언으로 볼까 봐 두려워하는 경우가 있다. 나쁜 여자나 레즈비언, 최악의 경우에는 나쁜 레즈비언이라는 오해를 받으면 권력 구조에서 소외되고 내쫓길 것이라고 믿기 때문이다. 여성의 이성애적 정체성에 대해 의문을 던지는 것은 마치 '깜둥이 애호가nigger lover'**와 같이 정치적 도구로 사용될 수 있다. 혐오 받는 소수자 집단과 엮일 수 있다는 위협인 것이다.

1980년대 몇몇 여성들은 전미여성연합National Organizaion for Women: NOW을 레즈비언들이 '장악했다'며 소동을 일으킨 적이 있다. 언론에서는 여자들끼리의(이성애자 여성들과 레즈비언 사이의) '싸움'을 집중적으로 보도했다. 레즈비언 혹은 '레즈비언 지지자'로 낙인찍힐까 봐 집단에 속하기를 꺼리는 것은 이성애자 남

---

* 여자 동성애자를 부르는 속어로, 보통 레즈비언을 모욕적으로 표현할 때 쓰인다. 제방이라는 의미도 있다.
** 흑인을 돕는 백인을 경멸하며 위협적으로 부르는 말로 쓰인다.

성들에게 모든 여성 인권 의제의 결정권을 내어주는 것과 같다. NOW는 그때부터 지금까지 다양한 회원들로 구성되었으며, 그 중에는 물론 남성들도 있다. 여성과 아동에 대한 학대와 폭력, 인종차별, 성차별, 동성애 혐오와 같은 광범위한 주제를 다루는 것은 어떤 성을 사랑하는지와 무관한 문제이다.

상대가 레즈비언이라는 단어로 공격한다면 어떻게 방어해야 할까? 첫째, 상대방에게 공격의 적절성을 증명하도록 해야 한다. 휘파람을 부는 카우보이에게 이의를 제기한 것은 나의 성적 지향과 어떠한 연관도 없었다. 둘째, 게이와 레즈비언에게 우호적인 모든 사람들이 '커밍아웃'하는 것이 아마도 가장 좋은 방법일 것이다. 케빈 클라인의 영화 〈인 앤 아웃〉에서 존경하는 게이 선생님을 위해 학생들이 지지를 표했듯이 말이다.

타인을 조롱하고 놀리는 것은 아동기의 어두운 측면 중 하나이다. 요즘 아이들은 '퀴어, 게이, 호모, 창녀, 색광, 레즈' 같은 말들을 놀이터에서 일상적으로 주고받는다. 성적인 놀림은 폭력이 자라는 토대가 된다. 아이들은 지독한 놀림을 감당할 만큼 여유 있거나 세련되지 않으며, 특히 이런 말들이 경멸받는 집단과 연관될 경우는 더욱 그렇다. 조롱하고 놀리는 행위는 감정적 폭력이며 누군가를 대상화하는 것으로, 놀이터에서부터 근절할 필요가 있다. 아이들에게는 맞서 싸울 수 있는 힘을 길러줘야 한다. 언어적 비방이 얼마나 잔인할 수 있는지, 이를 인식하는 것은 자기방어의 핵심적인 부분이다.

공격 5 "당신 되게 예쁘네요."

내 외모에 대한 그의 한마디는 예쁜 여성들은 '시민권' 걱정을 할 필요가 없음을 내포한다. 또한 전형적인 미국인의 기준에서 보았을 때 예쁘지 않은 여성들만 '페미'가 된다는 의미도 담겨 있다. 당연한 말이지만, 실제의 '페미'들은 다양한 외모를 하고 있다. 현재의 정치사회적 배경에서는 여성의 외모가 아름다운지, 아닌지가 여성의 행동보다 더 큰 의미를 지닌다.

러쉬 림보Rush Limbaugh* 같은 유의 사람들은 진보 성향의 사람들에게 '정치적 올바름'을 강조한다며 비난하는 한편, 여성들에게 늘 '육체적·미적 올바름'을 논쟁의 기준으로 삼는다. 러쉬 림보가 여성의 외모를 지적하는 것은 필리스 슐래플리Phyllis Schlafly**가 공공장소에서 발언하는 여성들을 비난하는 것처럼 비합리적인 일이다. 그러나 여성의 외모에 대해 유난을 떠는 것은 보수적인 사람들만이 아니다. 중도 성향 혹은 진보적인 사람들도 여성의 외모에 집착하기는 마찬가지이다. 그래서 힐러리 클린턴이 머리 모양을 바꿀 때마다 언론에서 폭발적인 반응을 보이는 것이다. 그래서 O. J. 심슨을 기소했던 여검사의 의상과 헤어스타일이 집중 조명을 받은 것이다. 페미니스트이자 자선가인 페그 요킨이 여성운동을 위한 기부금 중 가장 큰 액수인 1천만

....

* 미국의 보수적 성향이 강한 방송인이자 정치 평론가.
** 미국의 극우 여성 활동가이자 논객.

달러를 기부했을 때, 언론에서 다름 아닌 그녀의 얼굴 표정을 기사화했던 것도 마찬가지 맥락이다.

여성이 사회에 대해 비판적 발언을 할 때 그녀의 얼굴이나 차림새를 지적하면서 관심을 다른 곳으로 돌리는 것은 정치적으로 유용한 전략이다. 1994년, 안젤라 데이비스Angela Davis는 한 강연에서 사람들은 자신이 혁명가이자 활동가 그리고 용감한 한 개인으로서 이룬 모든 일들보다 자신의 '아프로*' 헤어스타일을 기억한다고 말했다. 그녀의 외모(그녀의 사상이 아니라)는 그녀의 주장을 무력화하는 수단으로 사용되었다.

공격 6 "남자 친구만 있으면 되겠어요."

남자 친구만 있으면 된다고 한 카우보이의 말에는 나의 존재 가치를 축소, 폄하하고 가르치려는 의도가 담겨 있다. 남자 친구는 소중한 존재일 수 있지만 모든 문제에 만병통치약은 아니다. "오랫동안 성관계를 못 해서 그래."라는 말은 "남자 친구만 있으면 되겠어."라는 말의 다른 형태이다. 믿기지 않을지 모르지만, 여성 인권을 위해 싸우는 여성들 중에는 남자를 갈구하지 않는 여성들도 있다. 정의와 평등에 목말라 있을 뿐이다. 굉장히 다른 두 가지 대상을 혼동하지 말자.

카우보이에게 남자 친구가 있다고 대답한 나의 거짓말에는

....
* 흑인들의 둥근 곱슬머리 모양.

두 가지 이유가 있었다. 첫째, 나에게 '추파 던지는' 것을 더는 받아주기 싫었기에 일종의 자기방어였고, 둘째, 내가 '궁한' 입장이라고 생각하지 않기를 바랐기 때문이다. 남편이 없다는 것은 수세기 동안 여성에게 사형 선고나 마찬가지였다. 나아지기는 했지만 남편이 없다는 사실을 심하게 부끄러워하는 여성들은 요즘에도 존재한다.

"남자 친구가 없는 여자는 마치 자전거가 없는 물고기와 같다."* 그때 카우보이에게 이런 말을 하고, 그의 눈빛이 흔들리는 모습을 봤더라면 좋았을 것 같다. 아쉽게도 당시에는 이런 표현을 알지 못했다. 그 후에도 나의 대학 시절에는 이 간단한 말이 유용했을 순간이 몇 차례 더 있었다.

공격 7 "짜증 내니까 귀여운데? 너무 감정적으로 반응하진 마요."
카우보이의 요지는 과연 무엇이었을까? 나의 외모, 태도 혹은 감정 상태를 지적하는 말은 거만하고 모욕적이며 방어적인 반격 중 하나였다. 그는 최소한 나만큼 감정적으로 반응하고 있기도 했다.

당신에게 너무 감정적이다, 너무 이렇다 저렇다 하고 말하는 사람들을 조심해야 한다. 당신이 말하는 방식을 비판하는 사람은 대체로 회피하려는 의도를 가지고 있으며, 당신의 말을 듣고

---

* 물고기에게 자전거가 아무런 의미가 없듯이, 여성에게 남성이 꼭 필요하지 않다는 의미를 담고 있다.

싶지 않은 상태이다. 똑같은 말을 더 냉정하게 하더라도 그 사람들은 듣지 않을 것이다.

공격 8 "재수 없게 굴지 마요."
재수 없게 구는 게 얼마나 좋은 것인지 그때 당시 알았다면 좋았을 것이다(11장 참고).

공격 9 "난 그냥 장난치는 거였어요."
"그냥 장난이었어."는 부적절하게 남의 영역을 침범한 후 자신의 잘못을 축소하고 부인하기 위해 많이들 사용하는 변명이다. 그러나 "그냥 장난이었어."라는 말은 잔인하고 폭력적인 행동을 암시하는 경우가 많다. 백인 우월주의자들은 남부에서 흑인들과 '장난'을 많이 쳤고, 수많은 강간 사건도 '재미'를 조금 보려다가 시작되었다. 약자를 괴롭히는 사람들은 남에게 고통을 주며 장난을 치는 것을 좋아한다. '장난'은 양쪽 모두에게 재미있어야 성립된다.

공격 10 "세상에, 되게 방어적이네."
사실 대화 내내 방어적으로 굴었던 것은 카우보이였다. 하지만 그는 반격을 펼쳤으므로 나는 그 사람이 얼마나 방어적으로 구는지를 깨닫지 못했다. "최선의 방어는 공격"이라고들 한다. 카우보이는 분명히 공격적이었다.

　나는 그를 바꿀 수 있다는 순진한 생각 때문에 방어적이라는 카우보이의 비난에 말려들고 말았다. '초보' 페미니스트로서의 첫 몇 년간은 사람들이 여성해방에 대해 얼마나 부정적인지 전혀 몰랐다. 내가 충분히 예의 바르고 합리적으로 말한다면 누구든 내 관점을 받아들일 것이라 생각했다. 틀린 생각이었다. 지금의 나는 생각이 닫혀 있는 사람에게는 여성주의적 관점을 방어하는 데 많은 시간을 할애하지 않는다.

"싸움은 지혜롭게 선택하라."는 말이 있다. 좋은 자기방어 전략이다. 당신의 이야기를 듣고자 하는 사람들을 위해 에너지를 아껴두는 편이 낫다. 설득 못할 것이 분명한 사람과 논쟁하거나 싸우지 말자. 당신을 지치게 할 뿐이다.

공격 11 "여자애들은 변호사 못 해요. 충분히 논리적이지 않거든요." 남성의 영역에 속하는 논리를 정작 카우보이는 대화 내내 한 번도 사용하지 않았다. 굳이 언급할 필요가 있는지 모르겠지만 여자들은 논리적이지 않아서 변호사를 못 한다는 말은 그 자체로 비논리적이다.

공격 12 볼 꼬집기
큰 사람이 작은 사람에게 하는 볼을 꼬집는 행위는 폭력이 될 수 있다. 카우보이는 자신의 동료나 자신보다 덩치가 큰 사람에게는 절대 같은 행동을 하지 않았을 것이다. 그의 행동은 자신이 나보다 우월하다는 점을 알려주기 위한, 내게 열등하다는 느낌을 주기 위한 행동이었다.

공격 13 "여자는 결혼해서 애를 낳고 남자는 돈을 벌어와야 하고."
남자는 어떻다, 여자는 이렇게 하는 게 맞다는 식의 주장들 자체
가 무의미하다. 엄격한 성별 규범을 가진 사람들과의 논쟁을 피
하라. 대체로 종교적·윤리적 이념에서 온 이러한 논지들은 변화
되지 않는다. 사람들은 스스로 변화를 원할 때에야 비로소 바뀔
수 있다.

공격 14 "여자들은 변호사 못 해요. 할 수 있었다면 몇 명 있었겠지."
당시 나는 그에게 대항할 정보를 갖추지 못한 상태였다. 17년간
교육을 받으면서 나는 여성의 역사나 여성 이슈에 대해서 한 번
도 배운 적이 없었고, 카우보이도 마찬가지였다. 그는 자신이 아
는 여자 변호사가 없다는 이유로 여자 변호사가 아예 없을 것이
라는 잘못된 판단을 했다. 역사, 예술, 과학 등 인간이 일궈낸 다
양한 분야에서 왜 여성들을 찾기 어려운지 알기에는 나는 교양
이 풍부하지 않았고 관련 지식도 부족했다.

　여성들이 이룬 업적이 없기 때문에 교과서에서 여성들을 찾
아볼 수 없는 것일까? 그것은 사실이 아니다. 여성들을 교과서에
서 찾기 힘든 것은 여성들이 무의미하거나 위험하다고 여긴 몇몇
기록자들에 의해 무시되고, 잊혀지고, 생략되었기 때문이다. 왜
내가 여자 변호사를 한 명도 댈 수 없었는지 지금은 알게 되었다.

공격 15 "살만 조금 빼면 아주 좋은 아내가 될 수 있을 거야."

그는 또다시 내 외모와 남성과의 관계로 말을 돌렸다. 두 주제 모두 내가 휘파람 부는 그의 행동에 이의를 제기한 것과 관련이 없는데도 말이다.

몸무게와 미모에 관한 공격은 기분 나쁘라고 하는 것이다.

공격 16 "왜 그래요? 농담 하나 못 받아줘요?"

나의 행동에는 아무런 문제가 없었다. 애초에 그는 농담을 하지 않았다. 나에게 잽을 날리고 있었다. 남성들은 여성에 대한 공격을 농담이라고 포장하는 경우가 많다. 게다가 자신이 여성에 비해서 유머 감각이 좋다고 주장하곤 한다. 자신과 사회 문제에 대해 진지하게 접근하는 여성들은 실제로 유머 감각이 좋더라도 재미없는 사람으로 치부된다. 남자의 비위를 맞추기 위해 재미없는 농담에도 웃어주는 여자들이 아니기 때문이다.

갈수록 많은 여성들이 같은 여성들을 방어하고, 남성들의 행동을 지적하거나 틀에 박힌 생각을 비판하면서 그들의 '장난'을 되받아치고 있다. 그럴수록 몇몇 남성들의 유머 감각이 예전 같지 않음을 느끼게 되는데, 생각해보면 당연한 일이다. 여성들은 아주 오랜 시간 동안 방어적 입장이었지만 남성들에게는 갑작스러운 일이기 때문이다.

* * *

카우보이와의 일화를 떠올리면서 내 자신이 얼마나 성장했는지 느끼게 된다. 수많은 여성주의 사상가들과 활동가들 덕분에 우리 문화 속의 한 여성으로서 내 경험을 분석할 수 있었다. 여성 인권과 시민권에 대해 글을 써온 보물 같은 작가들이 존재한다는 것은 우리에게는 행운이다. 이 작가들은 말과 글로 싸우는 언어의 용사들로 "펜은 칼보다 강하다."는 격언을 몸소 실천하는 지식인이다. 다음 장에서는 우리가 때로 만나게 되는 적대적 언어 환경을 어떻게 이해하고 그 속에서 자신을 어떻게 방어할 수 있는지, 그 과정에서 여성주의 사상가들에게 얻을 수 있는 도움은 무엇일지 탐구하고자 한다.

3부

잠자는 미녀,
내면의 전사를 깨우다

8

아는 것이 무기다

늘 평판이나 사회적 지위를 유지하려 머뭇대는,
신중하고 조심성 많은 사람들은 절대로 개혁을 끌어낼 수 없다.
진정으로 뜻을 세운 사람들은 세상의 어떠한 평가라도
달게 받을 수 있어야 한다.
― 수잔 B. 앤서니(1820~1906, 여성 참정권·노예제도 폐지 운동가)

여성의 역사든 다른 힘없는 집단의 역사든, 역사를 아는 것은 지적 자기방어의 핵심적 무기이다. 지적 자기방어는 법정이나 길거리 혹은 어디에서든 한 집단이 스스로를 방어하는 토대이다. 당신이 '타자'가 되는 경우 방어하는 법을 아는 것은 생존의 문제이기도 하다. 언제 공격의 표적이 되는지, 공개적인 공격, 은밀한 공격 또는 단순한 무지에 의한 공격에 대해 어떻게 방어해야 할지 알아야 한다. 여성의 역사를 살펴보면 반복적으로 나타나는 현상이 있다. 일례로 오늘날 여성주의자들이 받는 조롱은 지난 수십 년간 여성의 참정권을 막았던 사회적 조롱과 다를 바 없다.

안타깝게도 많은 여성들은 여성의 역사에 대해 잘 알지 못한다. 또한 우리 중에는 여성에 대한 문화적 소양이 부족한 경우가 적지 않다. 이로 인해 많은 여성들은 여성의 능력과 업적에 대한 애기를 나눌 때 '무기가 없는' 혹은 '무기를 빼앗긴' 상태, 즉 스스로를 보호하지 못하는 상태에 처한다.

올랭프 드 구즈Olympe de Gouges*의 이야기를 들어본 적이 있는가? 그녀는 교육, 집필, 극작 등의 분야에서 왕성히 활동했으며 전 세계적으로 여성 지위 향상을 위해 헌신적으로 투신했다. 1800년대부터 수많은 페미니스트들은 그녀가 프랑스 혁명 당시 주창한 사상을 따라잡으려고 많은 노력을 기울여왔다. 여성들은 혁명에도 불구하고 현실에서는 남녀가 평등하지 않다는 사실을 오래지 않아 깨달았다. 올랭프 드 구즈는 1791년 '인권 선언'에 빗대어 '여성 인권 선언문'을 만들었고, 이를 이유로 로베스피에르에 의해 처형당했다. 단두대에 오른 마지막 순간, 그녀는 군중 속 여성들에게 질문을 던졌다. "그대들은 혁명으로부터 어떠한 이득을 얻었습니까? 더욱 적나라한 모욕과 경멸을 얻었을 뿐입니다."

자기방어는 사상, 비전, 정의의 옹호를 포함하는 개념이다. 사상은 위험하다. 사상은 사람들을 생각하게 한다. 사상은 우리

----

* 프랑스의 여성운동가이자 시민운동가. 프랑스 혁명이 내세운 자유와 평등이 남성에게만 해당된다는 문제의식을 가지고 '여성과 여성 시민의 권리 선언'을 발표했으며, 로베스피에르의 공포 정치를 공격했다는 이유로 1793년에 처형당했다.

의 열정을 자극할 수도, 우리를 죽게 할 수도 있다. 사상은 우리를 건강하게 하고 목표를 제시하며 변화를 이끈다. 왜 여성들이 수 세기 동안 조직적으로 교육에서 배제되었겠는가? 노예들에게 글을 가르치는 것이 왜 불법이었겠는가? 글을 읽는 행위는 사람들로 하여금 생각하게 하고, 따라서 다루기 어렵고, 건방지고, 거만하고, 무시할 수 없는 존재로 만든다. 사람들은 책에서 봤던 것과 같은 대우를 원하게 된다. 글 읽기를 통해 사람들은 가시적인 존재가 된다.

여성들과 그녀들의 사상은 수 세기 동안 감춰졌고, 이 때문에 우리는 많은 손실을 입었다. 나는 비가시성이 폭력을 야기한다고 생각한다.*

무지가 폭력을 낳는다

여성주의자들과 그 사상에 대해 무지하고 부정적으로 폄하하는 태도는 여성 폭력 문화를 용인하는 태도와 맞닿아 있다. 그것 말고 현재의 성범죄 통계에 대해 달리 어떻게 설명할 수 있을까? 미국에서는 산업화된 그 어떤 국가들보다 강간 사건이 많이 발

---

* 어떤 존재나 사상이 보이지 않게 은폐되거나 억눌리고 폄하되면 이에 대한 무시와 폭력은 그만큼 수월해지기 마련이다.

생한다. 미국은 매우 편협한 지적 환경을 가진 국가이다. 유럽 국가의 지식인들이 별 어려움 없이 수용하는 급진적 사상도 미국에서는 배제되는 경우가 많다.

여성들이 투명 인간으로 치부되는 것을 막기 위해서는 모든 여성들이 '보이고 들려야' 한다. 미인 대회 우승자뿐 아니라 지식인 여성, 책벌레 여성 등 다양한 여성들의 모습이 드러나고, 자신들의 목소리를 낼 권리가 있다. 지식인을 높이 평가하는 다른 나라와는 달리 미국 사회에서의 지식인, 특히 여성 지식인들은 관심을 받지 못하거나 저평가되는 경우가 많다. 미국 여성들 중에는 여성들이 일궈낸 학문적 업적, 특히 여성 인권에 대해 전혀 모르는 경우도 많다. 그녀들은 여성주의자가 되는 것은 매력 없는 여성이 되는 것이라고 믿는다.

인간은 사회적 동물이다. 사회의 애정과 보호를 필요로 한다. 남자에게 매력적으로 보이는 것을 삶의 목표로 여기도록 길러진 여성들, 이들에게 매력 없어 보이는 행동은 매우 위험한 것이다. 매력 없는 여성이 되는 것은 그야말로 사회적 자살과 마찬가지이다. 누군가를 소외시키는 것보다 강력한 무기는 없다. 수세기 동안 성매매 혹은 가사와 육아 이외에 어떠한 직업 활동도 허락되지 않은 상황에서 여성들이 학문을 추구하기란 어려운 일이었다. 여성들은 엄청난 투쟁의 결과 경제적 독립을 얻어냈고, 그 어느 때보다 직업을 선택할 수 있는 기회가 많아졌음에도 불구하고, 여전히 학문을 추구하기에는 어려운 환경에 살고 있다.

아직도 많은 미국 여성들은 페미니즘에 대한 두려움을 갖고 있다. 대부분의 여성들은 갈등이 생길 것 같은 상황이나 갈등을 일으킬 것 같은 '사람들', 즉 여성주의자들과 엮이고 싶어 하지 않는다. 이것은 단순한 우연이나 개인적 문제가 아니다. 우리는 육체적으로든 지적으로든 우리의 사상과 믿음, 권리를 위해 싸울 준비가 되지 않았다. 싸우는 것은 매력적이지 않기 때문이다. 그러나 여성들이 '싸움'을 꺼리면 잘못된 역사가 되풀이될 가능성이 높아진다. 우리가 스스로의 목소리를 내기 위한 싸움을 못하거나 하지 않기 때문에, 그리고 서로의 권리를 위해 싸우려 하지 않기 때문에 그동안 역사는 여성들을 배제할 수 있었다.

나의 친구이자 로스앤젤레스 지역 최초의 자기방어 지지자 중 하나인 베티 브룩스 박사는 내게 여성 참정권 운동가이자 여성 인권 활동가인 마틸다 조슬린 게이지Matilda Joslyn Gage에 대해 꼭 알려주고 싶어 했다. 나는 한 번도 게이지에 대해 들어본 적이 없었는데, 그녀 역시 여성들의 신체적 자립을 중요하게 여겼다고 한다. 브룩스 박사는 여러 번 읽은 듯한, 책장 귀퉁이가 온통 접힌 책을 보여주었다. 호주 작가 데일 스펜더Dale Spender의 『생각하는 여성: 그리고 그녀들이 남성에게 당한 일』이라는 책이었다. 브룩스 박사는 그 책에서 처음으로 마틸다 게이지의 사상을 접했다고 했다. (이 책은 절판이 되었다.) 이 책은 사회운동, 연설, 연극, 팸플릿 혹은 책 등을 바탕으로 지식인 여성들의 '실종'된 사상을 다룬다. 여성들은 우리가 공동으로 일군 수많은 지식을 방어하지도, 보호하지도 못했다.

나는 브룩스 박사에게 책을 빌려 마틸다 게이지에 대한 부분을 읽고는 현대적이고 급진적인 사상에 놀라지 않을 수 없었다. 그녀와 동시대를 살았던 수잔 B. 앤서니Susan B. Anthony와 엘리자베스 케이디 스탠턴Elizabeth Cady Stanton*은 보수적인 여성들에게 게이지의 사상이 알려지면 여성 참정권 투쟁에서 패배할지 모른다는 두려움을 갖고 있었다. 두 사람은 게이지의 연구가 제도권에서 '사라지는' 과정에 일조했다. 그녀들의 선택이 옳았는지 틀렸는지는 알 수 없는 일이다. 한 여성의 사상 때문에 모두가 소외되지 않도록 게이지를 버렸던 그녀들의 선택은 정치적인 것이었다.

무지와 무시의 전략에 맞서야 한다

마음과 육체 그리고 영혼, 이 셋 모두를 방어하는 법을 배우는 것은 여성들이 시민권을 보장받기 위해 꼭 필요한 부분이다. 이 세상은(다른 말로 하면 남성들은) 여성이 없이는 더는 이 지구상의 삶을 제대로 감당할 수 없다. 여성이 책임자의 위치에 서려면 반드

....
* 19세기 노예제 폐지와 여성 참정권 확보를 위해 헌신한 여성운동가들. 특히 게이지는 성경을 여성주의 입장에서 비판하는 입장에서 더 나아가 그녀의 저서 『여성, 교회와 국가』를 통해 기독교를 넘어 여신을 찾아야 한다는 급진적인 주장을 펼쳤다.

시 투쟁이 필요하다. 그것이 가족 내에서든, 대학에서 여성학을 공식 학과로 인정해달라는 차원의 투쟁이든, 유엔회의 등 국제적 차원의 투쟁이든 말이다. 남성들은 기득권을 나누면서 얻을 수 있는 것이 너무나 많은데도, 그 점에 동의하지 않고 있다. 그들은 권력을 나누면 모든 것을 잃을 것이라 생각한다. 그러나 나는 반대로, 그들이 권력을 나누지 않으면 모든 것을 잃을 것이라고 말하고 싶다. 여성들이 받은 만큼 되돌려주겠다는 태도로 남성들을 공격해서가 아니다. 여성의 경험과 지성이 동원되지 않고서는 파국으로 치달을 수 있는 상황이기 때문이다. 중요한 해답을 찾는 모든 과정에 여성들이 참여하는 것이야말로 궁극의 자기방어이자 우리가 살고 있는 이 행성을 지키는 방법이기도 하다. 여성들은 깨어나야 한다. 깨어나 홀로 혹은 함께 힘과 권력에 대해 배우지 않으면 심각한 후폭풍을 맞을 것이다. 남성들이 순순히 권력을 내놓지는 않을 것이다. 그런 일은 이전에도 없었으며 앞으로도 그럴 것이다. 여성들 스스로 권력을 쟁취해야 한다.

이 과정에서 저항이 없으리라는 것은 순진하고 위험한 예측이다. 여성들은 순진무구한 존재가 되도록, 부당함을 무시하도록, 마냥 좋은 점만 보는 '폴리애나'*가 되도록 훈련받았다. (폴리애나는 물론 용기 있는 인물이다.) 그런 만큼 여성들은 정치적 의견을 드러내거나 혹은 아이들과 세트로 치부되기를 거부할 때 부

....
* 미국 아동 소설의 주인공으로 매우 낙천적인 성품을 지녔다.

정적인 반응이 돌아올 것임을 예상해야 한다. 성별을 불문하고 사람들은 변화를 불편해한다. 그 변화가 자신들의 신분, 특권 혹은 돈을 앗아갈 수 있다면 더더욱 배타적이 된다. 그들은 최선을 다해 변화에 맞설 것이며, 이를 결코 과소평가해서는 안 된다. 그들은 당신의 아픈 곳을 가격할 것이며, 거짓을 늘어놓고 당신의 의도와 당신의 성 정체성을 곡해하고 의심할 것이다. 또한 자신들이 싫어하는 모든 사람들과 당신을 동일시할 것이다. 그리고 사회운동에 있어 가장 치명적인 전략, 즉 당신을 '사라지게' 만들고, 무시하고, 아무것도 아닌 사람처럼 대할 것이다. 특히 당신이 여자라면 말이다. 지배하는 자는 무시할 수 있는 권력을 가진다. 그리고 무지와 무시는 굉장히 강력하고 치명적인 전략이다.

　여성운동의 영향력을 차단하고, 무시하는 방법은 무엇일까? 간단하다. 책을 출판하지 않거나, 출판했다 하더라도 증쇄를 하지 않으면 된다. 도서 구매를 담당하는 도서관 사서라면 "이 여성주의 책은 일반적인 관심사가 아니다."라고 판단할 수 있다. 그러면 직접 책을 살 형편이 안 되는 사람들은 그 책을 접할 수 없게 된다. 보조금 담당자라면 잘 이해도 안 되고 관심도 없는 여성 프로젝트에 기금을 배분하지 않을 수 있고, 젠더 연구는 진정한 학문이 아니라고 끊임없이 주장할 수도 있다. 방송국을 운영한다면, 여성 논객이나 여성주의적 해설자들을 고용하지 않을 수 있다. 편집자라면 여성에 대한 기사 혹은 여성이 쓴 기사가 흥미롭지 않다고 결정할 수도 있다. 혹은 사실 유무와 상관없이 "이 기사는 너무 신랄하군." 하며 빼버릴 수 있다. 여성주의에 반대하는 이들에게는 말할 기회를 주면서 정작 그들이 공격하는 여성주의자들의 의견은 보도하지 않을 수도 있다. 또한 페미니즘을 농담으로 치부하며 조롱하고, 여성들에게 페미니즘이 매력적으로 보이지 않도록 할 것이다. 정의를 위해서라면 사회운동에 적극적으로 참여했을 만한 여성들에게 말이다. 여성운동에 대한 무시는 이처럼 간단하다. 음모론까지 거론할 필요도 없다. 엘리트 남성들끼리 모여 음모를 꾸미는 위원회가 있는 것도 아니다. 그저 지금의 상황만으로 충분하다. 이런 일들이 언제쯤 과거가 될 수 있을까? 언어의 전사들, "조용하지 않은 여성"들이 살아남았다는 사실 자체가 기적이다.

언어의 전사들이 쓴 책을 탐독하라

혼자일 때 육체적, 지적으로 방어하는 것은 더욱 어려워진다. 남성 권력 구조에 도전했던 여성들은 비공식적으로 이단 취급을 받았다. 더는 화형에 처해지지 않지만, 우리는 여전히 이단아들을 조롱거리로 혹은 너무 과격한 사람으로 간주한다. 그들의 업적을 발견하기도 어렵다. 『아메리칸 헤리티지 영어사전』에는 '이단heresy'을 "1. a. 기존의 종교적 신념과 모순된 의견이나 주장, 특히 신도이거나 침례 의식을 거친 교인이 로마 가톨릭 교리를 거부하거나 의견 차이를 보이는 것. b. 다른 의견이나 신념을 강하게 고수하는 것. 2. a. 정치, 경제, 과학 또는 다른 영역에서 논쟁적이거나 정통이 아닌 의견이나 주장. b. 정통이 아닌 의견을 강하게 고수하는 것."이라고 설명한다. 오늘날 남성 권력은 정통성을 지닌 것으로 간주되며, 이에 반대하거나 바꾸려고 도전하는 사람은 개념상 이단아가 된다. '남자만'의 규칙을 실현하는 사회적, 종교적 집단은 로마 가톨릭만이 아니다.

가능한 한 많은 책을 읽는 것, 이는 스스로를 무장하는 방법이다. 메릴린 프렌치의『권력을 넘어서: 여성, 남성 그리고 도덕에 대하여』, 글로리아 스타이넘의『일상의 반란』, 안드레아 드워킨Andrea Dworkin의『여성 혐오』, 그리고 수잔 팔루디의『역풍: 미국 여성을 향한 선포되지 않은 전쟁』등은 나에게 언어적 전투성을 일깨운다. 이러한 책을 통해 성차별주의에 대한 분노가 되살아난다. 벽에 머리를 부딪치는 것 같은 충격을 받고 몇 년이 흐른 뒤, 나는 여성주의자로 다시 태어날 수 있었다.

글로리아 스타이넘은 페미니스트 정치학에서 흔치않은 지위를 갖고 있다. 그녀는 여성운동계에서 전 국민이 아는 사실상 유일한 사람으로, 오랫동안 여성들을 위한 기준을 세워나가고 있다. 스타이넘은 영리하고 재미있으며 자신의 생각에 대한 방어, 폭력으로부터의 자기방어에 대해 많은 것을 알고 있다. 또한 사람들이 이해하기 쉽도록 유머를 사용하는 능력도 뛰어나다.『남자가 월경을 한다면』이라는 스타이넘의 에세이를 읽지 않았다면 꼭 읽어보았으면 한다. 이 책에서 스타이넘은 남성과 여성의 성별을 바꾸는 설정을 통해 남성이 월경을 한다면 월경을 '저주'로 보는 대신 생리대의 크기나 생리의 양을 자랑할 것이라고 말한다. 스타이넘이 여성의 역할에 전형적인 남성의 태도를 대입하자, 여성들이 정상적인 것으로 받아들였던 관습들은 돌연 우스꽝스러운 것이 되었다.

스타이넘의 『내부로부터의 혁명: 자부심에 관한 책』[*]은 여성주의 문화, 특히 미국 동부[**]의 페미니스트들에게 공격을 받았다. 스타이넘의 저서에 대한 비판은 근래의 어떤 여성주의 책들보다 관심을 끌었다. ("와, 여자들끼리 싸운다."는 소리가 멀리서 들리지 않는가?) 자전적 내용을 담은 『내부로부터의 혁명』은 왜 비난받아야 했을까? 학술 서적이라면 그럴 수 있겠지만 누군가의 경험을 담은 기록이다. 누가 경험을 비판할 수 있을까?

『내부로부터의 혁명』에서 묘사한 스타이넘의 내면 탐구는 학문적 틀에 집착하는 일부 여성들에게는 너무도 비학술적이며 너무도 여성스럽고, 너무도 '서부적'이었다. 일부는 이 책이 전형적인 여성성에 대한 일반인들의 생각을 강화한다고 비판했다. 나는 어떤 남성이 "남성들에 대한 잘못된 생각을 전달한다."고 어떤 책을 비판하는 것을 상상하기 어렵다. 당신은 어떠한가? 암

....

[*] 국내에는 '셀프 혁명'이라는 제목으로 소개되었다.
[**] 세련되고 지적으로 더 정교하다는 의미로 쓰였다.

고양이 싸움 증후군*이라는 말에 휘말리지 말자. 누구도 모든 여성을 대변할 수 없으며, 우리 모두는 서로 다르다.

여성주의의 상징이자 급진적 지식인인 안드레아 드워킨은 미국 내 어떤 여성주의자들보다 많은 비난을 받았다. 그녀는 대중의 희생양이었다. 지식인으로서의 삶과 운동을 위해 헌신적으로 노력해온 드워킨은 자신의 저서와 믿음을 위해 목숨까지 걸어야 했다. 지식인으로서의 삶과 물리적 삶이 어떻게 긴밀하게 얽혀 있는지 보이는가? 위험한 상황에 기꺼이 자신을 던지고자 한 드워킨은 가장 용감한 여성들의 대변인이다. 그녀의 사상은 언제나 신랄하다. 결코 '온건'하지 않으며, 그러려고 한 적도 없었다. 그녀의 재능은 온건함이 아닌, 젠더 정치학과 경제학, 그리고 생존의 한가운데를 관통하는 언어와 사상을 만들고자 하는 의지에 있다. 포르노그래피에 대한 그녀의 연구와 성 산업의 일상적 인권침해에 대한 이론은 널리 읽혀야 한다.

사실 그녀의 사상은 드워킨, 캐서린 맥키넌 등 반-포르노 페미니스트와 소위 자유주의 페미니스트들과의 '내전'으로 주목받았다. 드워킨과 맥키넌은 러쉬 림보**가 사용한 이른바 그 대단한 말인 '페미나치Femi-Nazis'***가 되었다. (여성주의자가 그처럼 파급력

---

* 여성들 간의 싸움을 부정적으로 이르는 말로 여왕벌 신드롬이라고도 표현한다.
** 재치 있는 언변과 극우적인 정치 성향으로 유명한 미국의 방송인.
*** 1983년 정치 평론가 밥 블랙이 만든 말로, 여성 우월주의의 극단적인 형태로 전투적인 여성주의, 남녀 역차별론자 및 그와 같은 견해를 가리킨다.

있는 매체에서 다뤄진 적이 또 있을까? 림보에 맞설 수 있는 여성 정치인이 과연 있는가?) 포르노그래피는 매우 논쟁적인 주제로 사람들의 삶과 실제적인 폭력, 그리고 엄청나게 큰 경제적 이권이 뒤얽혀 있다. 그러나 언론에서 다뤄진 것은 여성들 간의 차이일 뿐 사상의 본질이 아니었다. 드워킨과 다른 여성주의자들 간의 표면적 '싸움' 너머에 있는 진정한 문제를 이해하는 사람은 많지 않다.

드워킨의 『포르노그래피: 여자를 소유하는 남자들』은 그녀를 논란에 휩싸이게 한 저서이다. (무엇이 심각하고, 무엇을 무시해야 하는지 결정하는 힘을 가진) 『뉴욕타임스』에서는 그녀의 책을 한 번도 다루지 않다가 이 책에 대한 비평을 첫 기사로 냈다. 편집자는 드워킨이 우익 세력과 연합했다며 책을 냉혹하게 비판한 한 여성 평론가에게 평론을 맡겼다. (여성을 내세워 여성에 맞서도록 하는 것은 남성들이 선호하는 방식이다.) 나는 순진하게도 "그래도 그 논쟁 때문에 책 판매량이 늘지 않았어요?" 하고 물었다. 드워킨은 그렇지 않다고, "일반적인 노이즈 마케팅은 이슈를 만드는 데 효과적이지만, 남성에게 그런 것처럼 여성에게도 같은 원리가 통하는 것은 아닌 것 같다."고 답했다.

데일 스펜더는 『생각하는 여성: 그리고 그녀들이 남성에게 당한 일』이라는 책에서 "여성들의 작업은 '매력적인 요소가 없다'는 식으로 평가 절하되는 경향이 있다."고 지적한다. 여성 지식인들의 연구에 대한 비평은 초점을 벗어나거나 편향 혹은 오독되고, 거부감 또한 커서 "세상에, 이 책 정말 읽을 만한데!"라고 평가받는 책이 있다면 그건 기적이라는 것이다. 스펜더는 "비판받았던 여성 저서들 대부분은 매혹적이며 정보가 풍부하다. 잘 쓴 책들이다."라고 평가했다. 빛을 보지 못한 수많은 작품들은 그럴 만해서가 아니라 그 존재 자체가 너무 위협적이기 때문이다.

동의하지 않더라도 급진주의자를 옹호하라

정치꾼들은 유권자들을 지키려 하지만 작가, 운동가, 철학자들은 자신의 사상을 지킨다. 어떤 이들은 사상 자체만을 생각하기도 하고 일부는 사회를 변화시키려 노력한다. '독립선언문'의 배경이 된 사상도 한때는 지나치게 급진적이라고 치부되던 것이었다. 스타이넘이나 드워킨, NOW의 의장이었던 퍼트리샤 아일랜드 등은 사회에 급진적이지만 실은 상식적인 주제를 던진다.

이 여성들은 언제나 공개적으로 여성을 방어하는 최전선에 있어왔고, 또 여전히 그 자리에 있다. 이제는 자리를 바꾸어 우리가 그들을 옹호해야 한다. 그들의 생각에 동의하는지는 그다지 중요하지 않다. 우리는 그들을 향한 비평 속에 숨겨진 의미를 읽을 필요가 있다. 우리는 시민으로서, 두려움 없이 글을 쓰는 그들의 권리를 옹호해야 하며, 페미니스트 공동체 안에 존재하는 다양한 의견 차이도 감사해야 한다.

우리가 그들을 감싸지 않는다면, 그들이 계속 공격받는 동안 침묵을 지킨다면, 결국 점점 더 많은 사상이 사장되는 환경을 만들게 될 것이다. 지금은 그들의 사상이 급진적으로 보일 수 있지만, 20년 내에는 매우 정상적이거나 '당연한' 것이 될 것이다. 더는 소위 급진적인 것에 대해 공포를 갖거나 냉담한 태도를 견지해서는 안 된다. 급진적인 사상에 대한 지적 두려움은 결과적으로 여성 폭력을 용인하는 문화에 잠식당할 수 있다.

분열시켜 정복하는 것. 그것은 오래된, 정말로 오래된 속임수이다. 남성들은 항상 서로를 공격하고 서로의 생각을 공격한다. 그러나 누구도 "남자들이 얼마나 교활한지 보여? 남자들은 잘 어울리지 못하잖아?"라고 말하지 않는다. 여성들을 지적으로 분열시켜 정복하는 전략. 이 전략은 다른 여성들이 어떻게 여성들을 대변하는지, 어떻게 대중에게 비춰지는지에 대해 지나치게 걱정하게 만든다. 어떤 여성주의자가 공격당할 때 나 역시 염려하곤 한다. "그녀에 대해 어떻게 생각하느냐?"는 질문을 언젠가는 듣기 때문이다. 부당하지만 사실이다. 여성에게는 아직, 단지 사람이 될 자유 그리고 자신의 고유한 생각을 가질 자유가 없다.

여성주의자들 간의 차이는 여성들이 지적 담론을 할 수 없고, 리더가 될 수 없으며, 시민이 될 수 없는 증거인 것처럼 여겨진다. 동부의 페미니스트는 서부의 페미니스트를, 학계의 페미니스트는 현장의 페미니스트를, 여성의 힘을 강조하는 페미니스트는 피해자나 약자임을 강조하는 페미니스트를 경멸한다고 한다.

이런 갈등이 진짜인지 조작된 것인지 아니면 둘 다인지 누가 알수 있겠는가? 내가 아는 것은 자유롭게 차이를 비교하고 생각을 나누는 것보다는 여성들 내부의 갈등에 초점을 맞춘 책이 더 많다는 사실이다.

여성들의 뉴스는 어디에 있는가

민주사회의 언론은 이상적으로는 지배 집단의 관심 이상의 것을 다루어야 한다. 그러나 객관적이라 주장하는 언론은 자주 편파적이다. 다수의 주요 관심사 혹은 여성이나 소수자의 관심은 도외시하고 중상류층 남성 관객의 취향을 따른다.

방송과 언론은 '일반 대중'의 것이라고 하지만 자유롭게 말할 권리, 그러니까 논쟁적 주제를 둘러싼 모든 다양한 의견을 전할 권리 같은 것은 존재하지 않는다. 뉴스에서 사라진 이야기들과 삭제된 관점은 너무도 많고, 이를 위한 싸움은 여전히 힘겹다. 무엇인가 이미 사라진 상태라면, 애초에 사라진 그것이 무엇인지 어떻게 알 수 있겠는가?

적어도 대중들이 사라진 뉴스가 무엇인지 알기 위해서는 매체에 대한 접근이 가능해야 한다. 일례로 지난 20년 동안 주요 언론들이 "페미니즘은 죽었다."는 제목의 수많은 기사를 내보낸 상황에서 여성주의가 다행히도 잘 유지되고 있다는 사실을 과연 누가 알겠는가? 언론은 여성운동을 조롱하고 무시하는 의견을 편파 보도가 아닌 것처럼 꾸밀 '자유'가 있지 않은가?

여성들이 어디에 있는지 묻기 시작해야 한다. 다수의 여성 작가들은 어디에 있는가? (한 편집자는 나와 이름이 같은 '엘렌'이라는 사람의 책을 정기적으로 출판한다는 이유로 내 책의 출판을 거절한 적이 있다.) 기사에 인용할 수 있는 여성 전문가들은 어디에 있는가? 여성들의 대회가 열리고 있는데, 이에 대한 기사는 왜 보이지 않는가? 여성들은 어디에 있는가? 그녀들은 왜 사라졌는가? 우리의 알 권리를 지키고자 한다면, 위험을 무릅쓰고라도 강력히 요구하고 고집스럽게 주장해야 한다. "너처럼 별 볼 일 없는 사람이 페미니스트 이슈 같은 걸 가지고 뭐하는 거야?" 혹은 "네 입장이 그렇다면 나는 반대로 악마의 변호인* 역할을 해야겠어." 라는 말들에 위축되지 말자.

자원을 현명하게 활용하는 것 역시 지적인 자기방어의 한 부분이다. 진심으로 대화에 참여하는 사람과 그렇지 않은 사람을 구분하는 것인데, 소위 악마의 변호인 역할을 하더라도 토론 이슈를 명확히 알고 진지하게 접근하는 사람도 있고, 당신을 조롱하고 함정에 빠트리기 위한 사람도 있다. 당신의 논지를 명확히 하라.

....

* 토론을 활성화하기 위해 고의적으로 반대하는 역할을 하는 사람.

미스터 허풍쟁이 퇴치하기

대화에서 자신의 생각을 솔직하게 드러냄으로써 상대를 언어적으로 무장해제시킬 수 있다. 다음은 여성과 관련한 사안을 두고 진지하게 토론하는 여성들을 제압하려던 한 남성의 이야기이다.

몇 해 전, 남편과 나는 신세 진 적이 있는 한 커플과 가까운 친구들을 초대해 독립기념일 파티를 열었다. 커플 중 남성은 남편과 사업적인 관계를 트려고 놀라울 정도로 집요하게 굴었다. (한편 대부분의 사람들은 여성의 집요함을 견디지 못한다.) 그는 이제껏 우리 부부가 만나본 사람들 중 가장 대책 없고 거만하며 바보스런 허풍쟁이 중 하나였다. 그는 말 그대로 옆에 착 붙어서 남편의 시간과 에너지를 독점했다.

그사이 친구 킴벌리와 나, 그리고 다른 두 사람은 여성에 대한 진지한 대화를 나누었다. 우리는 산아조절부터 인공유산에 이르는 여성의 권리에 대해, 그리고 미국의 판례법이 변화된 과정, 모든 피임을 불법화하고자 하는 일부 근본주의자들에 대한 얘기, 포르노그래피와 이를 둘러싼 헌법적 이슈 등에 대해 이야기했다. 킴벌리는 UCLA 대학을 우등으로 졸업한 지 얼마 되지 않던 때였고, 나 역시 쉽게 수그러드는 사람이 아니었다. 둘 다 토론 이슈에 대해 잘 알고 있었다. 남편은 우리 테이블로 와서 토론하는 것을 듣고 싶어 했다.

미스터 허풍쟁이도 남편을 따라와 털썩 앉더니 우리가 나누던 대화를 통제하려 들었다. 그는 충분히 듣지도 않고 대화에 끼어들려 했고, 우리가 대화를 멈추고 그의 말을 따르지 않는 것에 적잖이 놀라워했다. 우리는 그의 존재를 거의 인정하지 않았고, 남자 그룹에 섞였을 때 여성으로서 무시당하는 것만큼 그의 말을 무시했다. 그는 그런 상황을 참을 수 없어 했고 점점 격분하며 더욱 크게 말했다. 드디어 그는 자신이 악마의 변호인 역할을 하겠노라고 선언했다.

그의 이야기가 장황하게 시작되기 전에, 나는 깊은 숨을 들이마신 뒤 얘기를 꺼냈다. "당신은 자신이 누구라고 생각하세요? 여기 모인 사람들이 이 주제에 대해 몇 년을 연구했는지, 얼마나 많은 자료를 읽었는지, 얼마나 헌신적으로 매달려왔는지 알고 있나요? 우리는 당신이 악마의 변호인 역할을 하는 걸 원치 않아요. 당신은 마치 우리가 이 이슈를 깊이 생각해보지 않은 무식한 소녀들이라고 여기는 것 같은데, 당신이 우리가 미처 생각 못한 것을 생각하도록, 객관적일 수 있도록 도울 수 있다고 생각하세요? 그렇게 믿는 근거가 있나요?" 그는 나의 '비숙녀적인' 행동에 놀라 할 말을 잃었다.

"슐라미스 파이어스톤Shulamith Firestone, 오드르 로드Audre Lorde, 안드레아 드워킨, 캐서린 맥키넌의 책 중 혹시 읽은 책이 있어요?" 킴벌리가 물었다.

그는 "아니요. 그렇지만 저도 제 생각이 있습니다."라고 답했고, 나는 "그냥 듣고 계시는 편이 더 좋을 것 같습니다." 하고 응수했다.

별 관련 없는 남성에게 마음속에 있는 말을 정확하게 한 것은 그때가 처음이었던 것 같다. 상대 남성이 내게 해를 입힐 수 없을 거라는 생각에 용기가 생겼을 수도 있다. 많은 여성들은 자신의 속마음을 말할 경우 남편이나 아버지, 사장에게 질책을 당할까 두려워한다.

내가 스포츠에 관한 서적은 물론이고 운동경기를 본 적도 없는데, 스포츠 관련 토론에 뛰어들어 왕처럼 군다고 상상해보자. 한창 토론이 진행 중이던 테이블에 털썩 앉아 선언한다. "내가 악마의 변호인 역할을 하겠어." 남성들이 고개를 끄덕이며 나의 응석을 받아주고, 열심히 듣고 있노라고 답해주고, 내가 그들의 이야기를 끊고 방향을 틀어버린 것에 대해 고마워할 수 있을까? 절대 그렇지 않을 것이다.

미스터 허풍쟁이에 대한 나의 대응이 혹시 과하다고 생각하는가? 나의 행동으로 남편 사업과 관계된 이를 모임에서 소외시키고, 그 남성이 평생토록 페미니스트를 미워하고, 여성을 비난하도록 만든 것일까? 나의 대응은 좋지 않은 사례였을까? 여성주의자들 중에는 수완 좋고 더 외교적인 사람들도 있는데, 내가 상황을 망친 것일까? "나는 페미니스트는 아닌데 그렇지만⋯."이라는 식으로 말하는 일부 여성들에게 그럴 만한 이유 하나를 더 제공한 것일까?

아니면 당신 역시 늘 직설적으로 말하고 싶었지만 결과가 두려워 말하지 못한 적이 있는가? 상대 남성의 마음을 다치게 하거나 소외시키는 것이 두려워 말을 꺼내지 못했나? 파티에 왔던 그 남자가 마음을 열고 내적 성찰을 할 수 있는 사람이라면 그는 아마도 그 사건으로 무언가를 배웠을 수도 있다. 혹은 워낙에 편집증적이고 여성에게 적대적인 사람이었다면 정도가 더욱 심해졌을 수도 있겠다. 어찌 되었든 변화를 원하지 않는 사람들을 변화시키는 것은 내 몫이 아니다.

우리 파티의 손님이었던 미스터 허풍쟁이는 그날 저녁 석양과 함께 모습을 감췄고, 이후 소식은 듣지 못했다. 나 역시, 특히 손님을 대할 때는 더 외교적이고 예의 바를 수 있다. 그러나 나는 친구들과 공통 관심사에 대해 진지하게 얘기를 나누고 싶었고, 남성들이 끼어드는 것에 지쳐 있었다. 심지어 여성 관련 주제에 대해서도 자신이 더 많이 안다고 믿는 남성들의 거만함에 지쳤다.

그날 밤 킴벌리와 나는 우리의 관심과 열정이 담긴 대화를 나눌 권리를 지키고자 했다. 여성보다 지식이 없다는 사실을 인정하는 남성은 흔치 않다. 많은 남성들은 내용 없이 큰소리쳐도 별 문제가 없다는 것을 이미 경험으로 알고 있다. 이는 계속 모든 걸 아는 체해도 된다는 일종의 권위 의식을 강화한다. 상대를 존중하지 않는 사람들에게 반격하지 않는다면 (여성들이 이러한 위험을 감수하지 않는다면) 여성을 배려하지 않아도 별 문제 없다고 생각하는 남성들을 계속 참아내야 할 것이다.

한 개인의 자아는 마음과 몸, 정신으로 이루어져 있다. 그리고 우리를 이루는 정신의 대부분은 우리보다 앞서간 사람들, 집단으로서의 우리의 경험을 말하고 분석했던 이들과 연결된다. 자기방어 분야에서도 마찬가지이다. 언어적으로 효과적인 자기방어를 위해서는 다른 이들이 성공한 경험을 배워야 한다. 다음 장에서는 여성들이 전사가 되는 데 필요한 언어적 자기방어, 그리고 이와 관련한 경험담을 들어보려 한다.

9

지하철의 나쁜 손, 길거리 언어폭력은 어떻게 대처하는가

> 나는 분노할 권리가 있습니다.
> 누구라도 나한테 그래선 안 된다고, 좋지 않다고,
> 무슨 문제가 있는 거 아니냐고 비난할 권리는 없습니다.
> — 맥신 워터스(캘리포니아 주 연방하원의원)

언어적 자기방어란 무엇일까? 언어적 자기방어는 언어적 혹은 물리적 공격으로부터 스스로를 보호하는 것이다. 귀 기울여 듣는 것, 수화나 몸짓 언어, 얼굴 표정 등이 이에 속하고, 침묵도 포함된다. 이 밖에 언어적으로 반격하거나 막아내고, 모면하고, 비난하고, 상대를 매료시키고, 주의를 돌리게 하고, 관심을 빼앗고, 비위를 맞추거나 논쟁하기 위한 기술이다.

스스로에게 폭력을 막아낼 힘이 없다고 믿는 사람들은 다른 이들의 폭력도 방치하게 된다. 우리는 자녀들은 물론이고 반려동물의 학대를 막기 위해서도 힘을 발휘하면서 왜 스스로에 대해서는 그렇게 하지 못할까? 어떤 사람들은 가정과 직장, 길거리에서의(혹은 어디서 발생하는 것이든) 언어폭력을 참아내며, 자신을 위한 경계 설정의 권한을 스스로 박탈한다.

우리 중 많은 이들은 동화 속 이야기를 들으며 자랐고, 공주가 되기를(권위 있는 왕족이 되기를) 꿈꾸었다. 어쩌면 우리는 공주가 되는 것은 그만두고 여왕이 되기를 꿈꿔야 할지 모른다. 여왕이 보다 권위 있기 때문이다. 여왕은 그녀를 야유하거나 함부로 건드리는 것을 허락하지 않는다. 그리고 만약 그런 일이 생긴다면 거기엔 반드시 부합하는 결과가 따를 것이다.

여왕은 뒤에는 정부를 그리고 옆에는 지혜로운 고문들을 두고 있지만, 우리 같은 '서민들'은 어떻게 해야 할까? 멸시받았을 때 어디서 조언을 구해야 할까? 가해자를 '참수'시키는 것은 21세기를 사는 우리들이 선택할 수 있는 방법이 아니다. 서로 상담하는 것, 성공적인 자기방어 경험을 나누고, 그 이야기들을 다른 여왕들에게 전하는 것, 이것이 우리의 방식이다.

우리는 혼자가 아니다: 폭력에 대한 대처 경험 공유하기

대화 모임이나 나눔 모임은 언어적 자기방어 아이디어를 교환하는 훌륭한 장이다. 총력적 자기방어 수업이 매우 효과적인 이유

중 하나는 수업을 통해 경험을 나눌 수 있기 때문이다. 그러면서 자매애를 느끼고, '혼자가 아님'을 인식하며, 언어적·정서적·물리적 폭력에 대처한 사례를 공유하게 된다.

그러나 모든 사람이 모임에 참여할 수 있는 것은 아니다. 공개적인 자리가 아니더라도 우리는 어디서든 어떻게든 피해 경험에 대해 이야기를 나누고, 서로에게 배우는 과정이 필요하다. 우리 중 대부분은 이른바 "성 대결 전쟁"에서 몇몇 작은 전투들을 경험한 베테랑 용사들이기 때문이다.

우리는 여왕을 비롯해 고위 간부, 청소부 등 다양한 여성들의 이야기에 굶주려 있다. 우리는 대중매체나 오락물에서 남성과 소년들, 심지어 동물에 관한 이야기는 많이 접하지만 정작 우리 자신에 대한 이야기는 많이 듣지 못한다. 모욕적이거나 위협적인 상황에서 다른 사람들이 어떻게 대처했는지 아는 것은 자기방어 훈련에서 매우 중요한 부분이다. 우리는 타인들의 경험을 경청함으로써 무엇을 피해야 할지, 무엇을 시도해야 할지 배울 수 있다.

또한 다른 여성들의 싸움과 승리의 이야기는 우리가 겪은 일들이 '내가 뭔가 잘못해서' 일어난 일이 아님을 알게 해준다. 여성이 겪는 '사적인' 문제들은 여성을 부당하게 대하는 문화와 성차별의 결과라는 것을 깨달아야 한다.

"이 손 주인이 누구죠?": 지하철의 나쁜 손 대처하기

'공격에 어떻게 대응했는가?' 하는 사례들은 삽시간에 퍼져 나간다. 우리는 이런 이야기를 무척이나 듣고 싶어 한다. 내가 처음 뉴욕 지하철 여성의 이야기를 접한 것은 드니즈 케이논Denise Caignon, 게일 그로브즈Gail Groves가 엮은 책, 『그녀의 기지: 여성들의 자기방어 성공 사례』에서였다. 지하철에서 자신의 엉덩이를 만진 남성의 손을 높이 들어 올리고는 큰 소리로 "지금 제 엉덩이에서 손 하나를 찾았습니다! 이 손 주인이 누구죠?"라고 외친 이야기다. 그 뒤 여러 여성들이 이 이야기를 전파했고, 나 역시 그랬다.

북경세계여성대회에 앞서 내가 속한 유엔협회 캘리포니아주 패서디나/샌 가브리엘 지부의 대표단은 중국 일부 지역을 순회했다. 내가 여성의 자기방어를 위해 일한다고 말했을 때 각국의 수많은 여성들의 반응은 놀라움의 연속이었다. 단 한 사람도 이상한 직업이라 여기지 않았을 뿐 아니라, 내가 알고 있는 것을 그 자리에서 가르쳐주기를 바랐다. 광장에서, 비행기나 기차 안에서, 그 자리가 어디든지 나는 사람들에게 간단한 기술을 보여달라는 요청을 끊임없이 받았다.

홍콩에서 광저우로 가는 기차 안에서 이십 대의 젊은 여성 둘은 홍콩의 지하철과 버스에 대한 이야기를 들려주었다. 홍콩의 대중교통은 대부분의 여성들에게 끔찍한 경험이다. 대중교통

안에서 여성들은 사실상 제물이나 마찬가지이다. 여성들의 몸을 더듬고, 찌르고, 꼬집는 남자들의 손을 수없이 겪어야 하기 때문이다. (그 후 나는 이러한 문제가 맨해튼, 홍콩, 멕시코시티, 도쿄 등 대중교통을 이용하는 큰 도시들의 보편적인 문제임을 알게 되었다.) 그녀들은 이런 문제에 대해 체념했다고 한다. 당국에 문제 제기를 해봐도 여성들의 항의는 조롱거리가 되거나 무시당하기 일쑤였다.

한 여성은 다음과 같은 경험을 이야기했다. 한번은 버스를 기다리는데 어떤 남자가 다가와 손을 꼭 잡는 일이 있었다. 그녀는 뭔가 따뜻하고 끈적이는 느낌을 받았다. 중년의 그 남자는 자기 손에다 사정을 했던 것인데, 여전히 성기를 노출시킨 채였다. 그녀는 그 일에 대해 얘기할 때 심지어 몇 달 후까지도 토할 것 같은 느낌을 참아야 했다. 그녀는 절박하게 자기방어에 관해 배우고자 했다. 나는 "지금은 어때요?" 하고 물었다. "좋아요!" 그녀들은 내가 가르쳐줄 수 있는 건 무엇이든 배우고자 했다. 그리고 얼마 지나지 않아 기차 안에 있던 모든 여성들은 "안 돼."라고 소리 지르는 연습을 시작했고, 나는 눈 찌르기와 손바닥 공격술*을 가르쳐주었다.

나는 홍콩에서 온 젊은 여성에게 다음번에 누군가 몸에 손

----

* 뒤꿈치 – 손바닥 공격: 강한 치기 기술 중 하나로, 손바닥과 발의 위치에 따라 공격 속도와 강도가 달라진다.

을 대면 "방금 내 엉덩이에(다른 어디든) 손이 닿았는데, 누구 거죠?"라고 소리치라고, 그러면 주변의 남자들이 재빨리 흩어지는 걸 보게 될 거라고 했다. 그녀들은 '주인 없는' 나쁜 손에 제대로 대처한 이야기를 처음 듣는다고 했다. 기차에 동석한 여성들은 모두 웃음을 터뜨리며 꼭 응용해보겠노라 다짐했다.

폭력에 대한 '응당한 조치', 이에 대해 공유하는 것은 매우 중요하다. 무례하고 외설적인 혹은 위협적인 말을 들었을 때 애원하거나 훌쩍대는 것보다는, 당신도 분명한 말로 언어적 칼을 꺼내 대응할 수 있어야 한다. 피해 상황에서 어떤 방법이 효과적이었고, 어떤 방법이 적절치 않았는지에 대해 어디서든 이야기하자. 여왕들은 언제 어디서든 서로 상의하는 시간을 가질 수 있다.

무시하라는 조언은 무지한 조언이다

"아가씨, 어이, 아가씨, 재수 없는 년! 나랑 말 섞기에는 너무 잘났다 이거지 응? 나쁜 년! 이리 와서 좀 빨아봐!" 제발 이런 방식 말고 좀 더 영리하게 유혹할 수 있는 방법을 생각해보라. 어머니 자연은(여성들은) 당연히 더 괜찮은 짝짓기 기술을 원한다.

여성들은 이와 같은 길거리 언어폭력에 대해 어떻게 대응해야 할지 정확히 알고 있을까? 사실 우리 중 대부분은 그 순간에는 침묵을 지키다 나중에 분노하며 그때 어떻게 했어야 했는지,

뭐라고 말했어야 했는지 연습하는 경우가 많다. 우리의 번득이는 재기는 정말 필요한 순간 어디에 있었나? 상대의 언행이 잘못된 것임을 분명히 알리는 단순한 문장을 왜 떠올릴 수 없었을까? 대부분의 여성들이 자신을 언어적으로 공격하는 남성들을 두려워한다. 만약 자신이 물리적으로 무방비 상태라고 느낀다면 체격이 더 큰 누군가와 직면하는 것은, 특히 공격적인 남성을 상대로 여성이 할 수 있는 것은 없다는 잘못된 믿음을 갖고 있다면 더욱 무서운 일이다.

거리에서 종종 터무니없고 이상한 방식으로 남성들의 관심의 받을 때가 있다. 야유, 입맛을 다시는 동작, 키스하는 소리, 휘파람, 외설스러운 행동, 여성의 몸에 대한 평가, 이 모든 것이 결국 여성의 젠더, 여성의 몸, 남성의 시각에서 규정된 제2의 성으로서 여성의 위치를 끊임없이 상기하게 만든다. 이는 일부 남성들이 여성들에게 분수를 알게 해주려고, 자신들이 원하기만 하면 여성들을 마음대로 할 수 있다는 것을 알리려고 사용하는 방식이다. 그들이 공공연하게 무례하게 굴어도, 비웃고 모욕을 주고 목소리와 말로 여성들을 공격해도, 아무 일도 일어나지 않는다는 것을 알기 때문에 하는 행동이다. 안타깝게도 이러한 생각은 대체로 틀리지 않다. 우리 중에 남성들의 공격에 맞서 자기방어를 시도하는 여성은 극히 소수이다. 다들 알고 있겠지만, 여자들은 그런 공격이 싫다면 "무시하거나 유머 감각이 없는 체하라."는 조언만 줄기차게 들어왔다.

20세기 초의 여성들이라면 불쾌감을 주는 남자를 해트핀*으로 찔렀을지도 모른다. 오늘날의 여성들은 상대가 취한 공격의 유형에 따라 여러 대응 방식을 선택할 수 있다. 우리의 선택지는 우리가 어렸을 때 배운 것보다 훨씬 다양하다.

어렸을 때, 희롱과 괴롭힘을 일삼고 불쾌감을 주는 남자아이들에 대해 어른들이 일러준 대응 방법은 다음과 같은 것이었다.

1. 상대가 그곳에 없는 것처럼 행동해라.
2. 재빨리 걸어서 지나가고 아무 말도 하지 마라.
3. 시선을 돌리고 귀를 닫아라.

다른 말로 하면,
1. 그를 무시해라.
2. 그를 무시해라.
3. 그를 좀 더 무시해라.

상대를 무시하라는 조언은 폭력적인 행동에 대해 어떻게 해야 하는지, 무슨 말을 해야 하는지 모르는 데서 오는, 그야말로 무지한 조언이다. 폭력적인 상대를 단순히 무시하는 것은 좋은 전략이 아니다. 무시하는 전략은 대체로 상대의 불쾌한 행동을

* 모자를 고정시키는 핀.

더욱 강화한다. 여자아이들에게 다른 전략을 허용하지 않는 것은 결국 미래에 좋지 않은 결과로 이어진다. 인생에 연습은 없지만(모든 삶은 진짜이므로), 그나마 우리의 삶을 연습하고 실험해볼 수 있는 시기는 바로 유년기이다.

폭력적인 상대를 그냥 피하기만 한다면, 우리는 결국 대가를 치를 것이다. 또 뜻하지 않게 다른 피해자를 양산할 수 있다.

"다시는 그러지 마!": 길거리 언어폭력 대처하기

1990년대 내 친구인 더스티 킹(그녀는 자신의 경계 설정을 명확히 하는 여성이다.)이 영화 〈브레이브 하트〉를 본 후 막 극장에서 나왔을 때의 일이다. 그녀는 영화 속 스코틀랜드인의 정신과 마침내 이뤄낸 약자의 승리에 감동받은 상태였다. 그녀는 차에 타기 전 자동 입출금기에서 현금을 인출하기로 했다.

은행으로 걸어가는데 한 남자가 벤치에 앉아 있는 걸 보았고, 조금은 위험하다고 느꼈다. 더스티는 자신에게 말했다. "걷고, 걷고, 걷자. 심호흡하고." 그 남자는 적어도 처음 지나칠 때는 아무것도 하지 않았다. 더스티는 현금을 찾은 후 다시 차로 가는 길에 다시 한 번 그를 지나칠 준비를 했다. 그녀는 현금 지급기 앞에 머물면서 만일의 상황에 대비해 열쇠를 손가락 사이에 끼웠다. 걸스카우트와 보이스카우트의 모토처럼 '준비 완료' 태세였다.

아니나 다를까. 더스티가 그 남자를 제대로 보았다. 그녀가 자신에게 가당키라도 한 듯, 그는 예의 그 "이봐, 아가씨."라며 말을 걸었다. 더스티는 그 사람에게 다가가 열쇠를 끼운 주먹을 얼굴에 들이대고, 그녀 깊숙이 자리한 스코틀랜드계 아메리카 원주민의 에너지를 담아 큰 소리로, 두 블록 안에 있는 모든 사람이 들을 수 있도록 말했다. "다시는 나나 다른 여자에게 그러지마!" 그러고는 자리를 떠났다.

나는 현대적이고 자유롭다고 하는 우리 문화에서 그렇게나 많은 여성들이 일상적 위험과 이에 대한 대응책을 걱정해야 한다는 것에 분노한다. 어떤 남자가 자신을 언어적으로 혹은 물리적으로 공격하지는 않을지 끊임없이 걱정해야 하는 현실을 개탄한다. 개발도상국 여성들의 상황은 심지어 더욱 가혹하고 무섭다. 일례로 아프가니스탄에서는 여성들이 남자를 너무 오래 쳐다본다거나 발목이 보이거나 베일로 얼굴을 가리지 않은 채 외출할 경우 물리적 공격을 감수해야 한다. 그 여성들은 감히 자신을 언어적으로 방어해서는 안 된다. 그녀들의 삶은 그야말로 위험천만하다.

그러나 우리는 스스로를 방어할 수 있다. 다만 아이디어와 연습이 필요할 뿐이다. 우리는 어떠한 대응이 효과가 있었는지 서로 공유할 필요가 있다. 우리는 서로 '언어의 칼'로 무장해야 한다.

더스티는 무모했던 것일까? 나는 그렇게 생각지 않는다. 그녀는 자신이 얼마나 신중했는지에 대해 설명했다. 더스티는 상대 남자한테 다가가기 전, 그 사람이 흉기를 소지했거나 위험하지 않다는 결론을 내렸다. 물론 그녀가 틀릴 수도 있었을 테지만, 본능은 불가사의하게도 정확하다. 더스티는 그 사건 뿐 아니라 살아오면서 경험한 수많은 사건들, 즉 추파를 던지고도 벌 받지 않는 남자들에게 화가 났고, 이러한 진절머리 나는 상황은 오히려 그녀에게 힘을 실어주었다.

우리 중 몇몇은 분명 무언가 '문제를 일으킬지' 모른다는 두려움에 더스티와 같은 대응을 망설일 것이다. 사실 벤치에 있던 남자야말로 '문제를 일으킨' 장본인임에도 말이다. 나는 더스티의 대응에 박수를 보낸다. 나는 그 남자가 앞으로 다른 여성들을 상대로 '입맛을 다시는' 행동을 할 때 적어도 한 번은 다시 생각해보게 될 것이라 확신한다. 그러나 모든 여성들이 자기 안의 '더스티'를 끌어낼 수는 없으며, 또 그 방식이 모두에게 맞는 것은 아니다. 더스티의 대응이 당신의 방식이 아니라면 당신의 방식은 무엇인가? 당신이라면 어떻게 했을까?

더스티의 이야기에서 가장 중요한 교훈은 그녀가 인격을 다치지 않았고, 심지어 활기를 얻은 채 그 자리를 떠났다는 점이다. 더스티는 상대 남자에게 상처를 준 것이 아니다. 모르는 여성에게 성차별적으로 접근하는 방식이 잘못됐다고 경고한 것뿐이다. 그는 조금 더 나은 사람이 됐을 수도 있다. 더스티는 뭐라고 얘기를 들을 만큼 고분고분하지도, 결과에 대해 이러쿵저러쿵 따지지도 않았다. 대부분의 여성들은 이런 무례한 언행을 접했을 때 어떻게 해야 할지 모르는 경우가 많다.

더스티는 손에 꽉 쥔 열쇠로 '물리적 검'을, 상대의 반격을 예상하면서 '언어적 검'을 끄집어내었다. 그녀는 준비가 되어 있었다. 왜냐면 그전에 길을 걷다 언어폭력을 당했을 때 다음번에 비슷한 상황이 생기면 어떻게 할지 미리 생각해두었기 때문이다.

거짓말은 자기방어를 위한 재치 있는 전략이다

당신의 안전이 위태로울 때 이를 모면하기 위해 거짓말하는 것은 당연한 권리이다.

"어이, 아가씨, 여기 살아?"

"아니요. 왜 물으시죠?"

"이거 아가씨 차야?"

"아니요."

"이름이 뭐야?"

"린다(진짜 이름은 트루디)."

꼭 그렇게 하겠다고 결정한 게 아니라면, 당신이 질문에 답하거나 진실을 말할 의무는 없다. 당신은 무례할 권리가 있다. 당신은 스스로를 보호할 권리, 불리하게 쓰일 정보를 주지 않을 권리가 있다. 여성들은 이를 알고 있을까? 많은 여성들은 좋은 사람이고자 하는 강박이 있고, 좋은 사람들은 거짓말을 하지 않는다고 배웠다. 부모들은 아이들에게 가르쳐주어야 한다. 단지 나이가 많다고, 키가 크다고, 혹은 심지어 제복을 입었다는 이유로 누군가에게 진실을 말할 필요는 없다는 것을. 가해자들은 거짓말을 일삼는다. (여성과 아이들을 강간하는 이들은 '제복'이 신뢰감을 준다는 것을 이용하기도 한다.) 가정에서는 아이들에게 단지 연장자가 아니라 신뢰 관계의 어른들에게만 진실을 얘기하도록 가르쳐야 한다.

나는 다음번에 모르는 남자가 길에서 불쾌한 말을 하면 그 사람한테 다가가 메모장을 꺼내들고 거짓말을 하리라 다짐했다. 나는 무례한 말을 하는 남자들의 이야기를 쓰고 있다고 할 생각이다. 그리고 그 사람한테 내용을 보낼 수 있는 전화번호도 물으려 한다. 어떤 인터뷰 자료를 받게 될지 흥미진진하다. 사실 나는 그들이 스스로의 행동에 대해 어떻게 생각하는지 관심이 많다. 실제로 그러한 주제로 글을 쓰게 될 수도 있다. 나는 '인터뷰'에 응하는 남자들이라면 스스로 변화할 수 있는 기회를 얻는 것이라고 생각한다. 사람들은 누군가 자신을 알고 싶어 하고 개인 연락처를 물어보면 매우 유순해지고 때로는 친절해진다.

내가 텔레비전 쇼의 현장 감독을 하고 있을 때의 일이다. 그날 촬영은 카메라에 잡히려는 밉살스런 청소년들 때문에 엉망이 되고 있었다. 문제의 그 사람도 주변을 어슬렁거리며 화면에 나오려고 애쓰고 있었다. 그 사람은 우리가 녹화를 시작할 때마다 출연자 뒤에서 팔짝팔짝 뛰곤 했다. 조연출도 그 사람을 막지 못했다. 전문적 자기방어의 차원에서 결국 내가 그 사람에게 다가갔다.

"외모가 참 개성 있네요. 자료로 갖고 있으려고 하는데 혹시 사진이나 이력서 있으십니까?"

내 질문에 그는 "아니요." 하며 갑자기 매우 부끄러워했다.

"너무 안타깝네요. 다음 주 촬영 분에 출연하시면 좋을 얼굴 인데."

그는 "아니에요."라고 중얼거리며 그 자리를 떠났다.

나는 사진이 있으면 좋겠다는 거짓말을 함으로써, 내가 그를 귀찮은 존재가 아닌 하나의 인격체로 본다는 것을 알렸다. 당신 자신과 타인들을 한 '인간'으로 보는 것은 종종 좋은 전략이 된다.

자기방어 수업의 첫 모임에 참여한 한 여성은 자신이 겪은 일을 들려주었다. 길을 가는데 어떤 남자가 노골적으로 거친 언사를 했다. 그녀는 눈길을 떨어뜨리거나 재빨리 지나치거나 혹은 상대를 무시했던 이전의 방식 대신, 그 남자에게 다가가 말했다. "어디서 봤죠? 혹시 여동생이 있지 않나요?" 그 남자는 "예." 하고 대답하면서 멋쩍어했다. 그도 그럴 것이, 그 질문으로 인해 그한테 그녀는 이제 한 인간이 되었기 때문이다. 그녀는 "그럴 것 같았어요. 제가 동생 분을 알거든요. 만약에 우리 오빠가 당신 여동생한테 똑같이 했다면 당신은 아마 싫어하지 않았을까요?" 그는 얼굴을 붉히며 어깨를 으쓱거렸다. 그녀는 폭력적인 언사를 한 그 남자에게 자신의 말에 대한 책임이 있음을 아마도 처음으로 알게 해줬을 것이다.

사실 그녀는 남자에게 거짓말을 했다. 여동생을 알지도 못할 뿐더러 여동생이 있는지조차 몰랐다. 그녀는 매번 같은 방식으로 당한 다음 다음번에 만난 남자에게는 어떻게 대응할지 연습해둔 것이다. 만약 그에게 여동생이 없었다면, 그녀는 자신의 실수를 무마하면서, 다른 친척에 대한 언급이나 잡담으로 옮겨갔을 것이다. 비록 심각하지 않은 상황이었지만 그녀가 그 남자를 맞닥뜨리는 데는 용기가 필요했다. 다소 어렵긴 했지만, 그러한 대면 이후 그녀는 자존감이 높아졌고, 다음에도 똑같이 할 수 있다는 용기를 얻었다. 그녀 또한 자신을 존중하지 않는 사람에게 진실을 말할 필요가 없다는 내 말에 적극 동조했다.

수업에서 공유했던 또 다른 이야기는 길거리의 무례한 언어폭력에 비하면 좀 더 위협적인 사례로, 절대 잊지 못할 것 같다. 잠에서 깬 한 여자가 침대 위에 옷을 벗은 남자가 있는 걸 발견했다. 그녀의 온 몸이 굳어졌고, 남자는 그녀 위로 올라왔다. 그녀는 긴장을 누그러뜨리면서, 그에게 불을 켜달라고, 좀 더 "즐겼으면" 좋겠다고 했다. 그리고 내친 김에 "아래층에 내려가 맥주 좀 가져다줄래요? 밤새 흥청망청 놀아보죠."라고 말했다. 그는 그녀의 말대로 아래층으로 내려갔고, 그녀는 창문을 통해 밖으로 도망쳤다.

그녀의 계산된, 잘 짜인 거짓말, 그녀의 언어적 탄환은 표적을 맞추었다. 그녀는 언어를 이용해 무사할 수 있었고, 그 남자는 여성은 정말로 강간당하길 원한다는 잘못된 믿음의 덫에 걸려들었다. 여성들은 이 사례에서 활용된 전략을 자기방어 아이디

어의 하나로 고려해볼 수 있다. 자기방어 전략에 보탤 또 하나의
무기를 얻게 될 것이다.

어떤 상황에서든 자존감을 지켜라, 설혹 거짓말을 하더라도

거짓말은 자기방어의 훌륭한 선제 전략이다. 만약 당신이 존중받
지 못한다고 느낀다면, 당신을 공격하는 상대에게 당신이 변호사
라고 말해보라. 사실이 아니더라도 한번 시도해보라. 거짓말을 하
는 것이 어렵다면, 가족 중에서 "변호사와 같은 권위"를 당신에게
부여해줄 사람을 찾아보라.

　나는 실제로 개업하지 않은 변호사이고, 적극적으로 활동하
진 않지만 캘리포니아 변호사협회의 회원이기도 하다. 나는 다
양한 직업과 경력을 갖고 있다. 잘 알려지지는 않았지만 집권당
에 속해 있었던 경험도 있고, 내 직업을 무엇이라고 소개하는지
에 따라 어떻게 대우가 달라지는지 그 차이도 경험한 바 있다.

　뉴욕이나 로스앤젤레스에서 내가 '배우'라고 소개하면(실제
로 배우로 활동해왔다.) 사람들은 거의 이상한 눈초리를 하며 얼른
화제를 돌려버렸다. 한편 어떤 행사에서 '전업주부'라고 소개하
면 남자들은 쳐다보거나 질문을 하지 않는다. 아예 고려 대상으
로 여기지 않는다. 그러나 내가 변호사임을 알리면, 세상에! 그
존중의 차이가 얼마나 큰지 모른다. 갑자기 나는 흥미로운 존재,

힘이 있는 존재가 된다. 또한 나는 상대의 행동에 대한 대가를 치르게 할 수 있는, 잠재적으로 위험한 존재가 된다. 물론 나는 역할과 상관없이 여전히 같은 사람이지만 그럼에도 불구하고 사람들은 상대가 무슨 일을 하느냐에 따라, 지위에 대한 인식에 따라 존중의 정도를 달리한다.

다음은 나의 직업이나 경력에 따라 상대의 태도가 얼마나 달라질 수 있는지에 관한 경험담이다. 한번은 병원에 갔는데, 의사의 태도가 무례하기 그지없었다. 못마땅하고 잘난 체하는 태도로 일관했고, 마치 어린아이 다루듯 대했다. 자신의 세상에서 그는 나를 '그저' 주부로, 전혀 중요할 것 없는 존재로 상정했다. 나는 변호사라는 것을 밝히기로 했다. 그의 태도가 순식간에 돌변했다. 이제 나는 언제든 상대가 불쾌하게 나오면 스스로를 방어하기 위해서 "나는 변호사예요."를 이용한다.

중요하지 않은 사람으로 취급받는 것. 이는 자아를 해치고, 자존감을 잠식한다. 그리고 자신이 충분히 '중요'하지 않다는 생각에 스스로를 드러내지 않게 한다. 나는 언어적 방어의 일환으로 "나는 변호사예요."를 추천한다. 한번 시도해보라. 그리고 나올 수 있는 질문에 대한 대답을 생각해보라. 가령 "오, 그래요? 어느 학교 나왔어요?" 같은 질문이면, 당신이 졸업했으면 좋았을 대학을 생각하거나 실제로 당신이 다닌 학교를 대보자. 사기만 치지 않으면 된다.

"어느 로펌에 있어요?"

"개인 사무실을 운영합니다."

"어떤 분야를 주로 다루세요?"

"의료사고, 성차별법, 필요한 건 뭐든지요."

기억해야 할 점은 당신에게는 존중받을 권리가 있다는 것이다. 비록 상대를 조금 속인다 하더라도 말이다. 그리고 타인들이 어떻게 생각하든 간에 당신이 하는 일에 자부심을 가져라. 살면서 갖는 직업이 무엇이든 모든 직업은 중요하다. 나의 사례를 통해 이른바 '사회적 지위'라는 것이 실은 게임에 불과하다는 것을 알았을 것이다. 나는 타인을 존중하지 않는 사람들의 태도, 그리고 갑작스럽게 태도를 바꿔 칭찬하는 모습 등을 장난스럽게 살펴보았다. 당신 역시 타인에 대한 존중이 결여된 사람들을 만날 때 장난삼아 시험해볼 수 있다. 그러나 당신은 당신 자신을 두고 장난칠 수는 없다. 당신은 상대로부터 존중받고자 하기에 앞서 스스로 자존감을 느껴야 한다. 자기존중은 자기방어의 주요한 요소이다. 자신을 방어하기 위해서는 반드시 스스로를 존중해야 한다.

불쾌한 고객에게 유머로 응대하기

당신은 혹시 문제를 일으키는 고객을 상대해야 하는 직종에 있는가? 그렇다면 동료나 친구와 함께 문제 상황에서 어떻게 말할지 연습해두어라. 최소 세 가지 아이디어를 생각해보고 역할극을 해보라. 평소에 연습을 해둔다면, 아마 필요할 때 얼마나 유용하게 활용할 수 있는지 놀랄 것이다.

어느 항공사 직원은 언어적 자기방어에 대한 믿기지 않는 이야기를 전해주었다. 이 사례에는 유머와 복수, 그리고 경계 설정에 관한 내용이 구체적으로 담겨 있다. 정말로 불쾌한 고객들을 상대하고 퇴근한 어느 날 밤, 그녀는 친구 몇몇과 와인을 마시며 일반적으로 자주 발생하는 상황에서 승객들에게 어떻게 응수해야 할지 이야기를 나누었다. 다음 같은 상황을 그려보라.

배경 크리스마스 무렵 북적이는 공항. 모든 노선마다 어찌할 바 모르는 고객들로 가득하며 특히 유나이티드항공사는 더욱 그러한 상황.

출연진 미즈 유니스* 유나이티드, 미스터 중대문제 씨, 그리고 수많은 엑스트라들.

상황 기상 조건이 악화되어 눈보라가 심함.

수많은 사람들이 공항에서 오도 가도 못하게 발이 묶여 있다. 미스터 중대문제 씨는 사람들 행렬에 서 있다가 조급한 마음에 줄을 빠져나왔다. 그는 미즈 유니스 유나이티드가 있는 줄 맨 앞까지 나오더니 "나는 여기서 나가야겠어요. 댈러스 행 비행기에 당장 태워줘요."

....

* 성경에서 유래된 이름으로 '진정한 승리'라는 뜻을 지닌다.

미즈 유나이티드는 그를 쳐다보며 매우 공손하게 대꾸한다. "죄송합니다. 선생님. 그렇게 할 수는 없습니다. 날씨 때문에 전 노선의 비행기가 운항을 못 하고 있습니다."

그는 얼굴이 홍당무처럼 붉어지더니 말한다. "이해를 못 하시는 것 같군요. 저는 텍사스에서 정말로 중요한 일이 있다고요."

그녀는 다시 침착하게 대답한다. "선생님, 모든 노선이 결항되었습니다. 제가 할 수 있는 일이 없어요. 선생님도 다른 승객들처럼 기상 조건이 좋아지기를 기다리는 수밖에 없을 것 같습니다."

미스터 중대문제 씨는 폭발하기 일보 직전 상태가 되어 부르르 떨며 고함을 친다. "나한테 그렇게 말하지 마. (잠시 멈추었다가) 내가 누군지 알아?"

미즈 유나이티드는 망설임 없이 소형 확성기를 켜고 안내 방송을 한다. "여기 자신이 누군지 아느냐고 저한테 묻는 신사분이 있습니다. 저는 모르는데 혹시 승객분 중 이 신사분을 아시는 분이 계시면 안내대로 오셔서 신사분에게 알려주시겠습니까? 감사합니다." 딸깍(마이크 끄는 소리).

줄에 서서 이를 지켜본 승객들은 일제히 웃음을 터뜨리고 박수를 친다. 그날 사람들 중에는 틀림없이 미스터 중대문제 씨가 반자동 무기를 소지하지 않았음을 다행으로 여긴 이들이 많을 것이다.

행동은 말보다 크다

자기 존중은 전염성이 있다. 북경세계여성대회에서 룸메이트였던 페기 레너와 함께 일본 오사카에 갔을 때의 일이다. 우리는 공항으로 돌아가기 위해 기차를 기다리고 있었다. 기차 칸에는 어쩌다 보니 전부 여성이었다. 우리 앞에는 여행 가방을 든 여학생 네 명이, 뒤에는 중년 여성 네 명이 앉아 있었다.

연배는 있지만 체력이 튼튼해 보이는 남자 하나가 페기한테 다가왔고, 페기는 그 사람을 외면했다. 나는 '어글리 아메리칸'으로 보이는 게 싫어서 그 사람이 뭘 원하는지 알아보려 했다. 그는 영어를, 나는 일본어를 못했다. 페기는 "저 사람 취했어."라고 속삭였다. 그녀가 맞았다. 그때는 이미 그가 내 얼굴 가까이 와 있는 상태였다. 내 실수다. 나는 손을 들어 보이며 말했다. "그만하세요. 더 가까이 오지 마세요. 물러서요."

그는 멈추어 섰고, 화가 나서 얼굴이 흙빛이 되었다. '감히 나한테 지시해?' 그가 그렇게 말하는 것만 같았다. 그는 일본어로 뭐라고 나무라기 시작했다. 나는 양손을 든 상태로 침착함을 유지하며 그 사람에게 물러서라고 나지막이, 그렇지만 강력한 어조로 말했다. 그는 내내 무례하게 굴면서도 결국 내 말대로 뒤로 물러섰다.

그러고 나서 그는 여학생들에게 다가갔다. 여학생들은 바닥에 시선을 두며 키득거렸다. 그는 여학생들을 만지고, 머리카락을 가지고 장난하며 건드리기 시작했다. 여학생들은 또다시 키 득댔다.

"학생들을 가만히 놔둬요." 결국 나는 소리를 질렀다.

그 사람은 다시 나한테 다가왔다. 나는 손을 올리고 무릎을 유연하게 하는 '준비 자세'를 취했고, 만약 필요하다면 내 자신 혹은 다른 사람들을 방어할 준비가 되어 있었다. 그는 뒤로 물러섰다. 그리고 여학생들에게 다시 다가갔다.

그가 다가가자 한 여학생은 손을 들어 올리며 내가 한 행동을 따라했고, 그 사람한테 물러서라는 신호를 했다. 그 사람은 멈추었고, 자기가 본 게 맞는지 다시 한 번 쳐다보면서 고개를 가로 젓더니 뒷걸음질 쳤다. 우리 뒤에 있던 중년 여성들은 '그럼 그래야지.'라는 듯 고개를 끄덕였다.

행동은 말보다 크다. 그날 그 여학생의 경험은 내가 짐작할 수 없는 방식으로 그녀 스스로를 변화시켰을 것이다. 방해받고 싶지 않은 욕구는 성별과 국가를 넘어 보편적인 것이다. 적어도 그날, 그 시간에 그 여학생은 해결 방법을 목격했고, 이를 활용했으며, 결과는 효과적이었다. 어떤 남자가 단지 자기가 그렇게 하고 싶다고 해서 혹은 술에 취해 자신의 충동을 통제할 수 없다는 이유로 여성을 침범한다는 것은 매우 부당한 일이다. 다른 사람들이 우리를 존엄하게 대할 것이라는 기대가 무너질 때 세상은 종종 불공평해진다. 우리의 목소리를 찾고, 우리 자신만의 경계 설정을 강화하지 않는 한 정의는 불가능하다.

공격과 방어 전술은 남성의 전유물이 아니다

상대방을 파악하기 위해 전략을 세우고, 정의를 위해 공격과 방어 전술을 짜는 것은 법조계에서는 흔한 일이다. 지시하고 계산하고 통제하기, 자신에게 유리한 방법 찾아내기처럼 남성들이 끊임없이 사용해온 도구들을 여성들도 사용할 줄 알아야 한다. 그러나 같은 말이라도 남성을 계산적이라고 할 때는 지적인 것이지만, 여성일 때는 강력한 문화적 편견이 작동한다.

시민권 분야에서 존경받는 변호사인 페기 개러티는 가능하면 의뢰인들에게 자기방어 수업을 듣도록 권한다. 자기방어 수업을 마친 의뢰인들은 자존감은 물론 사법제도(사법제도는 자기방어를 위한 가장 중요하고 공개적인 장이다.) 안에서 스스로를 대변하는 능력도 높아진다.

자기방어 수업에 참가한 의뢰인들은 보다 책임감 있는 자세를 가진다. 예를 들면 성희롱 사건을 증언할 때도 더 힘 있는 목소리로 이야기할 수 있다. 의뢰인들은 대개 원고측이지만 시민권 침해와 관련해서는 스스로의 행동을 방어해야 할 입장에 놓일 경우가 많다.

소송과 증언testimony*은 강력한 언어적 자기방어이다. 그러나 인생에는 가정이라는 영역과 법원이라는 공적 영역 사이, 즉 어

....
* 남자가 자신의 고환testicles을 두고 맹세한다는 개념에서 나온 단어.

떤 일이 공식적으로 사건화되기 전 여성들이 자신의 생각을 분명히 말함으로써 자신은 물론 사회 전체를 이롭게 할 수 있는 부분이 있다. 다음 장에서는 대화를 중심으로 한 시나리오를 살펴보고자 한다. 여성들이 스스로를 보호하기 위해 경찰과 법조인, 남편 혹은 판사에게 의지하지 않아도 됨을 알 수 있을 것이다.

10

여성이 자기방어를 시작할 때
세상은 달라진다

용기, 삶이 평화를 주는 대신 요구하는 대가.
이를 모르는 영혼은 사소한 것에서 벗어나는 해방감을 알지 못한다.
두려움의 검푸른 고독도,
쓰라린 환희의 날개 소리를 들을 수 있는 산등성이도 알지 못한다.
— 아멜리아 에어하트(미국 작가, 대서양을 단독 비행한 최초의 여성)

"아이의 안전과 자존감은 누군가를 당황스럽게 하거나 불편하
게 혹은 기분 상하게 하더라도 지켜낼 가치가 있다." 키드파워
(1장 참고)의 기본 교리인 이 문장을 처음 읽었을 때 나는 무척
감동받았다. 대부분의 우리 부모들은 이러한 생각을 가지고 우
리를 키우지는 않았다. 우리는 어찌 되었든 간에, 심지어 안전
이 위태로운 순간에도 조용히 있어야 했고, 문제를 일으키지 않
아야 했다.

침묵은 결코 안전한 해결책이 아니다

자신의 공간을 지키는 것이 부끄럽다거나 안전을 위해 타인에게 의존해야 한다고 생각한다면 세상에서 편안함을 느끼기는 어려울 것이다. 우리 중 대다수는 자라면서 스스로를 돕기 위해 자신이 할 수 있는 일은 거의 없다고 확신하게 된다. 그러나 이는 진실이 아니다. 진실은 우리가 종종 도움 없이는 해결책들을 찾기 힘들다는 것이다. 문제에는 거의 늘 하나 이상의 해결책이 있다. 희롱이나 협박, 위협을 당하는 순간에는 사고력이 흐려지게 마련이다. 희롱이나 협박은 감정적, 정신적으로 영향력을 행사하는 폭력이기 때문이다. 누군가가 어떤 문제를 겪고 있을 때, 당사자들은 해결 방안을 찾지 못해도 당신은 해법이 떠오르는 경우가 많지 않은가?

치한, 강간범, 성추행범, 물리적·언어적 폭력의 가해자들 그리고 스토커들은 상대를 통제하고 고통을 주는 것을 즐긴다. 그들은 또한 자신들에게 붙은 범죄자라는 '낙인' 때문에 오히려 더 대담해진다. 피해자들의 입장에서는 제도에 의한 2차 피해를 걱정해 '말하는 것' 자체가 상황을 악화시킬 뿐이라고 생각한다. 피해자들이 갖는 공포는 종종 현실로 나타나기도 한다. 때문에 여성과 아이들은 폭력 피해에 대해 함구하게 되고, 가해자들은 이로 인한 덕을 본다. 가해자들은 누군가에게 말하면 해치거나 죽일 거라고 협박한다. "다른 사람한테 말하는 건 생각조차 하지

마. 안 그러면 후회하게 될 거야." "신고해도 아무도 널 믿어주지 않을 거야." "우리 사이에 비밀로 해. 알았지? 아니면 후회하게 될 거야." "직장을 잃게 될 거야." 이러한 협박이 피해자를 침묵하게 하지만, 대부분은 피해 사실을 일찍 얘기할수록 더 유리하다.

성희롱은 놀이터에서 시작된다

미국인들은 힐-토마스Hill-Thomas 청문회*로 직장 내 성희롱 문제를 접하게 되었다. 예상대로 할리우드에서는 곧 〈폭로〉**라는 영화를 선보였다. 현실적으로는 매우 드문 일임에도 불구하고, 여성 가해자의 성희롱 사건을 다룬 영화 제작을 서둘렀다는 것은 흥미로운 일이다. (회사에서 여성들이 겪는 성희롱 문제에 대한 영화는 어디에 있는가? 그런 주제는 가상의 얘기로 만들기에는 너무 현실적이었던 게 틀림없다.) 어찌 되었든, 성희롱은 남녀 모두에게 해당하는 문제이다. 캘리포니아 온타리오의 사비노 구티에레즈는 회사에서 여성 간부에게 성희롱을 당한 피해자이다. 로스앤젤레

....

* 1991년, 당시 연방대법관 후보였던 클라랜스 토마스 판사의 청문회에서 법대 교수인 아니타 힐이 토마스에게 성희롱 피해를 입었다고 증언하였고, 이 청문회 과정이 공중파를 통해 방송되었다.
** 마이클 더글라스, 데미 무어 주연의 1994년 작품. 여성 직장 상사에 의한 남성 부하 직원의 성희롱 피해를 다룬다.

스 법정은 1만 달러의 피해 보상을 하라는 판결을 내렸다. 미네소타의 한 남학생은 다른 남학생들에게 명백한 성희롱 피해를 당했다며 학생 보호의 책임을 물어 학교를 상대로 소송을 제기했다. 속담에도 있듯이, "암컷 거위에게 좋은 것은 수컷 거위에게도 좋다."*

그러나 성희롱은 성별과 상관없이 누구에게나 좋지 않다. 가해자의 행동을 멈추게 하고 대가를 치르게 하지 않는 한 그들은 의미 있는 인간관계를 맺기 어렵다. 나는 피해자이면서 동시에 가해자였다.

나는 세상에서 제일 큰 꿩 동상**이 세워져 있고, 그보다 더 많은 사랑스러운 북유럽 소년들이 있는 사우스다코타 주 휴론에서 자랐다. 2학년 때 나는 바비라는 아이를 무척 좋아했다. 나는 그 아이를 강렬하게 원했다. 내가 쫓아다닌 이유 중 하나는 그 아이가 도망 다녔기 때문이다. 맹세컨대 그 아이가 가만히 있고 내가 안고 키스하도록 했다면 계속 쫓아다니진 않았을 것이다. 나는 강박에 사로잡혀 문자 그대로 덤불 뒤에서, 옷장에서, 주차된 차 뒤에 숨어서 기다리곤 했다. 그 아이에게 심장마비를 일으킬 수도 있었는데 말이다. (아이들의 심장이 강해서 무척 다행이다.)

다른 남학생들은 바비가 내게 강하게 맞서지 않는 것을 비

* 규칙은 누구에게나 공평해야 함을 뜻하는 속담.
** 꿩은 사우스다코타 주의 새[州鳥]이다.

웃었다. 바비는 착했고, 원래 다정한 아이였다. 그런 성향은 내 공격적인 방식에 맞서기에는 충분하지 않았다. 바비는 틀림없이 괴로웠을 것이다. 그 아이는 그저 착하고 영리하고 귀여운 아이이고자 했고, 그 점이 바로 내가 그 아이에게 반한 이유이기도 했다.

마침내 바비는 내게 한방 먹였다. 그 아이는 나에 대해 일러바쳤다. 나는 선생님에게 따로 불려갔다. "남자애들은 자기를 쫓아다니는 여자애를 좋아하지 않아. 남자애들이 너를 좋아하기를 원한다면 온순하게 행동해야 돼. 남자애들이 너를 따라오게 해봐."

바비, 바비, 바비! 나는 그날 바비를 잃었고, 내가 생각했던 많은 부분이 잘못되었음을 깨달았다. 바비가 "떠나간 남자"가 되었을 뿐 아니라, 남학생들의 규칙은 여학생에게 적용되는 규칙과는 많이 다름을 명확히 알게 된 것이다. 나는 또한 성희롱은 남녀 모두에게 해당한다는 것, 종종 이를 멈출 수 있는 유일한 방법은 '고자질'이라는 것도 배웠다. 침묵 속에서 괴로워하는 것은 새들, 암컷 거위와 수컷 거위들에게나 필요한 것이다.

다행스럽게도 그날부터 나는 괴롭히는 것을 그만두었다. 나는 바비에게 나를 받아들이도록 강요하는 것이 잘못된 것임을 깨달았다. 갑자기 나는 관계의 황금 법칙을 이해하게 되었다. 나는 내가 좋아하지 않는 어떤 남자애가 내가 바비에게 한 것처럼 나한테 하는 것을 원치 않았다. 그렇지만 불행하게도 학교에서 그런 남자아이들의 행동은 정상일 뿐 아니라 당연한 것으로 받아들여졌다. 어린 여학생들은 기본적으로 희롱당할 수 있으며, 남학생들은 희롱하거나 혹은 적어도 다른 남학생들의 희롱을 용인했다. 우리는 그렇게 교육받았다.

아이들은 어른들의 행동을 보고 자라기 때문에 사실 성희롱은 어렸을 때부터 시작된다. 성희롱을 양산하고 묵인하는 태도와 행동은 놀이터에서부터 시작되며 점점 더 증폭된다. 우리는 대부분의 여자아이들에게 성적 괴롭힘이나 폭력에 맞서도록 가르치지 않았을 뿐 아니라 오히려 스스로를 보호하려는 본능을 방해했다.

원치 않은 관심을 받을 때 자신을 방어하는 것보다 더 자연스러운 대응이 있을까? 인간은 왜 여성들에게 희롱(물리적이든 정서적이든)으로부터 자신을 방어하지 말라고 가르치는 유일한 종이 되었을까? 이는 "남자아이들은 다 그렇지 뭐." 혹은 "남자아이들은 쫓아다녀도 여자아이들은 그러지 말아야 한다."고 가르치는 사회화 과정 때문이다. 남자아이들은 '자연적으로' 괴롭히는 것이 아니다. 그들은 그렇게 훈련되는 것이다.

우리는 학교에서 발생하는 희롱, 성차별, 폭력 문제를 중요하게 다루어야 한다. 우리가 아이들에게 인종, 종교, 외모, 성별과 상관없이 서로를 존중하도록 가르치지 않는다면, 그 아이들이 성인이 되었을 때 이를 해결하기 위해 엄청난 시간과 노력을 들여야 할 것이다. 우리는 제대로 교육받지 못한 몇몇 불량배의 부적절한 행동에 대해 (납세자로서) 공동으로 대가를 치러야 한다.

성희롱 피해를 겪는 남자아이 혹은 성인 남자의 경우도(여성에 비하면 사실상 드물지만), 앞으로 나서서 '말하는 것'이 중요하다. 가해자가 수소이든 암소이든, 수컷 거위든 암컷 거위든 폭력은 폭력이다. 앞서 말한 사비노 구티에레즈와 미네소타 소년은 용감하게 행동했다. 더 많은 사람들이 폭력에 맞서고 폭력의 수용을 거부할수록, 우리 모두에게는 더 큰 혜택이 돌아올 것이다. 바비는 자신을 보호했다. 그리고 나는 그로 인해 더 나은 사람이 되었다.

자기방어 문제에서 우리는 어린아이와 같다

나는 자기방어 성공 사례들을 소개하면서 남자아이들, 여자아이들의 이야기를 간간이 포함시켰다. 이는 우리 모두가 자기방어 문제에서는 아이들과 다를 바 없기 때문이다. 어렸을 때는 미처 들어보지 못했던 이야기들, 이 이야기를 통해 배우고 성장하기에 우리는 아직 늦지 않았다. 우리는 놀이터에서 배운 대로 세상을 봐왔다. 사람들이 언어적, 신체적 자기방어의 개념에 대해 일반적으로 유치하다고 생각하며 불편해하는 것도 이상한 일이 아니다. 딸에게 "남자애가 뭔가 하려고 하면 다리 사이를 차버려."라고 얘기하는 아버지는 많지 않다. 언어적, 물리적 폭력에 대해 불평할 때 여자아이들이 듣게 되는 유일한 지침은 대부분 "무시해라."이다.

여성들은 대체로 신체적 방어 기술이 미흡하다. 여성뿐 아니라 남성들도 언어적 자기방어 혹은 말로써 자기 경계를 설정하는 법을 다시 배워야 한다. 이러한 이유로 아이들을 위한 자기방어 워크숍에서 부모들을 위한 세션을 마련하는 것이 중요하다.

나는 키드파워 강사로 활동했고, 현재는 영광스럽게도 임팩트의 대표 여성 강사이다. 우리는 부모들이 가르칠 수 없었던(부모들 자신도 배운 적이 없기 때문에) 기술들을 교육하고 있다.

아이들 대상의 6시간짜리 수업에서는 마지막 30분 동안 부모들도 참여하는 '졸업식'을 진행한다. 이때 부모들이 보여주는 반응은 매우 감동적이다. 졸업식에서 부모들은 아이들이 눈 찌르기, 손바닥 공격술, 무릎 올려 차기, 발목 스냅 킥 기술* 등 간단하면서도 효과적인 공격술을 펼치는 것을 보게 된다.

무엇보다 인상 깊은 것은 (아는 사람, 모르는 사람 모두에 대한) 경계 설정 훈련을 하는 자녀들을 바라보는 부모들의 눈빛이다. 우리 대부분은 자신보다 큰 사람들에게 "안 돼요. 그만하세요." 라고 말하는 법을 배우지 못했다. 부모가 배우지 못했는데 어떻게 아이들을 교육시킬 수 있을까? 그래서 아이들에게는 연습과 훈련이 필요하다.

....
* 발목을 사용한 빠른 공격.

아동반 수업의 교사들은 되도록 쉽게 가르친다. 예를 들어 교사가 학생의 무릎에 손을 얹은 후 학생에게 그 손을 치우게 하는 훈련을 반복한다. 우리 대부분은 알고 지내거나 관심 갖는 누군가가 경계선을 넘을 때 어린아이 같은 행동으로 퇴보하곤 한다. 아이들도 마찬가지이다. 어찌해야 할지 판단을 못하고, 상대의 눈을 피하고, 화를 돋울 만한 말을 하지 않으려 한다. (이는 모두 회피와 연관된 행동이다.) 아동반 수업에서는 또한 아는 사람들의 유혹과 위협에 대응하는 법, 죄책감을 다루는 법에 대해서도 다룬다.

우리 모두는 회피와 관련해 전문가라고 해도 좋을 만큼 충분한 경험을 가지고 있다. 이제 우리는 세상을 안전하게 만들기 위해 보다 적극적이어야 한다. 공격성 없는 적극적 자기주장을 펼쳐야 한다. 안타깝게도 우리 중 일부는 자신을 공격하거나 약 올리는 사람에게 그만하라고 말해본 적이 없다. 언어적 자기주장*과 물리적 자기방어는 회피보다 어려운 것이 아니다. 다만 이러한 기술을 사용해본 적이 없다는 것이 우리를 두렵게 한다. 배우고 익히는 일만 남았다. 생각보다 아주 간단하다.

....

* 당황하지 않고 당당하게 자신의 요구와 주장을 말하는 것.

"그만하세요.", "물러서요."라고 말하기

메리는 자기방어 수업을 듣고 얼마 후(기초 과정을 들은 지 2년 후, 배운 내용을 되살리려 심화반을 들은 지 한 달 후) 한 식료품점에 들렀다. 그녀가 차에서 내렸을 때 나이 든 백인 남자가 정말로 큰 문이 달린 차에서 떨어진 것을 보았다. 그는 취해서 불안정하게 발을 끌며 자꾸 차로 돌아가 시동을 걸려고 했다. 메리는 그 모습을 참을 수 없었다. 그녀에게는 음주운전자 때문에 사망한 친구들이 있었다. 메리는 심장이 빠르게 뛰기 시작했지만 뭔가 해야만 했다. 그녀는 그의 차로 다가가 말했다. "시동을 끄지 않으면 경찰을 부를 거예요. 지금 당신 차 번호를 적고 있어요. 음주운전한다고 신고할 겁니다."

"나쁜 년!" 그 사람은 메리의 등 뒤에 대고 소리쳤다. 그녀는 그가 차를 멈췄다는 것에 안도하며, 공중전화 위치를 확인하고, 슈퍼마켓 유리 너머를 주시했다. 혹시 그 남자가 쫓아올까 봐 방어막으로 쓸 수 있는 쇼핑 카트도 꼭 움켜쥐었다. 그러고는 식료품 코너로 갔다. 그 남자가 다가오는 것이 보였다.

그녀는 카트를 사이에 두고, 달래듯이 두 손을 올리며 최대한 크게 말했다. "그만하세요. 더 이상 가까이 오지 마세요." 다른 쇼핑객들은 순식간에 브로콜리 더미, 콩 무더기, 멜론 더미 속으로 머리를 숨겼다. "사람들이 그렇게도 재빠르게 탐스러운 과일과 채소 사이로 숨는 모습은 아마 본 적 없을 걸요." 나중에 그녀가 한 말이다.

술에 취한 그 남자는 멈춰 섰고 불분명한 말투로 중얼거렸다. "야, 이 나쁜 년아. 네가 뭔데 그래? 누가 더 센지 알려줄까? 나는 내가 원하면 언제든 운전할 수 있어."

메리는 물러서지 않았다. "길에 나가면 다른 사람들을 죽일 수 있어요. 물러서요. 나는 어떤 문제도 만들고 싶지 않아요. 개운해질 때까지 그냥 좀 주무세요."

그 사람은 눈이 풀린 상태로 계속 욕을 중얼거렸고, 다행히도 가게를 떠났다. 메리의 심장은 요동쳤지만 음주운전자에게 단호하게 맞섰다는 것이 기분 좋았다. 쇼핑을 마친 후 주차장에 돌아갔을 때 그는 조수석에서 잠들어 있었다. 메리는 경찰에 전화했다.

모든 사람이 '상황'에 개입하기를 원치는 않을 것이다. 개입한다는 것은 고의적으로 자신을 위험한 상황에 두는 것이며, 자신의 문제가 아닌 일에 책임을 지는 것을 의미하므로 지극히 사적인 결정이다. 하지만 두려움 때문에 회피하는 것보다는 상황에 현실적으로 접근한다면 유용할 수 있다. 대부분의 사람들이 너무 주눅이 들어서 범죄로 이어질 수 있는 상황을 제어하지 못한다면 우리 사회는 어떻게 될까? 제대로 된 교육을 받지 못한 아이들(어른들이 잘못을 지적하지 않을 것이라 생각하며 자라는 아이들)이 나쁜 행동을 할 때 지적하지 못하는 어른들은 또 어떤가? 어쩌면 단 한마디 말이 한 아이가 갱단으로 빠지는 것을 막을 수도 있다.

'잔소리' 대상이 무기를 갖고 있다면 상황을 판단하는 것이 중요하다. 위험한 행동을 하는 사람을 멈추게 할 때는 가능한 경찰 등의 권위를 활용하라고 권하고 싶다. 메리의 경우는 매우 용감했고, 그녀의 한마디 말이 여러 사람을 구했을지 모른다.

오랫동안 임팩트 로스앤젤레스 지부에서 총력적 자기방어를 가르친 내 친구(남자)와 나는 남부 캘리포니아의 아름다운 해변을 산책하고 있었다. 우리는 두 명의 십 대 여학생들과 한 남자를 보았다. 여학생들보다 최소 서른 살은 많아 보이는 술 취한 남자는 그녀들을 따라가며 괴롭히고 있었다. 그는 외설스러운 욕을 하고 섹스를 제안하는 등 명백하게 위협을 가했다.

여학생들의 대응은 키득대면서 빨리 걷는 것이 전부였다. 그 사람에게 "그만하라."고 말하지 않았다. 우리는 학생들이 "징그러워."라고 말하는 걸 들을 수 있었을 뿐이다. 여학생들의 키득거림은 두려움에서 오는 것이었다. 그 사람은 매우 취한 상태였기 때문에 여학생들이 하려고만 한다면 대응할 수 있는 상황이었다. 그가 쫓아오지 못하도록 뛰어서 길을 건널 수도, 가게 안에 들어가 도움을 요청할 수도 있었다. 그러나 그 여학생들은 마치 다른 선택지가 없는 것처럼 행동했다.

우리는 여학생들에게 도움을 원하는지 물었다. "네!" 여학생들은 합창하듯 동시에 대답했다. 우리는 그 남자에게 다가가 물러서라고, 그렇지 않으면 경찰을 부르겠다고 말했다. 그는 그렇게 했고, 그게 다였다.

우리는 그 자리를 떠나려다 여학생들에게 자기방어 수업 듣는 걸 생각해본 적이 있는지 물었다. 여학생들은 나를 별스럽다는 듯 쳐다보며 "너무 이상해요."라고 키득대고는 그 자리를 떠났다.

술 취한 남자가 뒤쫓아왔을 때, 그 여학생들은 비록 키득대며 걷고는 있었지만 사실상 '얼어붙은' 상태였다. 두 명이었고, 신체적으로도 강해 보이는 여성들인데도 말이다. 그녀들은 위협당할 필요가 없는 상대에게 겁먹고 있었고, 너무 당황해서 자신들이 원하는 것을 말할 수 없었다. 만약 데이트 상황이라면 어땠을까? 좋아하는 남학생이 위협하기 시작하면 그녀들은 어떻게 할 수 있을까?

가족의 언어폭력에 단호하게 대응하기

언어적 자기방어는 가족 내 문제, 특히 가족 내 폭력 문제가 있을 때 도움이 된다. 캘리포니아에 사는 사십 대의 평범한 백인 커플인 브리짓과 청크는 인공임신중절을 찬성하는 입장이고, 관련 활동에도 적극적이다. 반면 청크의 형인 데이비드와 그 부인 쉴라는 낙태를 반대하는 입장에서 열렬히 활동하는 사람들이다. 이 네 사람은 모두 대학 공부를 마쳤고, 임신중절을 할 혹은 하지 않을 여성 인권 이슈에 헌신적이고 열정적인 이들이었다. 데이비드와 쉴라는 어린 두 딸과 함께 보수적인 동네에서 살고 있었다. 어느 여름 방학, 이 가족이 점심을 먹기 위해 브리짓과 청크의 집에 들렀을 때의 일이다.

자리에 모인 가족들은 서로 잘 어울리려고, 긴장된 분위기를 만들지 않으면서 '안전'한 대화거리를 찾으려 매우 노력 중이었다. 그러다 어느 순간, 브리짓이 데이비드를 무심코 건드리게 되었다. 이후 데이비드의 언어폭력은 예고도 없이 들이닥쳤다. 데이비드는 싱크대 앞에서 설거지를 하던 브리짓의 코앞에 (15cm의 거리) 얼굴을 들이밀고 고함을 치기 시작했다. 그는 폭발해버렸고, 그의 부인과 아이들은 다른 방에서 웅크리고 있어야 했다.

동생인 청크는 겁에 질려 마치 어린아이가 되어버린 것 같았다. 나중에 청크는 당시 형의 모습이 어린 시절 과격하게 화를 내곤 했던 아버지를 연상시켰다고 한다. 브리짓은 숨을 고르며 데이비드가 언제 멈출지 기다렸다. 그리고 자신이 어떻게 해야 할지 생각했다. 그녀는 데이비드에게 진정하라고 했지만 그는 멈추지 않았다. 브리짓은 하던 설거지를 계속하며 숨을 고르면서, 혹시라도 그의 행동이 물리적 폭력으로 이어질 기미가 보이면 언제라도 반격할 수 있게 마음의 준비를 했다. 그녀는 데이비드의 부인과 아이들에 대해 생각했다. 동생 부부 집에서 이렇게 이성을 잃을 정도면 평소 가족들은 얼마나 숨죽이며 살아야 했을까.

언어폭력을 일삼는 사람들의 패턴이 그렇듯, 데이비드는 마침내 멈췄고 자책감에 울음을 터뜨렸다. 그리고 브리짓에게 용서해달라고 빌었다. 이 모든 상황에 충격을 받은 청크는 자리를 떠났고, 브리짓과 데이비드만 주방에 남겨졌다. 브리짓이 말했다. "저한테 한 번만 더 그런 식으로 말하면 가만 있지 않을 거예요. 그리고 혹시라도 치려고 하면 제가 아주버님을 아예 때려 눕혀버릴 거예요. 알아들어요?" 데이비드는 입이 떡 벌어졌고, 아무 말도 하지 못했다. 브리짓은 주방에서 걸어 나왔다.

2주 후 데이비드는 다시 사과의 편지를 썼다. 브리짓은 데이비드를 보고 싶지 않아 추수감사절 가족 모임에 가지 않기로 했다. 자신의 존엄을 위한 결정이었다. 그녀는 늘 가족 안에서의 불화를 '참아'왔지만, 더는 다른 사람들의 이목 때문에 싫은 사람 옆에 있는 것은 하고 싶지 않았다.

브리짓은 나머지 가족들에게 그날의 싸움과 불참 이유를 설명했다. 가족 내 비밀이었던 폭력적인 기질이 밝혀지자 데이비드의 행동도 나아지기 시작했다. 나중에 청크와 브리짓은 그동안 데이비드의 친척들도 그와 가까이 하길 원치 않았다는 것, 그렇지만 직접적으로 얘기하지 못했다는 사실을 알게 되었다.

데이비드는 결국 자신의 형편없고 공격적인 말에 대한 대가를 치른 것이다. 브리짓은 자신을 언어적으로 방어했고, 다시 또 같은 행동을 하면 물리적인 대응을 할 것이라고 경고했다. 언어폭력 가해자의 '권위' 뒤에는 물리력을 사용하겠다는 협박이 내포되어 있다. 브리짓은 이런 암묵적 위협에 대해 물리력으로 대응하겠다는 구두 협박을 했다. 또한 한동안 데이비드는 '거부'당했다.

브리짓은 결국 그를 용서했지만, 그의 주변에 있을 때는 늘 조심한다고 한다. 그녀에게 있어 용서는 잊는다는 것을 의미하지 않는다. 그녀는 데이비드의 부인인 쉴라와 그 딸들이 걱정되지만, 그들이 변하지 않는 한 상황은 달라지기 힘들다고 본다. 브리짓과 청크는 결론을 내렸다. 쉴라와 두 딸들에게 자신들이 할 수 있는 최선은, 도움이 필요할 때 옆에 있을 것임을 알려주는 것이라고.

도둑에게 호통치고 물건 돌려받기

서른다섯 살인 로라가 자기방어 기초 수업을 들은 지 얼마 되지 않았을 때였다. 어느 일요일 오후 집으로 돌아왔을 때 누군가 집에 침입했음을 깨달았다. 꺼놓았던 TV가 켜져 있었고, 주방 테이블에 술 병 하나가 놓여 있는데다 반려견은 침실에 갇혀 있었다.

다른 방문을 열어보기 시작했다. 아파트에서 도망치는 한 남자가 보였다. 그녀는 문을 열고 고함을 쳤다. "내 물건들 가지고 당장 돌아와!" 그는 정말 돌아왔고, 그녀에게 와플 판을 돌려주었다.

도둑은 자기가 노숙자인데 그냥 먹을 게 필요하다고 했다. 로라는 분개하며 자기 물건을 모두 돌려달라고, 그렇게 하면 경찰에 신고하지 않겠다고 했다. 그는 가져가도 된다고 한 시리얼 바를 포함해 모든 물건들을 돌려주었다.

그는 창문으로 집 안에 들어왔다고 했지만, 그 사람이 간 뒤 숨겨뒀던 집 열쇠가 없어졌다는 걸 알았다. 그의 거짓말에 정말로 화가 난 로라는 경찰에 연락했고, 열쇠도 돌려받았다. 그녀는 경찰이 늘 최선의 해결책은 아니라고 생각해왔다. 아마도 그 사람이 열쇠를 돌려주었다면 경찰에 연락하지는 않았을 것이다.

로라는 집에 누군가 침입했다는 걸 안 순간 아파트를 떠났어야 했던 게 아닐까? 그렇게 결정하는 것이 항상 제일 안전하다. 하지만 다른 한편으로 생각하면 그 순간 집을 떠났다면 계속 도둑이 들었을지도 모른다. 그녀가 집을 떠나지 않고 도둑에게 대응한 덕분에 열쇠를 돌려받을 수 있었기 때문이다. 그 사건으로 로라는 기분이 좋았다. 매순간 자신 안의 소리를 듣고 스스로를 믿고 행동했기 때문이다.

로라의 이야기는 전형적인 자기방어 수업의 성공 사례이다. 그녀는 그 남자에게 인간 대 인간으로 말했고, 얼어붙거나 겁에 질리지 않았다. 그녀는 당당하게 상황을 지휘했다. 이 경험으로 그녀는 앞으로 겪을지 모르는 다른 스트레스 상황도 현명하게 대처할 것이다.

욕설에도 얼어붙지 않기

임팩트의 20시간짜리 기초 수업을 수료한 낸시가 집에 돌아왔을 때 담장 근처에서 고래고래 고함치며 미쳐 날뛰는 한 남자를 발견했다. 낸시는 준비 자세*를 취했다. 그녀는 "물러서요. 그냥 가세요. 나는 어떤 문제도 원치 않습니다."라고 했고, 그 사람은 외설스러운 욕설을 하며 계속 소리쳤다. 하지만 그녀의 '명령'을 심각하게 받아들였고, 조금씩 뒷걸음질로 물러났다. 그녀는 마치 고장 난 레코드처럼 같은 얘길 반복했고, 그는 떠날 때까지 계속 뒷걸음질 쳤다.

낸시의 자기방어에는 중요한 교훈이 있다. 그녀가 들었던 수업에서는 남성 강사가 고의적으로 언어폭력을 사용했다. 실제 상황에서 당황하지 않도록 연습하는 것이다. 낸시는 위협적인 소리를 들으면 경직되곤 했던 이전의 모습을 극복할 수 있었다. 언어폭력에 대처하는 법을 이미 연습했기 때문에 그녀는 그 순간에 집중하는 법, 긴장을 뚫고 나가는 방법을 알고 있었다. 그녀는 예의를 지키거나 기분을 맞출 필요 없이 상대에게 명령하는 법도 배웠다. 얼마나 많은 여성들이 이러한 대응을 어려워하는지 모른다. 심지어 모의 상황에서 연습하는 것도 힘들어한다. 그

---

* 편안하게 안정된 자세로 무릎을 약간 구부리고, 손바닥을 바깥으로 한 상태에서 양팔을 들어 얼굴과 목을 보호하는 자세.

러나 상대 남성에게 명령하기를 몇 차례 연습하고 나면, 마치 전부터 그래왔던 것처럼 언어적 방어 기술을 매우 잘 사용할 수 있다. 낸시는 물리적으로 싸워야 한다면 기꺼이 그렇게 했을 것이고 또 그럴 능력도 있었지만, 그 단계에 이르기 전에 위험 상황을 처리할 수 있었다. 집으로 들어간 후 경찰에 전화했지만 경찰이 왔을 때 그는 사라져버린 후였다.

　일주일 후 낸시와 남편은 동네를 지나다 고래고래 소리치는 그를 또다시 보았다. 낸시는 경찰에 연락했고, 이번에는 그를 잡을 수 있었다. 조사 결과 그 남자는 연쇄 강간범으로 공개 수배된 사람이었다.

여성의 직감 능력 신뢰하기

자신과 사랑하는 사람들을 보호하기 위해서는 우리 안의 본능과 직감을 신뢰해야 한다. 여성들의 직감 능력은 자기방어에서 매우 중요한 요소이다. 불행하게도 대부분의 문화에서는 여성들의 직감을 과소평가하거나 인정하지 않았다. '여성적'인 느낌(직감)은 폄하되고, 또 다른 한편으로는 여성들 스스로가 분노와 같은 '남성적'인 감정은 표현할 권리가 없다고 느끼기도 한다.

　여성들은 필요한 만큼 분노를 느끼거나 표현할 권리를 부여받지도, 되찾지도 못했다. 우리는 화낼 권리, 격분할 권리가 있다. 여전히 여성들은 소위 '부정적인' 감정들을 표현하면 다른 사람들이 어떻게 생각할지 염려하고, 자신의 감정이 타당하지 않을까 봐 걱정한다. 이는 감정의 미학을 놓치고 있는 것이다. 감정은 논리적이거나 정확할 필요가 없다.

『공포가 주는 선물』의 저자 가빈 드 베커는 "논리가 기어가는 정도의 수준이라면, 자연이 준 직감은 우리를 날 수 있도록 해준다."고 말한다. 아이러니하게도 우리의 수호신 역할을 하는 것은 종종 부정적 감정들, 우리를 통제하거나 억누르려는 사람들에 대해 불편하게 느끼는 감정이다.

우리 자신과 가족들을 지키는 데 도움이 될 수 있는 이른바 부정적 자질들이 있다. 다음 장에서는 심지어 우리의 의무일 수도 있는 '나쁜 년이 될 권리'에 대해 다룰 것이다.

11

나쁜 년이 될 권리

갈리아 남자가 자신의 부인에게 도움을 요청한다면
로마 부대라 해도 감당하지 못할 것이다.
갈리아 여성은 목을 부풀리고, 이를 갈고, 거대하고 누르스름한 팔을 과시하면서,
마치 노포* 줄에서 발사된 수많은 무기처럼 발길질로 후려갈기기 시작한다.
— 아미아누스 마르셀리누스(4세기 로마의 군인이자 역사가)

계속 밀고 나가라. 나쁜 년이 되어라. 이는 좋은 일이며, 부끄러
워하거나 두려워할 일이 아니다. 나는 내가 나쁜 년이 아님을 증
명하는 데 인생을 너무 낭비해버렸다. 성인군자라도 그렇게 안
했을 상황에서 나는 좋은 사람이고자 했다. 나는 사람들이 날더
러 좋은 사람이라고, 그런데 다른 여자들은 그렇지 않다고 말할
때 지나치게 자랑스러워하곤 했다. 나 역시 다른 여자들을 욕할

....
* 돌·화살 등을 사출하는 옛날 무기.

때 "나쁜 년bitch"이라고 했다. 나는 그 말을 그런 식으로 남용한 것을 진심으로 후회한다. 나는 영어권에서의 'bitch'*라는 말이 성차별적 욕설이 아니라 존중과 경외의 뜻을 담은 의미로 승격되기를 바란다.

'나쁜년스러움'을 당당하게 보여주자

'bitch'는 사실상 훌륭한 단어이자 그런 상태를 뜻한다. 'stud'**가 가능성 있고 가치 있는 수컷을 뜻한다면, 'bitch'는 개들의 왕국, 아니 여왕국에서의 성숙한 암컷을 뜻한다. 우리 모두 알고 있듯이 "bitch"라는 말은 드센 여자들에게만 쓰므로, 대개는 욕설에 가깝다.

이제 '힘'은 상대적인 용어가 되었다. 한번은 식료품점에서 줄을 서서 기다리는데, 양보해달라는 한 남자를 매우 정중하게 거절한 일이 있다. 그러자 그는 나를 "나쁜 년"이라고 욕했다. 그 순간 불현듯, 세상에서 '나쁜 년이 아니고자' 하는 것이 얼마나 부조리한 일인지 깨달았다. 어찌 되었든 간에 누군가는 나를 그

----

* bitch는 원래 암캐를 뜻하며, 여성을 비하하는 욕설로 쓰인다. 여기에서는 원어의 의미를 살려야 하는 경우를 제외하고 '나쁜 년'으로 옮겼다.
** stud는 원래 번식용 종마를 뜻하며, 여성 편력이 심하고 성적 매력이 있는 남자를 이르는 속어로 쓰인다.

렇게 생각할 테니 알게 뭔가. 나는 진짜 나쁜 년이 되어서 그 혜택을 즐겨야 할지 모른다.

'나쁜 년'은 언어적 무기이다. 건방진 여자들을 통제하려고 혹은 잘난 체하는 여자들의 말문을 닫게 하려는 목적으로 사용된다. "다른 사람들이 너를 나쁜 년이라고 생각하길 원친 않겠지. 아니면 혹시 원해? 어쨌든 넌 아무 말도 않는 게 좋을 거야."라는 의미이다. 오오오, 나쁜 년, 쌍년이라고 불리는 건 얼마나 무서운 일인가. 많은 사람들이 그 말에 그렇게 많은 힘을 부여했다는 게 놀랍지 않은가?

나는 1990년대 미국의 부동산 재벌인 리오나 햄슬리 관련 "라임스 위드 리치Rhymes with Rich"*라는 기사 제목을 잊지 못할 것 같다. 저명한 매체에서 붙일 수 있는 제목인가? 사회적으로 수용될 만한 것인가? 그 기사가 우리에게 말하고 싶었던, 숨겨진 단어는 두말할 나위 없이 'bitch'였다. 감히 말하건대, 역사상 가장 큰 금융사기를 꾸민 '나쁜 놈' 버니 메이도프**의 경우라면 편집자나 출판사에서 "라임스 위드 식Rhymes with Sick"***을 표제로 사용하는 일은 없었을 것이다. 대중매체는 여성을 성차별적으로 비하하는 경향이 있다.

---

* 비슷한 운율로 다른 단어를 떠오르게 했다. 비치bitch를 완곡한 방식으로 표현한 것.
** 헤지펀드 투자 전문가로 다단계 금융 사기(폰지 사기)를 벌인 것으로 알려져 있다.
*** 남자 성기, 얼간이를 뜻하는 딕dick, 촌놈을 뜻하는 힉hick 등의 단어와 음률이 같은 식sick이라는 단어를 씀으로써 우회적으로 표현한 것.

누군가를 비하하려는 목적으로 "나쁜 년"이라고 부르는 것은 이 세상에 '나쁜 년들bitches'과 '나쁘지 않은 여자들non-biches'이 있다는 전제 하에 둘을 구분한 것이다.

그렇다면 나쁘지 않은 여자란 어떤 여자인가? 그녀는 마치 유니콘처럼 신화 속에서만 존재하는, 남성들의 환상 같은 것이다. 고분고분한 미녀로 대표되는 여성. 그녀는 언제나 친절하고, 이해심이 많고, 절대로 화를 내지 않는다. 논쟁 따윈 모르고, 자신을 방어하지도 재산이나 자녀들을 보호하지도 않는다. 그녀는 늘 칭찬만 하고, 다른 사람들을 먼저 챙기며, 언제나 웃으며 모든 이들의 부탁을 들어주는 여자이다. 몇 가지를 빠뜨린 게 분명하지만, 나는 나쁜 년이므로 실수를 안 하는 척하지는 않겠다.

'나쁜 년'이라는 단어에 대한 낡고 비하적인 용법은 여성의 몸을 옥죄는 거들과 같다. 누구도 무언가에 갇히거나 쑤셔 박히기를 원치 않는다. 그것이 속옷이든 이른바 여성다운 행동이라는 낡은 규범이든 간에 말이다. 우리가 거들에서 영원히 해방될 수 있었던 건 착용을 거부한 몇몇 용감한 여성들의 노력이 있었기 때문이다. (진부하게도 아직도 브라-버닝*이 여성해방의 상징처럼 여겨지는데, 나는 말을 바꿔 거들-버닝이 되었어야 한다고 생각한다. 최근 속옷 회사인 스팽스의 제품으로 거들이 다시 '환생'했다는 것

---

* 1960년대 미국의 여성운동가들은 여성 인권과 여성의 자립을 주장하는 의미로, 여성의 몸을 구속하는 브래지어, 거들, 하이힐 등을 태우는 시위를 벌였다.

은 더욱 놀라운 일이다.)

나는 여기서 나의 '나쁜년스러움bitchness'을 자랑스럽게 선언하며 다른 이들에게도 제안하고 싶다. 동참하지 않겠는가? 여성이든 남성이든, 소년이든 소녀든, 세상의 모든 이는 자신 안에 나쁜년스러움을 가지고 있다. 우리가 왜, 남들이 갈망하는 터무니없는 생각에 동조해야 하는가? 세상에는 불평할 일들, 화를 내야 하는 일들이 너무도 많다. 우리 안의 '나쁜 년'을 끄집어낼 때이다.

더 많은 사람들이 자신들의 나쁜년스러움을 보여줄수록, 아니 축하할수록, 우리 모두 덜 나쁘게 보일 것이며, 진정으로 더 나빠질 수 있다. 이런 생각이 맘에 들지 않는다면 상관 안 할 테니 꺼져달라. 내게는 신경 써야 할 더 좋은 일들이 얼마든지 있다. 아! 긴 하루를 보내고 거들을 벗을 때처럼 기분이 좋다.

오래된 습관들은 없애기 힘들다. 나는 누군가 나를 "나쁜년"이라고 부르면 여전히 움찔하게 된다. 그렇지만 나는 더는 투명 인간이 아니라는 것, 튀지 않아서 누구나 좋아하는 그런 사람이 아니라는 것이 자랑스럽다. 그리고 내가 좋아하는 강아지이자 친구인 진짜 암캐bitch를 떠올려본다.

그녀(암캐)는 신뢰할 수 있고, 다정하며, 가치 있고, 따뜻하다. 보살피는 기질이 있는 데다 지적이고 애정이 많다. 그리고 누군가 나와 내가 사랑하는 사람들을 공격할 경우 갈기갈기 물어뜯을 수 있는 능력 또한 갖추고 있다. 침을 흘리거나 눈물을 흘리는 모습 빼고는 나는 그녀처럼 되고 싶다.

여장부로 불리는 걸 두려워하지 마라

여성에 대한, 특히 남자에게 복종하기를 거부하는 나이 많은 여성들에 대한 또 다른 이름은 '여장부Battle-Axe'*이다. 이 말은 예전에 여전사를 부를 때 사용하기도 했다. 그녀는 신랄한 논평을 하고, 허튼소리 따위는 뭉개버린다. 남성 권력에 의문을 제기하는 여성은 여성스럽지 않다고 공격받으며, 따라서 '바람직하지 않은' 여성이 된다. 그녀는 주류 문화의 규범을 유지하고자 하는 남녀 모두에게 거부당하고 조롱당한다.

남자에게 자동적으로 굴종하지 않는 여성은 화가 난, 재미없는, 거세된, 레즈비언, 여장부 등으로 불린다. 누군가의 권리를 주장하는 것이 남성성에 대한 위협이 된다는 것 자체가 흥미롭지 않은가? 그 이유는 남자아이들은 태어날 때부터 자동적으로 권위를 부여받고, 여자아이들은 이에 복종하는 역할을 부여받기 때문이다. 한 사람의 권리를 인정하는 것이 자동적으로 다른 사람의 권리를 빼앗는 것은 아니다. 그러나 성별에 따른 특권은 다른 한 편을 매우 위협한다. 문화에 따라 상대적 차이가 있지만 남성들은 모든 문화권에서 특권을 누린다. 남성은 아이와 계층을 불문하고 자동적으로 권력을 부여받는다. 페니스는 꽤 유용

----

* '배틀 엑스'는 사납고 단호한 모습 때문에 까다롭고 불쾌하게 느껴지는 중년의 여성을 이르는 말이다.

한 도구이다.

사람들은 남자들이 권위와 원숙함, 남성성을 자랑스러워하듯, 나이 듦과 성숙한 여성성을 자랑스러워하는 여성들을 의아해한다. 어떤 여성들은 나이나 직업적 성취도와 상관없이 "소녀girl"*라고 불리는 것에 반대해왔다. 한편 많은 여성들은 '소녀'라는 호칭을 굳이 문제 삼지 않는다. 여성 이슈 중에는 다른 중요한 문제가 많기 때문이다. 그렇지만 '소녀'를 포함해 남성이 원하는 방식으로 부르는 것에는 숨겨진 뜻이 있다. 이는 통제와 지배의 문제이다. 많은 여성들은 '소녀'라는 단어를 아주 단순하게, 자랑스럽게 받아들이면서 지배 권력에 힘을 실어주었다.

권리를 주장하는 여성들은 종종 "화를 낸다."는 비난을 받는다. 여기서의 '화'는 모욕적인 의미이다. 실제로 화는 성별 구분이 없으며, 우리에게 신체적인 혹은 기타 다른 경계가 침범 당했음을 알려주는 자연의 선물이다.

다음에 소개하는 내용은 여성의 분노에 존중을 표하는 랜디 마미아로의 글이다. 랜디는 열정적으로 총력적 자기방어를 가르치는 남성 강사이다.

----

* 영어권에서의 'girl'이라는 단어가 순종적이고 연약한 여자아이를 칭하며 여자다워지라는 명령에 여성을 가둔다는 문제의식 때문에 사용을 반대하는 여성들이 있다. 또 일부에서는 girl이라고 쓰기보다 호랑이가 짖는 소리와 닮은 gurl이나 grrrrrrl이라 쓰기도 한다.

헬멧 안에서

나는 최근에 임팩트 심화 과정에서 좋은 친구를 얻었다. 그녀는 기초 과정을 두 번이나 이수했지만 함께 수업해본 적은 없는 사이였다. 수업은 후면 기습 공격 시나리오로 시작했다. 패딩 슈트를 입고 매트 위로 올라가자 그녀는 준비 자세를 갖췄다. 매우 크고 힘이 넘치는 목소리로 "안 돼."라고 말했다. 시작이 괜찮았다. 그녀가 팔꿈치 공격과 손바닥 공격술로 내 헬멧을 가격했다. 그녀가 기초 기술을 제대로 배웠음을 알 수 있었다.

그녀는 옆차기 자세로 몸을 돌리며 발을 들어 올렸다. 나는 그녀의 신발 바닥 무늬를 정확히 볼 수 있었다. 공격을 받아낼 준비가 되어 있었으므로 근육들이 자동적으로 이완되었다. 탕! 하고 그녀의 발이 내 머리를 단번에 가격했다.

헬멧을 쓰고 있었으니 망정이지, 내 머리를 친 건 사람의 발이 아니었다. 거의 핵폭탄급 위력이었다. 헬멧 안에 발포 고무가 있어 그나마 다행이었다. 만약 보호 장비를 하지 않은 사람이었다면 그 한 방에 쉽사리 의식을 잃었을 것이다. 나는 '보리스'(가상 가해자 역할을 맡을 때 쓰는 이름)가 되어 두세 번의 옆차기와 엄청나게 충격적인 세 번의 중심 차기 공격을 받았다. 하나하나가 폭탄이 터지는 것처럼 위력적이었다. 각각의 공격 모두 분명 결정적인 타격이었다. 우리 수업의 졸업생들 모두는 가해자의 의식을 잃도록 만들고 자신을 성공적으로 방어할 능력을 갖추고 있다. 그러나 그렇게 모든 공격에 결정타를 날릴 수 있는 사람은 많지 않다.

나는 이런 힘이 어디서 오는지 궁금했다. 내 친구의 기술은 매우 훌륭했으나 완벽하지는 않았다. 평균 정도의 실력이다. 그녀는 영화배우 린다 해밀턴처럼 근육질도 아니며 운동선수도 아니다. 그녀의 발차기에는 물리학이나 생리학 차원에서 설명될 수 없는 무언가가 있었다. 그렇다. 그 공격들의 동력은 무언가 비물질적인, 정신적인 것이어야만 했다. 각각의 공격에는 감정적인 무언가가 담겨 있었는데, 당시 나는 '화'라고 밖에는 달리 생각할 수 없었다.

그러나 화anger라는 말도 내가 받은 느낌을 정확히 표현하지는 않는다. 나는 적당한 용어를 생각해내려 애썼다. 유의어 사전과 웹스터 사전을 찾아보았다. 책장 모서리가 잔뜩 접혀 있는 『대학 생용 웹스터 사전』 7판에는 이렇게 적혀 있었다. "1. 불쾌함, 대개는 적대감을 가진 강한 감정." 글쎄, 그 공격에 숨어 있는 맹렬함을 설명하기에는 충분치 않다. 두 번째 정의도 마찬가지였다. "2.격노rage." 게다가 격노는 공격할 때 자기 통제를 잃었음을 의미하는 것이다. 그러나 그녀의 공격은 정확했고 또 신중했다. 그녀는 맹목적인 분노에서 마구 때린 것이 아니다. 그렇다면 진노wrath? 복수나 처벌의 의도를 포함하므로 의미가 더 가깝지만 여전히 딱 맞지는 않는다. 분명히 엄청난 것이었다.

맞다! 분개outrage가 적당한 단어일 것이다. "상처나 모욕으로 인한 화와 분한 마음", 혹은 감히 말하건대 나는 "폭력 피해로 인한 화와 분한 마음"이라고 하겠다. 내 친구의 우레 같은 공격의 원동력은 바로 분개였다. 그녀는 세상의 부정과 병폐를 바로 보고,

이에 기겁하거나 두려워하거나 슬픔에 잠기길 거부하는 보기 드문 활동가로 알려져 있다. 그녀는 지독하게도 제대로 분개했다.

영화 〈스타워즈〉에서 다스 베이더는 루크 스카이워커에게 말한다. "네 분노를 풀어줘. 네 분노만이 너를 강하게 할 수 있어!" 그러나 이 말은 포스의 어두운 내면이 한 말이다. 당신은 천사의 영역에 머물고 싶은가? 분노를 이용하라. 분개하라. 어떠한 폭력배, 강도, 강간범도 화는 낼 수 있다. 그리고 화는 도덕관념이 배제된 것이다. 좋은 사람들은 분개한다. 혹은 분개해야 한다. 분개는 정의감과 옳고 그름에 대한 믿음에서 나오는 화이다.

모의 훈련을 하는 동안 무엇이 내 친구를 분개하도록 했는지 정확히 알지는 못했다. 그러나 그녀가 그 분개를 활용한다는 것, 그리고 그것이 그녀를 강인하게 만들었음은 알 수 있었다. 매우 강인하게 말이다. 그녀의 강인함은 단순한 화를 넘어섰으며, 투지 혹은 살고자 하는 의지보다도 강한 것이었다. 그녀의 분노가 어디서 왔는지 추측하지는 않겠다. 사람들에게 무엇에 분개해야 하는지 주제넘게 얘기하지도 않을 것이다.

대신 무엇이 나를 분개하도록 하는지 말하고자 한다. 아동 납치, 자신들의 불안함 때문에 아이들을 때리고 언어폭력을 일삼는 알코올 중독 부모, 신뢰를 처참히 저버리고 친족 성폭력을 자행하는 부모들은 정말이지 나를 분개하게 한다. 여학생이 자발적으로 하우스 파티에 참석하면 집단 강간의 먹잇감이 되는 게 당연하다고 여기는 사교 클럽 남학생들, 열두 명도 넘는 여성들을 성폭행한 것으로 밝혀진 연쇄 강간범. 이들이 나를 분개하게 한다. 살면서 남성에게 존중이나 상식적 수준의 예의라곤 받아본 적이 없어 모든 남성을 두려워하게 된 여성들, 모든 이에게는 자부심을 가질 권리와 온전해질 권리가 있음에도 이를 배울 기회가 없어 남녀 모두 정신적인 피해를 입었다는 사실, 강간과 폭행으로 형을 살고 나와서도 다시 강간을 저지르는 범죄자들. 이 모두가 나를 분개하게 한다. 불행히도 나는 이 목록을 계속 이어갈 수 있다. 그리고 이 점이 또 나를 분개하게 한다.

분개는 아무 곳에나 향하는 불분명한 화가 아니며, 맹목적으로 노발대발하거나 혹은 끓어오르긴 하지만 무기력한 화도, 그리고 좌절도 아니다. 분개는 더는 당하기를 거부하는 피해자들에게서 나오는 에너지이다. 또한 자신이 옳다는 것을 아는 사람한테서 나오는 것이다. 우리의 권리를 침해하는 사람들을 향한 집중적이고 멈출 수 없는 분노의 레이저 빔이다. 강도의 공격을 막아내는 것은 당신 내면의 분개이며, 당신의 팔과 다리, 킥과 손바닥 공격은 그 힘을 전달하는 매개체일 뿐이다. 그러한 힘을 받아내고 수비하는 사람 입장에서 하는 말이니 믿어도 좋다. 기술 그 자체로는 아무것도 아닐 수 있지만, 내면의 분개에서 나오는 힘을 이용한 기술은 이겨낼 수가 없다.

— 랜디 마미아로

272

우리 모두의 내면에 있는 보아디케아

이 책의 표지에 나온 여성은 실제 인물이다.* 그녀는 보아디케아 여왕으로 런던의 국회의사당 근처 템스 강 다리 옆에 동상이 세워져 있다. 두 마리 말이 끄는 마차에 보아디케아 여왕과 두 명의 젊은 여성이 함께 있는 모습이다. 브리튼 섬의 여왕이었던 그녀는 강간당한 딸의 복수를 하기로 결심한다. 체격이 크고 사나운 여왕은 병사를 이끌고 로마군에 대항하다 서기 62년에 사망하였다.

보아디케아Boadicea는 근대 속어인 '대담함bodaciousness'의 전형이다. 『아메리칸 헤리티지 사전』에 따르면 'bodaciousness'는 (용감함을 뜻하는 bold와 호기로움을 뜻하는 adacious의 혼성어로) "두려움 없이 용감하거나 용기 있는"의 뜻을 갖는다. 그러나 나는 이와 같은 정의를 믿지 않는다. 이 'bodaciousness'는 보아디케아 동상을 올려다보고 경외심을 느낀 아이들에 의해 만들어졌을 것이라고 장담한다. 사전의 권위에 의문을 제기한다고? 대담하지 않은가!

『아메리칸 헤리티지 사전』에서 보아디케아는 "서기 62년에 사망한 영국 여왕. 로마를 상대로 반란을 일으켰으나 참패함."이라고 돼 있다. 중요한 여성 지도자에 대한 설명치고는 얼마나 형

....

* 영어판 표지에는 AD 61년 로마군에 맞서 싸운 보아디케아 여왕의 기마상 그림이 실려 있다(이 책에서는 4쪽에서 확인할 수 있다). 보아디케아는 영국 켈트족 중의 하나인 아세니Iceni 부족의 통치자였다. 원래는 여왕이 아니라 왕의 아내였다.

편없는 묘사인가. 사전도 인간이 만든 것이다. 보아디케아에 대해 적은 사전의 저자는 다음과 같이 쓸 수도 있었다. "서기 62년에 사망한 영국 여왕. 역경에 용감하게 맞선 여왕으로 잘 알려짐. 소수의 군대로 로마의 부대를 공격함." 아마도 사전 편집자 중에는 보아디케아에 대해 제대로 아는 여성 편집자가 없었을 것이다.

당신의 가슴 속에 보아디케아를 위한 자리를 만들어준다면, 그녀는 당신 안에 세 가지 모습을 일깨워줄 것이다. 우리의 딸들이 겪는 부당함을 밝히겠다는 결심, 우리의 딸들이 미래에 보다 나은 삶을 살 수 있도록 하는 비전, 역경에 맞서 행동을 취하는 의지!

자유롭고 평등한 삶을 위한 용기에는 성별이 없다

우리는 남자아이들의 용기와 용맹스러움, 용감함, 위험을 감수하는 모습, 고통과 괴로움을 참아내는 능력에 가치를 부여한다. 그러나 여자아이들에 대해서는 같은 기대를 하지 않는다. 여자아이들을 용감함의 윤리에서 배제시키는 태도는 결국 그 아이들을 피해자로 만든다. 우리는 여자아이들이 비겁함을 물리치도록 하기보다는 겁쟁이가 되도록 허락한다. 그러나 한 가지를 감수하지 않으면 다른 하나도 얻을 수 없는 법이다.

"샐리, 나무에 올라가지 마. 떨어지면 다쳐." 그렇다. 샐리는 아마도 떨어져 다칠 것이다. 그래서 그게 어떻다는 건가? 아이들이 다치길 바란다는 것은 아니다. 남자아이인 스탠리 역시 다칠 수 있지만 위험을 감수한 대가로 더 큰 용기를 얻는다. 아이들이 감당하기 힘들 것이라 가정하고 그들의 삶을 제약하면 결국 뼈가 부러지는 것처럼 마음과 영혼을 다치게 된다. 위험을 감수하거나 패기를 시험할 기회를 갖지 못하면 역량은 약화될 수밖에 없다.

'용기'에는 성별이 없다. 위험에서 자신을 보호하는 신체적 능력도 마찬가지이다. 조직적으로 남자아이들은 용감하고 강인하게, 여자아이들은 수동적이고 약하게 훈련시키는 것은 모든 이에게 비극이다. 용기는 생존을 위해, 정신적·신체적 건강을 위해, 세상을 위해 남자아이와 여자아이, 여성과 남성 모두에게 필요한 것이다.

많은 여성들은 어려운 상황에 닥치면 '무기력한 여성'의 이미지에 기댄다. 그것이 나무에 오르는 것이든, 곤란한 전화를 거는 일이든, 필요한 것을 부탁하거나 다른 사람에게 물러서라고 말해야 하는 경우든, 한밤중에 의심스러운 소리가 날 때 확인해야 할 경우든 마찬가지이다. 여기서부터 잘못됐다. 용기는 삶을 위태롭게도 하지만, 자유롭고 평등한 삶을 위한 필수 덕목이기도 하다. 위험한 직종에 종사하는 여성들은 우리에게 이 점을 상기시켜준다. 여성 경찰관, 군인, 조종사, 우주 비행사들은 부상이나 죽음의 실제적인 위험을 감수하는 개척자들이다. 짐작컨대 여류 비행사인 아멜리아 에어하트 역시 자신의 꿈과 가슴의 소리를 따르다 죽었을 것이다.

잊고 살 때가 많지만, 우리 여성들도 용기의 전통을 가졌다. 지난 천 년 동안 분만 중에 사망하는 여성은 셀 수 없이 많았다. 여성들에게 결혼과 임신은 목숨을 건 용기가 필요한 행동이었다. 남편과 같이 자는 것만으로도 위험에 노출되는 것이다. 사랑하는 사람과 함께 있고 싶은 마음을 떨쳐버리고 용감하게 저항했던 식민지 여성들, 개척자 여성들도 셀 수 없이 많다. 아메리카 원주민 여성들은 가족과 부족을 지키다 죽었고, 노예 여성들은 말할 수 없는 고문, 강간, 비인간적인 상황들을 견뎌냈다. (노예였다가 탈출한 많은 이들은 위험을 무릅쓰고 다른 이들을 풀어주려 다시 돌아갔다.) 지금도 멕시코와 중앙아메리카 여성들은 더 나은 삶을 위해 목숨을 걸고 국경을 넘는다.

용기 있는 여성들의 사례는 사람들만큼이나 다양하고 많다. 위험한 이웃들을 대면하는 것은 여성들의 일상사이기도 하다. 주위를 둘러만 봐도 용감무쌍한 여성 롤 모델은 충분히 많다. 용기를 키우고자 한다면 이러한 여성들에게 영감을 얻어야 한다. 우리의 딸과 조카들, 손녀들을 용감한 여성으로 키우고자 하면 무엇보다 우리 자신이 롤 모델이 되어야 한다.

용기courage라는 단어의 어원은 로망스어*로 '심장'(라틴어로 심장을 뜻하는 'cor'에서 기원)이다. 프랑스어의 'coeur', 스페인어

....
* 근대국가의 성립과 동시에 국어가 된 프랑스어·이탈리아어·에스파냐어·포르투갈어·루마니아어 등이다.

의 'corazon', 이탈리아어의 'cuore'도 있다. 심장(마음)을 갖는 것, 심장(마음)을 주는 것은 대부분의 사람들이 사랑하고 존경하는 자질이다. 누구도 겁쟁이를 좋아하지는 않는다. 심지어 겁쟁이들조차도 겁쟁이가 되는 것을 싫어한다. 그러나 우리는 여자아이들에게 절망하라고, 무섭거나 위험한 것에서 도망치라고 가르친다. 우리는 여자아이들이 공포를 넘어서는 경험을 하지 못하도록, 말 그대로 '단념dis-courage'하도록 교육한다.

만약 어떤 여성이 무언가 용감한 일을 하면, 우리 중 많은 수는 "그녀는 고환이 있어she has balls."* 라고 말한다. 위험을 감수하는 상황을 뜻하는 '고환balls'에 상응하는 여성적 등가물이 없다. 여기서 고환은 '용기'와 마찬가지이다. 나는 여성들의 용맹스러움을 지칭할 때 이렇게 말하기 시작했다. "그녀는 난소ovaries가 있어." 혹은 "그녀는 생식샘gonads이 있어." 생식샘은 고환과 난소 모두를 가리키는 과학적 용어이므로 남자아이나 여자아이에게 "용감한데what gonads!"라고 말하는 것도 전혀 이상할 것이 없다.

우리는 남자아이들이 두려움에 맞설 것이라 기대한다. 부모들은 남자아이들이 전략적인 위험 뿐 아니라 물리적 위험을 수반하는 게임과 활동에도 온전히 참여하도록 말 그대로 '장려en-courage'한다. 그렇다면 여자아이들에게도 똑같이 하도록 허락함으로써 용기를 키울 수 있다. 더럽혀지는 것, 상처 입는 것, 맞붙

---

* 배짱이 있다는 의미로 쓰인다.

어 싸우는 것, 남자아이들보다 앞서는 것, 자신들의 힘과 한계를 경험하는 것. 우리는 너무도 많은 소녀들이 이러한 경험을 하지 못하도록 했다.

운동경기에 대한 경험이 제한된 소녀들은 자신이 몸으로 할 수 있는 것과 할 수 없는 것이 무엇인지 잘 알지 못한다. 반면 신체적 활동과 운동을 경험한 소녀들은 실제로 자신이 얼마나 강력한지 알게 된다.

용기와 비겁함. 우리 모두는 성별과 상관없이 모두를 가지고 있다. 용기는 자신이 한 행동에 책임지는 것, 비겁함은 책임을 회피하는 것이다. 우리는 행동에 따른 결과를 감내해야 한다. 그리고 그 과정을 통해 인격을 닦아 나간다.

입장을 갖는다는 것은 내게도 늘 쉽지 않은 일이었다. 많은 것들에 대해 어떻게 생각해야 할지, 뭐라고 말해야 할지 몰랐던 시절도 있었다. 내가 비정상이었다고 말할 수는 없다. 나는 남자들 주변의 '말 못하는' 여성들, 친척들, 낯선 사람들을 관찰하기 시작했다. 생각하고 말할 수 있는 용기는 자존감과 인정을 위해 남자들에게 의지해야만 했던 여성들에게는 매우 중요한 문제이다. 바깥에서 오는 존중은 늘 변하지만 스스로를 사랑하는 마음은 계속 생겨날 수 있다. 공포가 공포를 불러오는 것과 마찬가지로, 용기는 또 다른 용기를 가져온다. 대범함은 대범함을 불러온다. 용기는 정신적으로 전염되는 것이다. 그리고 나쁜 년, 사나운 년 혹은 대담무쌍한 여자가 되는 것은 영혼에 충실한 것이다.

12

사나움과 투지를 키워라

싸움에서 중요한 것은 여성의 체격이 얼마나 큰가가 아니다.
내면의 투지가 얼마나 큰가이다.[*]
– 마크 트웨인의 개에 관한 명언의 변형

"엄마, 아빠! 조니가 나 때렸어요." "같이 때려." 나는 부모님에게 이런 말을 들어보지는 못했다. 당신은 어떠한가? 내가 들은 말은 "걔가 널 좋아해서 그래. 그냥 무시해."였다. 나를 좋아해서 때렸다고?

나는 징징거렸다. "그렇지만 맞는 건 싫어요." 그 아이는 또

....

[*] 미국의 소설가 마크 트웨인의 명언 "중요한 것은 싸우는 개의 크기가 아니라 개가 어떤 싸움을 하느냐이다."를 변형시킨 표현이다.

나를 때렸다. 남자아이들은 여자아이들을 때리지 않아야 하는 거 아닌가? 결국 나는 질려버렸고, 조니와 싸움을 시작했다. 그 아이를 정말로 다치게 할 마음은 없었다. 나는 거친 면보다는 부드러운 면이 더 많은 아이였다. 조니는 내 가슴 위로 올라탔고, 양 팔꿈치를 이용해 이제 막 생긴 내 유방을 힘껏 때렸다. 견디기 힘들었다. 나는 울음을, 조니는 웃음을 터뜨렸다.

"너는 네가 힘이 세다고 생각하지?" 조니는 고소하다는 듯 바라보며 말했다. 내가 남자랑 실제로 싸운 건 그때가 마지막이었다.

소녀들이 의기소침한 이유

여자아이들에게 공격을 당할 때 어떻게 대처해야 하는지 보여주는 영화가 있었다면, 아마도 그 아이를 이겼을지도 모른다. 혹은 여자아이들이나 성인 여성들이 서로 성공적인 자기방어 사례를 나누는 것이 일반적이었다면, 내가 들은 이야기 중 활용할 만한 무언가를 찾아냈을지도 모른다. 나는 그 아이의 다리 사이를 걷어찼을 수도 있다. 그 아이는 내 가슴을 공격했다. 나는 왜 조니의 고환을 공격하지 않았을까? 그렇게 하면 조니가 다칠 것이라는 걸 알고 있었지만 나는 다른 사람을 다치게 하면 안 된다고 세뇌당한 아이였다. 게다가 절대로, 절대로 남자아이의 다리 사이를 때리면 안 된다고 들어왔던 터였다. "다리 사이를 공격하면 평생 불구가 될 수도 있어." 그러면 나는?

내 몸이 영구적인 상처를 입지는 않았지만, 그 겨울 방학에 사우스다코타 운동장에서 내 투지는 커다란 타격을 입었다. 나는 정서적, 심리적으로 남성과 여성의 힘의 정치학을 느낄 수 있었다. 조니는 내가 자기에 대해 어떻게 생각하는지, 자기에 대해 뭐라고 말하는지, 자기가 한 일로 인해 어떠한 결과가 생길지 신경 쓰지 않았다. 왜냐면 어떠한 후폭풍도 없을 테니까. 조니가 맞았다. 나를 비롯해 어느 누구도 조니의 책임을 추궁하지 않았다. 만약 나만의 정의를 실현했다면, 조니는 내가 그랬던 것처럼 울음을 터뜨렸을 것이다.

어린 시절을 회상해본다. 초등학교 1, 2, 3학년 때 남자아이가 나를 때리면 나는 가만히 있지 않았다. 그러나 4학년부터 나는 몹시도 매력적인 소녀가 되고 싶었다. 캐롤 길리건Carol Gilligan은 그녀의 책 『다른 목소리로』에서 여자아이들이 열한 살 무렵 슬럼프에 접어드는 경향이 있다고 밝혔다. 나는 내 삶에서의 경험으로 길리건의 분석에 깊이 공감하지만, 그녀는 자기방어의 신체적 측면과 여자아이들이 스스로를 방어하지 않게 된 맥락에 대해서는 다루지 않았다.

6학년 때까지는 남자아이들이 건드려도 특별히 대응하지 않았고, 남자아이들 역시도 이 점을 잘 알고 있었다. 남자아이들은 자신에게 모든 여자아이들을 겁먹게 할 위협적인 요소가 있음을 알고 있었다. 우리는 신체적 외상에 대한 무의식적 두려움과 반격하기를 꺼려하는 마음 때문에, 남자아이들이 우리의 경계선을 침범해도 책임을 묻지 않았다.

부당하게 대한 책임을 묻지 않는 한 여성들과 소녀들은 결코 자유로울 수 없을 것이다. 같은 상황이었다면 남자들끼리는 신속하고 확실한 결과가 따랐을 것이다. 육체적인 공격을 가하든 혹은 제도를 통해서든 여성들에게도 마찬가지의 정의가 적용되어야 한다. 제도적 장치는 때로 누군가를 정의의 심판대에 올리는 데 적합한 도구이다. 그러나 우리의 안전이나 권리를 보호하기 위해 외부의 권위에만 의존하는 것은 불가능할뿐더러 불만족스러울 수 있다. 정의가 실현되지 않거나 계속 미뤄지기만 한다면 소녀들은 의기소침해질 수밖에 없다. 우리가 맞서 행동하기로 결정하든 아니든, 적어도 폭력배나 불량배들에게는 우리만의 정의를 전달하는 법을 알고 있어야 한다.

위기 상황에서 얼어붙지 않는 아이로 키워라

어떤 격언들, 특히 아이들에게 순응적인 행동을 강화하는 말은 위험하다. 예를 들면 "아이들은 그 자리에 있어도 되지만 얌전히 있어야 한다.", "모르는 게 약이다." 등이 그것이다. 이런 진부한 격언은 바뀌어야 한다. 우리는 '아이들은 자신들을 해치고자 하는 어른들 앞에서 무기력해진다.'고 생각한다. 물론 전력을 다하는 싸움에서는 대부분 어른들이 유리하다. 그러나 아이들이 간단한 자기방어 기술을 연습하면 얘기가 달라진다. 불행 중 다행인지 성추행범들은 싸움이 벌어질 것이라 예상하지 못한다. 그들은 꼼짝 못할 아이, 문제를 일으키지 않고 소란을 피우지 않을 아이를 찾는다.

다음은 로스앤젤레스 교외인 샌 페르난도 밸리에 사는 열한 살 소녀의 이야기로, 아이들을 스토킹하는 성추행범에 대한 보도를 들은 후 가해자를 막아낸 사례이다. 소녀는 성추행범 관련 경보에 귀를 기울였고, 꼼짝 못하고 얼어붙는 대신 있는 힘껏 도망쳤다. 어른들로부터 배운 지침, "낯선 사람들과는 얘기하지 마." 그리고 "도망쳐."를 따름으로써 더 큰 피해를 입지 않은 것이다. 그러나 만약 그 소녀한테 더 많은 정보가 있었다면 (이는 그 누구에 대한 비판도 아니며, 특히 그 아이에 대한 비판은 더더욱 아니다.) 상황은 달라졌을 것이다. 소녀가 자기방어 관련 정보로 좀 더 무장되었다면 가해자(그 남자는 샌 페르난도 지역에서 9개월 동안 신고된 26건의 아동 성추행 사건 중 6개 사건의 용의자였다.)를 체포했을 수도 있다.

그 소녀는 등굣길에 의장대 호루라기를 집에 두고 왔음을 깨닫고 집으로 발길을 돌렸다. 집에 도착했을 때 어떤 남자가 자신을 따라온 게 아닌지 의심스러워졌다. 그 소녀는 바로 그 순간에 집 안에서 경찰에 전화할 수도 있었던 것이다.

우리는 아이들에게 자신의 본능을 신뢰하도록, 그리고 만약 본능이 틀렸다고 해도 잠시 당혹스러울 뿐이라고 가르쳐야 한다. 한편 괴롭힘과 조롱을 당한 아이들에게는 당혹스러움을 느끼는 것 자체가 몹시 고통스러울 수 있다.

가해자가 다가오거나 몸을 붙잡았을 때 "경찰에 전화해주세요!" 혹은 "도와주세요."라고 있는 힘껏 소리치는 것도 효과적인 방법이다. 가해자들은 주변의 어른들에게 주목받고 싶어 하지 않으며, 문제가 되는 상황을 피하고자 한다. 그들은 얌전히 있어야 한다는 규범을 깨뜨리는 아이들을 원치 않는다.

또 다른 이야기가 있다. 캘리포니아 페탈루마에 있는 폴리 클라스*의 집에서 여자아이들이 파티 중이었다. 그날 소녀들이 시끄럽게 소리를 질렀다면 어땠을까? 물론 그렇다고 해도 칼을 들고 있던 가해자가 폴리나 다른 친구들을 해치지 않았으리라는 보장은 없지만, 근처에 있는 어른들에게 알릴 수는 있었을 것이다. 우리는 가해자가 피해자를 고립시키기 전, 공격 초반에 대항하는 것이 훨씬 낫다는 점을 기억해야 한다.

그러나 아이들은 그저 순하고 작은 인간이며, 위협받을 때조차 누군가를 해치거나 '이상하게' 굴지 않으려 한다. 아이들에게 (그리고 어른들에게도) 누군가 다가와 말을 걸 때 단순히 소리치

....

* 1993년, 당시 열두 살이던 폴리는 엄마 집에서 친구들과 파자마 파티를 하던 중 유괴되었다. 이후 성폭행당하고 살해된 채 발견되었다.

고 도망가라고만 하는 것은 충분치 않다. 아이들을 포함해 우리 모두는 소리를 지르고, 한바탕 소란을 피우고, 문제를 일으켜야 한다. 그것에 대해 불편해하면 안 된다. 우리는 지진이나 화재에 대비해 비상 훈련을 하는 것처럼 폭력 상황에 대해서도 마찬가지로 연습을 해두어야 한다.

사람들이 위기 상황에서 굳어버리는 이유는 그런 경험이 없기 때문이다. 어린이들에게 자기방어술을 교육하는 키드파워의 상임이사인 아이린 반 더 잔드도 자신의 아이들이 (그녀가 그랬던 것처럼) 고함을 쳐야 할 때 얼어붙는 건 아닌지 걱정됐다. 그녀의 짐작이 맞았다. 그녀의 아이들도 소리 지르는 것을 두려워했다. 그녀가 택한 방법은 아이들을 한적한 곳으로 데려가 "안 돼요.", "도와주세요.", "경찰에 전화해주세요."를 연습시키는 것이었다.

샌 페르난도 밸리의 그 소녀는 가해자를 팔꿈치로 밀치고(이는 완전히 효과적인 동작이었다.) 도망쳤다. 우리는 아이들에게 바로 이 부분, 그러니까 자신의 몸이 크든 작든 단단한 부위를 이용해 어른의 약한 부위를 가격하면 효과적이라고 가르쳐야 한다. 무협 영화와 드라마는 남성들이 고통에 강하다는 이미지를 전파한다. 그러나 이는 실제와 다르다. 반면 강간범들과 성추행범들은 텔레비전이나 영화에서 아이들이 쉽게 표적이 되는 것을 보고, 자신의 범행이 성공하리라는 확신을 갖는다. 이제 그런 잘못된 이미지를 바꿔야 한다.

자기방어는 훈련보다 투지가 앞선다

유능한 자기방어 강사라면 누구나 위험에 처했을 때 가장 중요한 것은 '살고자 하는 의지'라고 말할 것이다. 기술도 중요하지만, 공식적 훈련 유무를 떠나 '투지'가 필요하다. 나는 총력적 자기방어 훈련의 공공연한 지지자이다. 어떠한 종류의 훈련이든 안 하는 것보다 낫다고 믿는다. 하지만 훈련하든 안 하든 여성이나 아이들은 충분히 반격할 수 있다. 타고난 투지가 있다면 싸움에서 충분히 이길 수 있다. 투지를 강화하는 방법 중 하나는 성공적인 방어 사례를 공유하는 것이다. 나는 이 장에서 소년, 소녀들의 사례를 포함시켰다. 아이들의 경험에서, 이른바 '풋내기들의 킥'*에서 배울 점이 있기 때문이다. 다음의 사례들은 훈련받지 못한 이들도 자기방어에 필수적인 요소를 갖고 있음을 보여준다.

사례 1 열 살 소년, 납치당할 뻔한 동생을 구하다
1994년 10월 23일, 연합통신(AP)의 머리기사로 실린 이야기이다. 열 살 카메론 노엘(125센티미터, 30킬로그램)은 일흔세 살의 아르만도 하람보르의 '약점'을 걸어차며 반격했다. 하람보르는

----

* "어린아이가 애 같지 않게 아주 똑똑한 소리를 한다."는 속담을 변형시킨 것으로, 어리거나 경험이 많지 않은 사람이 어른스러운 말이나 현명한 생각을 하는 경우를 지칭한다.

루이지애나 주 섈맷에서 다섯 살 남자아이를 잡아 차 뒷자리에 밀어 넣고 있었다. 카메론은 이때 공격을 시작했다. 하람보르는 사타구니를 맞고 몸을 웅크렸고, 카메론은 다시 머리를 가격했다. 카메론은 차에서 어린 동생을 구출해냈다.

카메론 노엘이 스스로를 보호하기 위해 자신의 '투지'를 이용했다면 다른 사람들도, 당신도 마찬가지로 할 수 있다.

사례 2 어린 여학생, 납치범의 사타구니를 걷어차다

1993년 11월 23일, 『LA타임스』 특파원인 토미 리는 한 여학생의 이야기를 보도했다. "캘리포니아 라크라센타의 열네 살 여학생, 하굣길에 만난 납치 미수범과 싸우다." 아래는 기사 원문 그대로이다.

지난주, 열네 살 '피해자'는 보안관에게 "이십 대 중반의 한 남자가 나를 붙잡고, 차에 타라고 요구했어요."라고 말했다. 거절하자 그 남자는 등을 때렸다. 여학생은 가해자의 사타구니를 재빠르게 걷어찼고, 가해자가 땅에 쓰러진 틈을 타 빠져나올 수 있었다. …

소녀는 엄마를 화나게 하고 싶지 않아 경찰에 신고하지 않았다. 아마도 자유를 빼앗길까 봐 걱정되었던 것 같다. 결과야 어찌되었든 위험한 상황이 있었다고 말하면 벌을 받거나 행동에 제약을 받을까 봐 겁내는 아이들이 많다. 나는 기사에서 여학생

을 여전히 '피해자'라고 언급한 점이 흥미로웠다. 여기에서 피해자는 고환에 멍이 든 남자인데 말이다. 많은 사람들이 피해자에게 말하듯 "그 남자가 자초한 일이다." 이 경우는 틀림없이 맞는 말이다. 그녀가 했다면 당신이나 당신의 딸, 아들도 마찬가지로 할 수 있다.

사례 3 분노한 질의 한판승

북부 캘리포니아의 한 여성은 한 번도 훈련받은 적은 없지만 성공적으로 자신을 방어했다. 이 사례는 싸움을 배우기 전 나에게 용기를 북돋아주었다. 그녀는 직장에서 근무하는 어머니와 통화 중이었다. 당시 질은 어머니 집에서 빨래를 하고 있었고, 어머니에게는 얘기하기 전이었다. 현관문을 노크하는 소리에 그녀는 수화기를 내려놓은 채 문으로 다가갔다.

한 남자가 갑자기 문으로 뛰어들어 질을 공격하기 시작했다. 그 남자는 사람을 잘못 골랐다. 질은 분개했고, 긁고 할퀴고 고함치고 걸어차고 때리며 침입자와 엉켜 바닥을 굴렀다. 한편 질의 어머니는 전화기 너머로 싸우는 소리를 듣고 딸의 집으로 경찰을 보냈다. 경찰이 도착했을 때 질의 아파트에는 아무도 없었다. 결과적으로 질은 자신을 방어하는 데 성공했다. 가해자는 포기했고, 가능한 빨리 그 집에서 달아났다. 질이 그를 물리친 것이다!

질은 공식적인 훈련을 받은 적이 없다. 단지 자연스러운 본능을 이용했을 뿐이다. 그녀의 사례를 통해 누군가에게 전화할 때 내가 있는 장소를 알리는 게 좋겠다는 생각을 하게 되었다.

사례 4 지금 싸우거나 나중에 죽거나

이 사례는 아파트 건물의 '안전' 주차 구역에서 벌어진 일이다. 카르멘의 차가 주차장으로 진입하자마자 남자 두 명이 탄 차가 따라 들어왔다. 카르멘이 차에서 내리자 남자 하나가 총을 겨누었다. 그녀는 도망칠 곳이 없었다. 자신의 차와 남자들의 차 사이에 낀 상태였다. 그들은 차 문을 열어두고 그녀를 밀어 넣을 준비를 하고 있었다. "지금 싸우거나 나중에 죽거나", 그녀는 돌연 이런 구절이 떠올랐다. 그녀의 생각은 정확했다. 그녀는 남자의 손목을 잡아 총이 빗겨나도록 했다. 남자는 총으로 카르멘의 이마를 마구 때렸고, 발사된 총알은 차 유리를 박살냈다. 가해자는 권총이 발사되자 차에 올라탔다. 두 남자가 탄 차가 끼익 소리를 내며 움직였지만, 주차장 자동문은 열리지 않았다. 그들은 차를 버리고 달아났다.

카르멘은 이마를 열여섯 바늘 꿰매야 했고, 권총이 발사되는 바람에 약간의 청력 손실을 입었지만, 다행히도 무사했다. 그녀는 나에게 이 이야기를 해줄 만큼 활기찼다. 그녀는 훈련을 받은 적은 없었지만 위험 상황임을 제대로 판단했고, 본능을 따름으로써 스스로를 구할 수 있었다. 『공포가 주는 선물』에서 개빈 드 베커가 말한 것처럼, 그녀는 그녀 자신의 직감을 현명하게 활용했다.

사람들은 상대를 협박하기 위해 흉기를 이용한다. 만약 가해자가 차량이나 총, 몸을 구속할 수 있는 어떤 장치를 갖고 있는 상황이라면, 가장 최선은 잡혀가지 않도록 죽어라고 싸우는 것이다. 비록 다치더라도 끌려가 고립되는 것보다 생존 확률이 높다. 총, 밧줄, 강력 접착테이프 등을 이용하는 사람들은 정말로 악의적인 의도가 있는 것이다. 그 사람들이 "그냥 내가 하라는 대로 해. 그러면 넌 괜찮을 거야." 혹은 "순순히 따라와, 안 그러면 죽여버릴 거야."라고 할 때 절대로 믿어서는 안 된다. 그들의 말을 듣고 대응할 수 있는 말을 하라. 그러나 절대로 믿지는 마라. 끌려가지 않도록 할 수 있는 모든 것을 하라.

제인 브로디 기자가 쓴 『뉴욕타임스』 기사는 가해자가 흉기를 사용해 피해자를 자동차에 태우려 할 때의 대응 방법을 다룬다. 기사에서 오클라호마 대학 경찰인 루테넌트 웰쉬는 "아니요. 나는 안 탑니다."라고 말하고 자리를 뜨거나 도망칠 것을 권한다. 웰쉬에 의하면 가해자가 권총을 발사하지 않을 확률은 98퍼센트, 가해자를 따라가면 살아남지 못할 확률도 98퍼센트라고 한다.

혹시라도 결박당한 채 차량에 실리게 되어도 절대로 포기하지 마라. 호흡을 조절하고, 계획을 짜고, 틈을 엿보라. 가해자가 솔깃해할 만한 제안을 하고, 거짓말을 하고, 스스로를 죽음에서 구하는 데 필요한 것이라면 무엇이든 하라.

사람들은 "반격하면 죽이지 않을까요?"라고 질문한다. 사실이다. 반격은 죽음으로 이어질 수 있다. 그러나 위험 상황에서 소극적으로 구는 것도 죽음을 초래할 수 있다. 그렇다면 맞서 싸우는 것이 선택지가 될 수 있도록 자기방어 기술을 익혀두는 것이 낫지 않을까? 싸우든 가만히 있든, 어떤 방식을 택하든 간에 자기방어에서 주요한 점은 내면의 소리 혹은 직관에 귀를 기울이는 것이다. (이는 가장 중요한 것은 아니라 하더라도 매우 중요한 부분이다.) 공식적 훈련 없이 자신을 방어해낸 여성들은 자신이 무기력하다고 생각하지 않는다. 그들은 행동으로 보여준다.

사례 5 조깅하던 여성, 갑작스런 공격에 대항하다
『LA타임스』 전속 기자인 비비안 루 첸은 조깅 중에 나타난 괴한에 맞서 싸운 여성의 일화를 소개했다. 열여덟 살의 이 여성은 밤 11시에 혼자 조깅을 하고 있었다. 존 마이클 류라는 서른네 살 남성은 화학약품을 묻힌(피해자의 의식을 잃게 할 목적으로) 헝겊을 지닌 채 숨어 있었다. 여성이 나타나자 그는 얼굴을 마구 가격하기 시작했다. 경찰에 의하면 그녀는 "발로 차고 때리다가 마지막으로 복부를 걷어찼고, 결국 가해자가 몸을 웅크렸다."고 한다. 그녀는 집으로 달려갔고, 경찰에게 가해자의 인상착의를 알렸다. 가해자는 자신의 차로 돌아가다 경찰에 체포되었다.

사례 6 112세 할머니, 도둑에 맞서 싸우다
"혈기왕성한 어르신, 도둑에게 뼈저린 교훈을 가르쳐주다." 이것은 나이트 라이더 신문에 실린 다음의 이야기에 L. A. 존슨이 달아놓은 부제이다.

낚시꾼이자 정원사인 이 '놀라운' 할머니, 로지아 리 엘리스는 지난 35년 동안 디트로이트 지역에서 활기찬 삶을 이어왔다. 어느 날 도둑이 집으로 쳐들어왔을 때 그녀는 그를 붙잡았다. 그 남자는 182센티미터, 로지아는 겨우 152센티미터에 불과했다. 남자는 할머니를 바닥에 내동댕이쳤지만 그녀는 바짓가랑이를 붙잡고 놓아주지 않았다. 그는 벗어나려고 애쓰는 것밖에 달리 할 수 있는 게 없었다. 아무 소리도 낼 수 없었다. 이웃들은 로지아가 지르는 소리를 듣고 몰려왔고, 도둑은 달아나버렸다.

사례 7 성매매 여성, 연쇄 강간 살인범을 잡다

『LA타임스』는 연쇄 강간 살인 흉악범 윌리엄 L. 서프 사건의 유일한 생존자인 한 성매매 여성이 재판에서 중요한 증언을 했다고 밝혔다. 그녀는 20달러를 받고 성관계를 하는 데 동의했고, 가해자는 그녀를 한 폐가로 데려갔다.

그는 1달러를 건넸고, 그녀가 뭐라 말하기도 전에 거의 의식을 잃을 때까지 목을 조르기 시작했다. 그녀는 손전등으로 그의 머리를 내리치고 손가락을 세게 물어 이가 부러진 채로 도망쳐 나왔다. 결국 서프는 다른 성매매 여성 열세 명의 살해범으로 유죄판결을 받았다. 그녀는 맞서 싸움으로써 다른 여성들의 목숨 또한 구한 것이다. 그녀는 영웅이다.

이 사례는 강간범들이 어떠한 피해자를 노리는가에 대한 "관습적 무지와 잘못된 통념"을 상기시킨다. 어떤 사람들은 성

매매 여성들은 직업상 "당할 만하다."고 너무도 무신경하게 말한다. 또 어떤 이들은 "예쁘고 젊은 여성들", "정력적인 남자들의 관심을 끌도록 옷을 입는 여성들" 혹은 "잘 모르는 장소나 가지 말아야 할 곳에 가는 여성들"만이 강간 피해자가 된다고 생각한다. 하지만 이는 사실이 아니다.

사례 8 한밤에 침입한 남자의 급소를 비틀다

마지막으로 소개할 이야기는 가장 중요한 자기방어 사례들 중 하나이다. 이 사례는 마이클 료코가 발표한 칼럼으로 미 전역에서 관심을 끌었다. 료코는 집에 침입한 가해자를 쫓아내는 데 성공한, 생기 가득한 여성 커티슨 로드에 대해 소개했다. 그녀는 혼자 힘으로 '사태'를 해결했고, 그 '사태'는 가해자에게 커다란 문제가 되었다.

미시시피의 작은 마을에 사는 커티슨 로이드는 한밤중에 한 남자의 인기척을 느끼고 잠에서 깼다. 강간과 약탈이 목적이었던 이 남자는 "소리 내면 죽어. 불 꺼. 입 닥쳐. 소란 피우지 마."라는 전형적인 협박을 늘어놓았다.

그는 옷을 벗고 커티슨 로이드의 침대로 뛰어올랐다. 법원 기록에 의하면 이후 전세가 역전되었다. "저는 그걸 잡아당겼어요. 그러고는 완전히 비틀어버렸죠." 재판에서 그녀가 한 말이다.

"그 남자는 오른손으로 제 머리 옆쪽을 심하게 때렸어요. 그 남자가 때릴 때 저는 왼손으로 음낭을 움켜쥐고 그걸 반대쪽으로 비틀었죠. 그 사람이 소리를 질렀고 같이 침대에서 떨어졌습니다. 그 남자가 두세 번 더 후려쳤지만 충격이 심하진 않았죠. 그 남자는 그때 힘이 좀 빠진 것 같아요."

나이 드신 로이드의 숙모는 당시 아무 소리도 듣지 못했다. 강력한 비틀기와 고함은 침실에서 복도로 이어졌다.

"그 남자는 나가려고 했고, 저는 그 사람을 꽉 잡고 있었어요. 그리고 그 사람이 저를 복도 한쪽 벽에다 내던졌어요. 그 사람을 놓치면 저를 죽일까 봐 무서웠어요. 그래서 그 사람을 놔주지 않기로 맘먹었습니다. 우리는 복도 이쪽저쪽에 부딪치면서 거실로 갔고, 거기에서 둘 다 쓰러졌습니다. 그 남자는 소파 옆에 저를 쓰러뜨리고 나서 소파에 털썩 주저앉았어요. 그 사람은 '내가 졌어요. 졌어. 제발, 당신이 이겼어.'라고 했고, 저는 '나도 알아. 내가 틀림없이 이겼어.'라고 했죠. 그는 '제발, 제발. 이러다 사람 죽이겠어. 나는 아무것도 못하니까 경찰에 연락해.'라고 하더군요."

"저는 '내가 당신을 놔주고 경찰에 전화할 정도로 멍청한 줄 알아?' 하고 말했고, 그 남자는 '어떻게 하라는 거야?'라고 했어요. 제가 '우리 집에서 꺼져!'라고 하자, '놔주지 않는데 어떻게 나가? 어떻게 나갈 수 있냐고.'라고 그 남자가 말하더군요. 저는 '도망가봐, 개자식아. 당신이 침입한 거잖아. 안 그래?'라고 했고, 여전히 그를 붙들고 있었죠. 그가 '저를 너무 괴롭히네요. 부인.'이라고 하기에, 저는 '당신이 나를 어떻게 괴롭히려고 했는지 기억 안 나?'라고 했죠. 그 남자는 '글쎄요. 지금은 아무것도 할 수 없어요.', 저는 '잘됐네.'라고 대꾸했어요."

로이드는 의분을 느끼면서 그 사람을 놔주었다.

"저는 '그것'을 비틀다가 결국 그 사람을 놔줬어요. 그 사람은 몇 발자국 가다 계단에서 굴러떨어졌지만 벌떡 일어났고, 자신의 음부를 움켜쥐고는 우리 숙모 차 뒤쪽을 가로질러 도망쳤어요. 저는 숙모 방으로 달려가 탁자 밑에서 권총을 꺼내들고 그 사람이 내려가는 언덕 방향으로 두 발 쏘았어요. 그러고 나서 집으로 뛰어들어와 경찰에 연락했어요."

그 남자는 그 운명의 날 자신이 아무렇게나 벗어놓은 옷 때문에 신원이 드러났다. 경찰이 곧바로 그를 체포했고, 그는 강간 미수로 25년형을 선고받았다.

집에 침입하는 것은 낯선 사람에 의한 강간 피해 사건의 가장 흔한 형태이다. 중년의 커티슨 로이드는 자기 집에서 자고 있었고, 어떤 일이든 '자초한 적이 없다.' (이것이 무엇을 의미하든 간에 말이다.)

* * *

LA에서 있었던 O. J. 심슨의 재판에서 법의학자 마이클 베이든 박사는 대부분이 사람들이 갖고 있는 강간에 대한 잘못된 인식을 그대로 보여주었다. 그는 법의학적 증거를 설명하면서 놀란 어조로 강간 살해된 피해 여성이 팔십 대였다고 말했다. 베이든 박사는 강간범이 더 젊고 예쁜 누군가를 고르지 않았다는 점에 놀란 것인가? 이는 마치 강간이 전통적으로 매력적인 여성들에게만 발생하는 '자연스러운' 구애 행동인 것처럼 보인다.

강간범들은 나이, 체격, 피부색, 배경, 경제적 지위 등과 상관없이 모든 여성들을 대상으로 범행을 저지른다. 위에 나열된 요소들 외에 '어떤 것'이든 생각해보라. 강간범들은 그 '어떤 것'과도 무관하게 강간을 저지른다. 강간범들에게 여성은 인간이 아닌 '어떤 것'이다. 강간범들이 한 여성을 강간할 때 그들은 모든 여성을 강간하는 것이다. 그들은 여성을 그러한 방식으로 증오한다. 강간은 누구도 당할 이유가 없는 악랄하고 추악하며 잔인한, 고통스럽고 살인적이며, 모멸적이고 악질적인 폭력 범죄이며, 지배와 권력의 범죄이다. 절대로 잊으면 안 된다.

가해자에게 반격할 때 유일한 법칙은 정해진 법칙이 없다는 것뿐이다. 만약 당신의 본능이 피해를 입는 것이 살아남을 수 있는 길이라 말한다면, 상황에 굴복하는 것 또한 반격이 될 수 있다. 대부분의 여성들은 치유 불가능한 죽음보다 피해 이후의 치유 과정을 견디는 쪽이 낫다고 생각한다. 반대로 강간 피해 생존자들 중에는 또 다른 위험이 닥치면 죽을힘을 다해 싸우겠다고 맹세한 이들도 있다.

앞에서 소개한 성공 사례들이 보여주는 것은 자기방어 훈련을 받았든 받지 않았든 간에 '투지'가 중요하다는 사실이다. 다음 장에서는 자기방어 훈련을 받은 여성들과 아이들의 보다 더 성

공적인 사례들을 살펴볼 것이다. 그들은 투지에 훈련을 더했고,
이를 활용했다. 이들은 모든 사람들을 위해 기꺼이 자신의 이야
기를 공개했다.

13

훈련받은 여성과 아이들,
나쁜 남자를 물리치다

여성들이 자신을 보호하기 위해 심지어
강습까지 들어야 한다는 사실이 넌더리가 나지만,
내 아내가 이제 스스로 방어할 수 있다는 사실에 감사한다.
어떠한 남자라도 필사적으로 싸우지 않는 한
그녀에게 더는 피해를 줄 수 없을 것이다.
— 『위스콘신 모델 머깅 뉴스』 1989년 가을/겨울호, 칼 재스콜스키

놀랍다. 드니즈 케이논과 게일 그로브즈가 엮은 책 『그녀의 기지: 여성들의 자기방어 성공 사례』를 접하고 난 후 내 반응은 놀라움 자체였다. 나이, 체격, 피부색, 배경과 상관없이 수많은 여성들이 성공적으로 반격해왔다는 사실에 가슴이 설렜고, 그동안 내가 이들을 몰랐다는 것에 정말이지 화가 났다. 근래 들어 임팩트 지부와 다른 모델 머깅 프로그램 제공자들은 신문, 블로그, 웹사이트를 통해 졸업생들의 성공 사례를 모아 출판하고 있다. 그리고 그 이야기들은 언제나 놀라움의 연속이다.

성공 사례 중에는 공원에서 만난 광분한 남자에게 차분하게 대응한 일, 휴대용 카세트 플레이어를 훔치려고 한 젊은 여성을 막아낸 일, 메시지를 전하려 고객을 만났다가 성매매를 원하는 남성의 '실망감'을 '처리'한 일, 밤에 뒤뜰에서 무장 강도를 만난 일 등(여기서 언급된 사례들의 자세한 내용은 임팩트 웹사이트 www.impactpersonalsafety.com를 참고하라.)이 포함되어 있다. 졸업생들은 어떠한 상황을 만나든 현명하게 대처했다.

자기방어 성공 사례의 공통점

총력적 자기방어 성공 사례들을 연구하면서 나는 몇 가지 공통점을 발견하였다. 하나는 여성들이 자신이나 다른 사람을 해치지 못할 정도로만 가해자에게 위해를 가하는 경향이 있다는 점이다. 여성들은 가해자를 '혼내기 위해서' 싸우지 않으며, '재미'를 위해서 벌주지 않는다. 일부 영화에서 남자들이 '재미'로 폭력을 행사하는 것과 달리, 이 여성들은 '진지하게' 공격을 막아냈다. 두 번째 공통점은 가해자인 남자가 "이봐, 네가 감히 나를 쳐!" 혹은 "네가 나를 때린 거야? 왜?"와 같은 반응을 보인다는 점이다. 비록 자신이 먼저 일격을 가했더라도 말이다. 가해자들은 여성들에게 한 짓이 잘못된 것이라는 걸 몰랐다는 듯, 상대 여성들도 자신처럼 감정을 가진 존재라는 걸 인정하지 않았다. 세 번째는 여성들이 일단 어떤 식으로든 저항한 후에는 가해자가 너무도 쉽게 포기한다는 점이다. 가장 놀라운 것은 성공 사례들 중 대다수가 말만으로 상대를 도망가게 했다는 점이다.

물리적 충돌로 이어지는 경우에도 딱 한 번의 공격으로 충분했다고 말하는 여성들이 많았다. 로스앤젤레스의 임팩트 재단에서 훈련받은 한 아프리카계 미국인 여성은 "저기, 저는 그 남자를 딱 한 번 때렸어요. 다른 것들은 할 필요도 없더라고요. 그 사람이 그냥 도망갔거든요."라고 했다. 이는 '이겨낼 수 없는 남성' 그리고 '무기력한 여성'에 관한 고정관념을 깨는 이야기다.

나는 자기방어를 두 가지 측면에서 생각한다. 한 가지는 자신과 사랑하는 사람들을 보호하기 위해, 다른 하나는 관용과 관심을 바탕으로 자신과 관계없거나 모르는 사람을 대신하여 중재하거나 방어하기 위해 힘을 사용하는 것이다.

사례 1 키드파워에서 자기방어를 배우고 행동으로 옮긴 아이들
키드파워의 공동설립자인 아이린은 아이들의 성공 사례 모음을 가지고 있다. 그녀는 이 이야기들을 함께 나누는 걸 좋아한다. 힘없고 무기력했던 어린 시절을 기억하는 많은 어른들은 아이들의 자기방어 사례에 특히 더 관심을 기울이게 된다. 그들은 어른이 되어서도 경계 설정을 잘 못한다고 느낀다. 여전히 어린아이인 것이다. 자기방어 강사들이 성인들에게 가장 많이 듣는 말은 "이게 전부란 말이에요? 왜 나는 어렸을 때 배우지 못했죠? 그럼 그

렇게 괴롭지 않았을 텐데….”이다. 다음은 스스로를 충분히 보호할 수 있는 아이들의 이야기이다.

키드파워 졸업생인 아홉 살 여자아이는 이렇게 말했다. “운동장에서 어떤 나쁜 애가 제 머리카락을 뒤로 잡아당겼어요. 저는 그냥 딱 한 번에 그만두게 했고요. 선생님이 잘했다고 칭찬해 주셨어요. 그리고 선생님도 어떻게 하는 건지 알고 싶대요.”

키드파워 유치원생인 또 다른 여자아이는 나이든 신사가 키스하려고 몸을 굽혔을 때 “안 돼요.”라고 소리치고, 그만두라는 표시로 손을 들어올렸다. 아이들한테 애정을 표현할 수 없다는 건 슬픈 일이지만, 이제 더 많은 아이들이 원치 않는 접촉을 피할 수 있다는 건 축하할 일이다. 만지는 사람의 의도가 무엇이든 간에, 아이들은 좋다 싫다 얘기할 권리가 있다.

틴파워Teenpower* 프로그램의 졸업생인 한 십 대 여학생은 여자 친구와 늦게까지 술을 마셨다. 친구의 차는 고장난 상태였다. 트럭 한 대가 섰고, 여학생들은 그 차가 견인차인 줄 알고 타려고 했다. 자기방어 훈련을 받은 여학생은 그 순간 갑자기 무서워졌다. 친구를 트럭에서 내리게 하려고 잡아당겼지만 친구는 이를 무시했다. 후에 그 친구는 트럭 기사에게 폭행과 강간 피해를 입었다. 훈련받은 여학생은 본능이 하는 소리에 귀 기울였고, 자

---

* 키드파워 단체에서 시행하는 십대 대상의 자기방어 프로그램으로 경계 설정 훈련, 갈등 해결, 자기 보호, 자기방어 기술을 가르친다.

신의 판단을 믿었기 때문에 무사할 수 있었다. 나중에 친구가 말하기를, 유별나게 행동해서 그 남자의 기분을 상하게 하고 싶지 않아 트럭에 남았다고 했다.

사례 2 열세 살 소녀, 나쁜 아저씨를 제압하다

이 이야기는 『LA 데일리 뉴스』의 머리기사이다. 뉴스는 "안드레아 콘은 이번 주에 기부를 했다. 그러나 기부를 받은 키 크고 홀쭉한 남자는 '고맙다.'고 할 형편이 아니었다."는 문장으로 시작한다.

열세 살 안드레아는 점심쯤 남동생을 마중하러 학교에 가는 길이었다. 한 남자가 담장을 넘어 안드레아에게 다가왔다. "그 아저씨는 저를 잡고, 못 움직이게 팔을 뒤로 꺾었어요."

"저는 뒤차기로 아저씨의 다리 사이를 찼어요. (그는 그 소녀를 풀어주었고, 소녀는 뒤돌아서 그 남자를 마주 보았다.) 그러고는 귀를 잡고 얼굴을 또 무릎으로 찼어요. 그다음에 동생 학교로 막 달려갔어요. (소녀는 한 번 뒤돌아보았다.) 그 아저씨는 막 일어나려고 애쓰고 있었어요. 그리고 다른 방향으로 뛰어가는 걸 봤어요."

안드레아의 가족들은 모두 가라테 수업을 받았다. 안드레아의 아버지 앤디는 이렇게 말했다. "경찰관들도 웃더군요. '가끔 시민들도 나쁜 놈들을 때려줘야' 한다고요. 이런 사건은 보는 것만으로도 기분 좋은 일이라고 하더군요."

안드레아의 부모 같은 사람들이야말로 아이들과 여성들이 '손쉬운 표적'이 되지 않는 세상을 만들어 나갈 것이다. 경찰관 중

한 명은 안드레아가 들었던 자기방어 수업에 등록했다고 한다.

사례 3 고함도 못 지르던 오십 대 여성, 팔꿈치로 가격하다

워스 디펜딩(3장 참고) 대표인 수잔 와일드는 졸업생들을 소개하는『놀라운 업적』이라는 신문을 발행한다. 1994년 4월 호에는 작고 조용한 오십 대 여성의 이야기가 실렸다. 그녀는 고함도 못 지르는 상태에서 자기방어 첫 수업을 시작했다. 수업을 마치고 주차장으로 가는 길에 그녀는 한 남자의 습격을 받았다. 다행히도 남자에게 잡히기 전 차에 탈 수 있었다. 그다음에는 그를 팔꿈치로 가격했고, 이어 차 문소리인지 그 사람한테서 났는지 확실치는 않지만 매우 큰 소리가 났다. 지갑을 두고 벌인 싸움에서 결국 지갑을 뺏기기는 했지만 포기하지 않았다. 그녀는 그 사람이 어디로 가는지 알 수 있을 때까지 뒤쫓았고, 경찰에 연락했다.

나는 물건을 지키려고 싸움을 하지는 않을 것 같다. 하지만 무엇 때문에 싸울 것인가 아닌가는 지극히 개인적인 결정이다. 이 여성은 막연한 두려움을 느껴왔던 지난 세월을 극복했을 뿐 아니라 자신 있게 행동했다. 그녀는 강도를 제압하지는 못했지만 스스로를 통제했고, 스스로를 사건의 피해자로 만들지 않았다. 그녀가 분개한 결과, 그 강도와 일당들은 체포되었다. 일당들은 다른 중범죄로 수배된 이들이었다.

어떤 사람들은 성폭력 같은 범죄는 대도시나 해안가의 문제이고, 시골에서는 흔치 않은 일이라고 착각한다. 하지만 이는 사

실이 아니다. 1995년 8월에 발표한 법무부 조사 결과에 의하면 "아는 사람이 공격하는 경우는 도시나 시골이나 별반 차이가 없다. 그러나 낯선 사람에게 공격당하는 사건은 시골보다 도시가 훨씬 많다."고 한다.

가해자가 낯선 사람이든 아는 사람이든, 폭력은 폭력이며 범죄는 범죄이다. 가해자가 누구인지와 상관없이, 같은 방어기술로 위험한 상황을 피할 수 있다. 다른 지역을 여행할 때도 마찬가지이다. 여행자들을 위한 자기방어는 여권만큼이나 중요하다.

사례 4 야간열차의 소매치기를 물리친 칼라

워스 디펜딩 콜로라도 스프링스 지부의 또 다른 졸업생인 칼라는 이탈리아에서 야간열차 여행을 하고 있었다. 그녀는 빈 객실을 찾아 잠이 들었다. "그다음 기억나는 건 어떤 남자의 손목을 꽉 쥐고 '안 돼.'라고 말한 순간이에요. 사실 저는 '안 돼.'라고 말하는 제 목소리에 깼어요. 그때가 새벽 1시 15분쯤? 그 남자는 제 옆자리에 앉아 배낭 맨 윗주머니를 뒤지고 있었어요. 저는 그 사람이 든 물건을 잡아챘고, 밖으로 나가도록 객실 문까지 안내했어요. 그 사람은 담배를 찾고 있었다는 식으로 뭔가 중얼거리더라고요. 저는 앞으로도 혼자 여행을 계속할 거고 밤 기차도 또 타겠지만, 이번 같은 사건을 막기 위해 객실 문을 꼭 잠글 거예요. 워스 디펜딩 수업이 많은 도움이 되었어요. 자신감이 생겼어요."

사례 5 총을 든 일당을 막아낸 부부

임팩트 로스앤젤레스 지부는 한 부부의 이야기로 명성을 얻었다. 1994년 5월 23일, 『LA타임스』 칩 존슨 기자는 자기방어 수업을 이수한 부부의 이야기를 소개했다.

어느 날 저녁, 이 부부는 다른 커플과 함께 레스토랑에서 나오고 있었다. 한 젊은 남자가 남편에게 총을 들이댔고, 또 다른 사람은 부인의 지갑을 훔치려 했다. 그녀는 지갑을 꼭 쥐고 무릎으로 상대의 사타구니를 걷어찼다. 부인과 일당이 '실랑이'를 벌이는 모습을 보고 총을 겨누던 남자가 남편을 때리기 시작했다. 남편은 자기방어 수업을 들은 지 2년이 지난 후였지만, 기억을 되살려 공격을 막을 수 있었다. 다른 커플은 자리를 피하고 경찰에 연락했고, 결국 강도들은 도망쳤다.

사례 6 폭력 피해자인 낯선 여성을 구한 바바라

바바라는 캘리포니아 할리우드의 한 주차장에서 끔찍한 광경을 목격했다. 어떤 남자가 여자를 때리고 있었고, 두 명의 주차장 직원들은 아무것도 하지 않고 지켜만 보고 있었다. 그들은 "도와달라!"는 소리에도 꼼짝하지 않았다. 그 남자는 여자의 머리를 잡고 얼굴을 차 트렁크에 내리쳤다. 바바라는 더는 참을 수 없었고, 고함을 질렀다. "이봐요. 이봐. 이제 그만해요." 바바라는 가까이 갔고, 그 남자는 알고 있는 모든 욕설을 퍼부으며 그녀를 위협했다.

바바라는 언어폭력에 굴하지 않았다. 그 여자에게 도움이 필요한지 물었고, 그녀는 "제발이요."라고 답했다. 그 남자는 또다시 때리기 시작했다. 바바라는 그에게 경찰을 부르겠다고 위협했다. 그러자 그 남자가 바바라 쪽으로 다가왔다.

바바라는 준비 자세로 손을 들어올리며 "나는 문제가 생기는 건 원치 않아요."라고 했다. "나는 당신이 그저 저 여자를 놓아주길 바랍니다. 경찰에 전화할 거예요."

그 남자는 바바라에게 또다시 욕설을 늘어놨고, 어떻게 해버리겠다는 식의 얘기를 계속했다. "욕설을 하면서 그 남자는 저한테 돌진했고, 제 손목을 잡고 차 쪽으로 끌어당겼어요. 그 남자가 저도 두들겨 패려 한다는 걸 알았죠. 저는 땅에 눌러앉아 소리를 질렀어요."

"그 남자는 무슨 일이 벌어지는지 몰랐어요. 저는 여전히 손목이 잡혀 있었지만, 순간 그의 시야를 벗어나 오른쪽 무릎을 걸어찼어요. 그리고 잡혀 있던 손목을 비틀어 빼고 거꾸로 잡았어요. 그리고 발로 그 남자의 다리 사이, 고환을 가격했죠. 그 남자는 고환을 잡고 무릎을 꿇는 자세가 됐고, 그때서야 그 남자의 손목을 놔줬어요. 그 남자는 말 그대로 머리 뒤쪽으로 눈이 뒤집히더라고요. 그 남자가 제 쪽으로 쓰러지고 나서 얼굴에 다시 일격을 가했어요. 그 사람은 코피가 났고, 뒤로 넘어져 흐느적대다가 잠잠해지더군요. 처음엔 제가 그 사람을 죽인 줄 알고 너무 놀랐어요. 가슴을 쳐다보니 숨 쉬고 있는 게 보이더라고요."

바바라는 폭력 상황에 개입했고, 중단시켰다. 바바라는 그 상황에 대한 책임을 지고, 주변 사람들한테 구급차와 경찰을 부르도록 했다. 내게는 영웅이지만, 바바라의 친구들 몇몇은 위험할 수도 있었다며 비난에 가까운 질책을 했다. 그녀는 "누군가 죽을 수도 있는데 그냥 모른 척할 수는 없었다."고 답했다.

무방비한 상태에서 폭력에 맞선 느낌이 어땠는지 묻자 그녀는 이렇게 말했다. "제가 얼굴을 차고 나서 그 남자가 쓰러졌을 때 '왜 그냥 저기 누워 있지?'라고 생각했던 게 기억납니다. 수업에서 가상 가해자는 바로 일어나서 다시 공격했거든요. 좀 다른 느낌이었어요. 그 남자는 더 약했고, 게다가 저는 그 남자의 얼굴이 공격을 받을 때마다 반응하는 걸 볼 수 있었어요. 그의 무릎이 깨지는 것도, 고환을 찼을 때는 뭔가 으깨지는 느낌도 있었어요. 그리고 수업에서 언어폭력에 대해 연습한 것도 도움이 됐어요. 실제로 그 남자의 욕설을 들었을 때 그냥 바보 같은 거라고 생각하고 넘길 수 있었거든요. 그런 욕을 듣고 싶진 않았지만, 그건 그냥 단어들이니까요."

사례 7 친구에게 공격당한 린다, 실전의 공포를 이겨내다

법무부 통계국의 조사에 따르면 여성을 공격하는 사람은 대부분 아는 사람이다. (가볍게 안면이 있는 사람뿐 아니라 친밀한 관계의 사람들 모두를 포함한다.)

린다는 캘리포니아 롱비치에 사는 오랜 친구를 집까지 태워

다주기로 했다. 그 친구는 배 위에서 살았다. 친구는 피해망상과 정신분열 등 심각한 정신 병력이 있었지만 폭력 사건은 없었다. 그날까지는 말이다.

그는 중얼거리기 시작했고, 그 둘이 아는 어떤 친구를 찌르겠다고 말하기 시작했다. 린다는 그의 적개심이 자신에게 향하는 것을 느꼈다. 그는 칼을 꺼내 린다에게 들이댔다. "숨을 깊이 들이 마시고 바닥에 엎드렸어요. 그 친구는 제정신이 아니었죠. 숨소리가 거칠었고 휘둥그레진 눈에는 초점이 없었어요. 칼을 든 채 저한테 달려들었고, 제 왼쪽 다리를 아슬아슬하게 비켜갔어요. 제가 사타구니를 세게 걷어찼지만 그 친구는 맞았는지도 모르는 것 같았어요. 엄청 곤란한 상황이라는 걸 알았죠."

"그 친구는 광분하더니 제 허리춤을 들어서 배 한복판을 칼로 찌르려고 했어요. 저는 본능적으로 손을 배 쪽에 대면서 빠르게 몸을 숙였어요. 손가락이 칼에 찔렸고 피가 났어요."

"저는 친구랑 같이 땅바닥에 쓰러졌고, 도와달라고 소리를 질렀어요. 한낮이었는데도 근처엔 아무도 없더라고요. 그 친구를 제압하지 않으면 죽을 수도 있다는 걸 깨달았어요. 저는 다시 한 번 세게 고환에 주먹을 날렸지만, 그는 여전히 칼을 들고 다가왔어요. 그는 다섯 번이나 더 달려들었어요. 그럴 때마다 저는 심각한 부상을 피하려고 재빠르게 움직였어요. 쓰러지고 구르고, 우리는 부두에서 심하게 몸싸움을 벌였어요."

"저는 왼손으로 칼날을 움켜쥐었어요. 아팠지만 생각만큼 나쁘지는 않았어요. 심장이 아니라 손이어서 다행이라고 생각했죠. 칼날을 손아귀로 잡고, 다른 쪽 손을 이용해서 그 친구의 손목을 세게 밑으로 당겼어요. 손목을 물어버릴까도 생각했지만 의치를 하고 있어서 빠질 거 같더라고요. 게다가 그 친구는 통증 따위에는 별 타격을 받지 않는 상황이었고요. 다행히도 모델 머깅 수업에서 비슷한 공격에 대한 연습을 했었어요. 포기하지 않도록 훈련받았죠."

"그 친구를 다시 걷어찼지만 효과가 없었어요. 그러다 기적적으로 그 친구가 칼을 떨어뜨렸고, 쨍그랑 소리가 났죠. 저는 물속으로 칼을 차버렸어요. 그 친구는 그걸 찾으려고 부두 가장자리로 달려갔고, 그때 세게 밀어버렸습니다."

공포 영화와 같은 이야기지만 린다가 실제로 경험한 일이다. 그녀는 장애를 입지도, '미친' 놈에게 살해당하지도 않았으며 그녀를 구해줄 다른 남자에게 의존하지도 않았다. 누군가 구해주기를 기다렸다면, 그녀는 아마 죽었을 것이다. 경찰은 총을 겨누면서 가해자를 물에서 끌어냈다. 린다는 경상을 입었고, 손에 난 상처는 한두 개의 면도날 자국보다 약간 심한 정도였다.

경찰은 믿을 수 없다고 했다. "도대체 어떻게 한 거예요, 아가씨?" 린다가 자기방어 수업에 대해 설명하자 경찰관이 진지하게 대답했다. "그 수업이 당신 목숨을 구했네요."

사례 8 세 남자를 쓰러뜨린 할머니의 킥

미니애폴리스에 거주하는 예순의 엘리자베스는 어린 두 손주들과 함께 요양원에 있는 언니를 보러 가기로 했다. 당시 엘리자베스는 자기방어 기초 수업을 듣고 있었다. 그녀는 차를 주차시키고, 손주를 뒷좌석 유아용 보조의자에서 내렸다. 그때 세 명의 젊은 남자애들이 다가왔다. 그녀는 위험을 감지했다. 6개월 된 손주는 차 밑에 숨기고, 걸음마를 뗀 손주는 외부와 분리된 요양원 정원 쪽으로 데리고 갔다. 그러고 나서 크게 숨을 고른 후 가해자들과 대면했다.

우두머리로 보이는 남자애가 말했다. "빨아." 엘리자베스는 그만두라고 설득했다. 그 남자애는 죽이겠다고 협박했고, 엘리자베스는 무릎을 꿇었다. 그리고 바지 지퍼를 내리고, 주먹으로 고환을 세게 쳤다. 그 남자애는 쓰러졌고 더는 공격을 포기했다. 옆에 있던 남자애가 달려왔다. 그녀는 일어서서 뒤꿈치 공격으로 머리를 차 쓰러뜨렸다. 그리고 마지막으로 남은 남자애. 그 애는 자기가 본 장면을 이해할 수 없다는 듯이 그녀에게 소리치기 시작했다. "나쁜 년, 그만두지 못해?" 그는 그녀에게 달려들었고, 엘리자베스는 뒤꿈치 공격으로 한 번에 쓰러뜨렸다.

* * *

모든 성공 사례들이 이렇듯 극적인 것은 아니다. 하지만 이 이야기들은 실제 상황에서의 대응 모델을 보여준다.

4 부

자기방어에 대한
남자들의 오해, 무지
그리고 왜곡

14

좋은 남자, 나쁜 남자
그리고 무지한 남자

한번은 각료회의에서 심야 시간대에 발생하는 여성 폭력 문제를 다뤘다.
한 장관은 해가 지고 난 뒤 여성들을 집 안에 있도록 하는 통행금지 안을 제안했다.
나는 이렇게 말했다. "여자들을 공격하는 것은 남자입니다. 통행금지가
있어야 한다면 여자들이 아니라 남자들을 집 안에 있게 합시다."
– 골다 마이어(1969~1974, 전 이스라엘 국무총리)

여성들의 자기방어를 부정적으로 보는 이들은 누구인가? 강간범
이나 여성 폭력 가해자들뿐이지 않을까? 여성들의 훈련된 발차기
와 팔꿈치 공격을 경험하는 것은 결국 그들이기 때문이다.

안전한 사회를 만드는 것. 이는 더 많은 남자들이 여성의 자
기방어를 이해하고 지지하지 않는 한 요원한 문제이다. 그러나
여성들이 싸우는 것은 '좋은' 남자들에게도 위협이 되는 듯하다.
내가 자기방어를 가르친다고 '좋은' 남자들에게 말하면 대부분
비슷한 반응을 보인다. 그들은 "세상에! 잘 보여야겠는데요." 하

며 자기 사타구니를 가리는 식이다.

　내 경험으로 이 남자들은 남녀 모두에게 온화하고 공손한 '좋은' 사람들이다. 그들은 왜 자기방어를 배우는 여성들을 위협적이라 느낄까?

좋은 남자

대부분의 남성들은 싸움의 기술이 '여성의 본성'과 맞지 않다고 생각한다. 세상에 대한 과민 반응이라고 보는 것이다. 많은 '좋은' 남성들은 여성들의 경험을 자신의 삶에 비추어 해석하려고 한다. 하지만 그들은 폭력에 대한 여성들의 고유한 경험을 이해하기 어렵다. 여성들의 일상화된 공포는 축소되거나 피해자 탓으로 돌려지고, 차별과 폭력의 공포를 겪는 남성들은 매우 소수에 불과하기 때문이다.

　친한 친구인 로라는 내가 진행하는 자기방어 연구의 열렬한 지지자이다. 그녀가 말하기를, "날마다 누군가에게 공격당하지 않을까 불안해. 어디에 있든 늘 주변을 둘러보고, 차문도 집 안 문도 모두 잠그고, 아이들한테는 어디든 혼자서는 절대 가지 말라고 해. 남편은 내가 편집증이라고 생각하나 봐. 전남편도 그랬거든." 로라의 남편들은 정확히 '좋은' 남자 부류에 속한다. 그러나 거의 모든 여성들이 느끼는 매우 실제적인 공포에 대해서 이해하는 남자는 많지 않다.

최근에 참석한 모임에서 우리는 여성들이 (정작 자기 자신은 상처받고 있음에도) 얼마나 다른 사람에게 해를 끼치길 싫어하는지에 대해 이야기했다.

나는 고등학교 때 남학생을 '블루 볼blue ball* 상태로 만들까 봐 두려웠던 경험을 얘기했다. 상대 남자애를 아프게 하는 게 아닌가 하는 죄책감에 나는 좀 더 성적인 행동을 하게 됐다. 우리 고등학교에서 "나를 블루 볼 상태로 만들지 마."는 백인 남자애들이 하는 일종의 협박 같은 것이었다.

모임에 참여한 '좋은' 남자들 중 한 명은 "남자애들이 누군가를 조종하려고 블루 볼을 이용한다고는 생각하지 않아."라며 비웃었다. 여성들은 그 사람의 의견에 경악하면서도 한편으로는 흥미로워했다. 모임에 참석한 여성들은 사우스다코타, 캘리포니아, 뉴욕 등 어디서 왔든지 간에 모두가 소위 남성들의 블루 볼 전략을 경험했기 때문이다. 나는 그에게 물었다. "고등학교 때 얼마나 많은 남자애들하고 데이트해봤어요?" 그는 고지식하게 웃었고, 나는 계속 얘기를 이어갔다.

하루는 할리우드에서 출근길 운전을 하고 있을 때였다. 오전 7시 반쯤이었다. 룸미러를 통해 잘생긴 얼굴에 말끔히 차려입은

....
* 성병 혹은 남성이 성적으로 흥분된 상태를 뜻하는 말. 여기서는 남학생들이 "고환에 피가 모인 상태에서 사정을 하지 않으면 아프거나 병이 된다."는 식으로 말해서 여학생들에게 성관계를 강요하는 문화에 대해 설명하고 있다.

한 백인 남성이 메르세데츠를 타고 내 차 뒤에 있는 게 보였다. 나와 눈이 마주치자 그는 손가락으로 V자 모양을 하고, 그 사이에 혀를 집어넣어 외설적인 구강성교 흉내를 내었다. 나는 충격받았고, 그 사람이 얼마나 오래 따라왔는지 혹은 계속 따라올지 몰라 무서웠다.

다른 모임에서 그 얘기를 하자 모임에 있던 남자가 말했다. "믿기지 않네요. 그런 건 본 적이 없거든요." 내가 답했다. "어떻게 볼 수 있겠어요?" 위험하고 지저분한 이성애자 남성들이 여성들을 위협하는 행동을 어떻게 그 사람이 경험할 수 있었겠는가.

네 살 무렵 숨바꼭질할 때 내가 눈을 감으면 아무도 나를 볼 수 없을 거라 생각했던 기억이 난다. 많은 '좋은' 남성들은 여성에 대한 무례하고 위협적인 행동을 직접 목격하지 않으면, 이는 존재하지 않는 것이라 여긴다. 한편 여성들의 경험에 대해 모두 아는 것처럼 말하는 남성들도 있다. (대부분의 여성들은 이런 남자를 알고 있다.) 남성들은 마치 여성들이 어느 것에서든 전문가가 아니길 바라는 것 같다. 그것이 남성 지배적 문화에서 여성으로 사는 것일지라도 말이다.

24시간짜리 자기방어 기초 수업의 마지막에는 가족과 친구들을 초대한다. 졸업식 혹은 시연이라 불리는 이 수업은 종종 사람들을 감동시킨다. 대부분 더 많은 여성들이 공포를 덜고 더 큰 자유를 경험할 수 있게 된 것을 축하하는 마음이지만, 실제 폭력을 당한 피해자가 있다면 비통함과 안도감이 교차한다. 남자 친구와 나도 한 친구를 응원하러 졸업식에 참여했다.

졸업생들의 시연이 끝나고, 강사는 날짜, 시간, 수업료 등 곧 있을 기초심화반 수업을 안내했다. 그리고 수업에서 다룰 상황극에 대해서도 설명했다. 시나리오는 한밤중 '집'에서 잠옷을 입은 채 어둠 속에서 싸우는 상황이었다.

늘 매력적이고 사교적이었던 내 친구는 자기 옆에 앉은 나이 많은 남자에게 남자 대 남자로 눈을 찡긋거리며 말했다. "나한테는 그냥 결혼 생활처럼 보이는데요." '집'에서 벌어지는 성폭력 상황을 두고 한 말이었다. 끔찍하고 감수성 떨어지는 그의 농담에 옆에 앉은 남자는 맞장구는커녕 경멸의 눈으로 그를 바라보았다. (여성들은 성폭력에 관한 천박한 농담을 많이 듣는다. 그리고 그 상황에서 웃지 않으면 유머 감각이 없는 것으로 간주된다.)

내 친구는 그 남자의 반응이 얼마나 차가웠는지 나한테 애기했고, 나는 "이해 못 하겠어? 그 사람한테 소중한 누군가가 성폭력을 당했을 수도 있어. 그것도 자기 집 침대에서. 이 수업은 치유 과정일 수도 있잖아." 하고 말했다. 내 애기에 친구는 움츠러들었다.

"오." 그는 온순하게 말했다.

친구는 여전히 제대로 이해하지 못한 것 같았다. 이번에는 방금 수업에서 본 '맞서 싸우는' 여성들의 모습을 지적하기 시작했다. "글쎄, 나는 『작은 아씨들』에 나오는 여자들이 좋아. 착하고 순하잖아." 나는 몹시 화가 났다. "『작은 아씨들』에 나오는 여자들도 할 수만 있었다면 이 수업을 들었을 거야."

다시 말하지만, 내 친구는 품위 있고 훌륭한 사람이다. 다만 무지하고 여성다움에 대한 사회적 통념에 사로잡힌 남자이다. 그는 야수들에 맞서 싸우는 미녀가 아니라 온순한 미녀가 좋다는 낭만적인 생각에 갇혀 있다. 그는 우리 모두와 마찬가지로 통제된 교육과 미디어 환경에서 자랐다. 그는 강간, 폭행, 살인으로 이어지는 여성 폭력과 여성 혐오 범죄에 관한 통계를 접하지 못했고, 폭력이 여성들에게 큰 문제라고 생각하지 않는다. 그가 여성에게 상처를 주거나 죽음으로 이어질 폭력적인 행동을 저지르지는 않을 것이다. 그저 그러한 행동이 대부분의 여성들에게 얼마나 위협적으로 다가오는지에 대한 생각이 없는 것이다.

내 친구의 '생각 없음'은 남성과 여성이 서로를 이해하는 데 걸림돌이 된다. 이러한 차이가 위험한 이유는 '좋은' 남성들(이들은 단지 여성이라는 이유로 위태로운 상황에 처한다는 것을 이해하지 못한다.)이 만든 법과 정책, 미디어에 그대로 반영되기 때문이다.

좋아하는 여성주의 저자 중 하나인 존 스톨튼버그John Stolten-berg를 인터뷰하면서 여성들의 자기방어에 대한 '좋은' 남성들의 반응을 물어봤다. 가랑이 사이를 가리거나, "세상에, 잘 보여야겠네요."라고 반응하는 '좋은' 남성들에 대한 그의 해석은 무엇일까.

스톨튼버그는 남성들도 자신들이 인정하는 것보다 더 빈번히 스스로의 취약함을 경험한다고 말한다. 남성들은 자신들이 물리적으로 취약할 뿐 아니라 남성이라는 고압적인 성 정체성에 의지하는 것이 보잘 것 없음도 직감적으로 알고 있다. 남성들도 위협을 느끼며 상당히 조심스레 망을 보고 있다는 것이다.

신체적 힘과 공격성이 남성적 기질이라는 가정, 그러므로 여성들은 이를 사용하지 않을 것이라는 가정은 자신들만의 특권의식을 만든다. 대부분의 남성들은 이에 대해 생각해본 적이 없으므로 분명하게 설명하지는 못한다. 그러나 여성의 신체적 힘과 공격성을 알게 되면, 이는 남성들에게 위협이 된다. 여성을 공격하려 해서가 아니라 이제는 인류의 '다른' 절반이 자신을 공격할 수 있다는 염려 때문이다.

그렇다면 명확하게 여성들의 권리를 보호하고 성차별에 맞서며 여성주의 어젠다를 발전시키는 정말로 '좋은' 남성들은 없는 것인가? 이들은 다른 남성들에게 비난받을 수 있다. 페미니스트 남성들을 '변절자'로 낙인찍는 현실에 대해, 스톨튼버그는 어떤 이슈를 다루는 인권 활동가든 자기방어로서의 '자기 치료'가 필요하다고 말한다. 스톨튼버그가 사용하는 자기 치료 주문은 다음에서 확인할 수 있는데, 제시된 글은 그가 1990년에 열린 성차별에 반대하는 남성 컨퍼런스에서 발표한 '남성 권력에 맞서기 위해 말하고 싶은 몇 가지'의 일부이다.

여러분이 정말로 남성 권력에 맞서게 되면, 삶이나 운동에서 남성 권력에 문제 될 말이나 행동을 할 때, 당신은 호된 비난을 받게 될 것입니다. 사실상 이렇게 비난을 받음으로써 여러분이 무언가 남성 권력을 괴롭히는 일을 했음을 알게 될 것입니다. 남성 권력이 어리석다고 생각하지 마십시오. 여러분 주변의 사람들이 여전히 어리둥절해 하더라도, 남성 권력은 알고 있습니다. 그리고 비난을 통해 당신에게 남성 권력이 알고 있다는 사실을 일깨워주죠. 여성주의에 찬동하는 남성들은 그동안 급진적 여성주의자들이 홀로 받아온 비난과 보복적 분노를 받게 됩니다. 이는 당신을 겁주고 떠나게 만들 수도 있겠지만, 당신이 사회의 아픈 곳을 건드렸음을 그리고 조금씩 변화시키고 있음을 알 수 있는 최상의 방법이기도 합니다. 이 특별하고 혁신적인 사실은 결국 제가 말하는 남성 권력에 진짜로 맞서는 첫 번째 원칙에 귀착됩니다. 급진적 페미니스트 여성들에게 꽤 주효했던 주문인 만큼, 페미니스트 남성들인 우리에게도 효과가 있을 것이라 생각합니다. "당신이 호되게 비난받지 않았다면, 당신이 한 일이 대단치 않은 것이다."

나쁜 남자

제목 때문에 '나쁜' 남자에 대한 통계를 다룰 것이라고 생각하면 오산이다. (그런 내용을 다룬 다른 책들이 있다.) 여성이나 어린아이가 나쁜 남자의 사냥감이 될 확률은 매우 높다. 자기방어를 배울지 고민하는 여성들은 내게 폭력 관련 통계를 종종 물어본다. 이전에는 내가 아는 통계 수치를 댔지만, 지금은 단순히 통계만을 얘기하지는 않는다. 여성들에게 되묻고 싶다. "확률 게임을 하시는 거예요?" 나는 여성들에게 도박을 그만두라고, 그리고 당신도 폭력의 피해자가 될 수 있음을 직시해야 한다고 충고한다.

폭력적인 남성들을 변화시키는 것은 마치 물의 속성을 바꾸려는 것처럼 소용없는 일이다. 당신은 물을 담을 수도, 일정 온도까지 조절할 수도, 필요하면 물 근처에는 가지 않을 수도 있다. 이와 유사하게 당신은 폭력적인 남성들을 감옥에 가둘 수도, 약물이나 형기를 통해 통제할 수도, 극단적으로는 남자들을 아예 피할 수도 있다. 그러나 어떠한 삶이 완벽하게 그럴 수 있겠는가? 차라리 수영을 배우는 편이 더 현실적이지 않겠는가?

사람들은 동기부여가 되지 않는 한 변하지 않는다. 나는 남성들 스스로가 변화를 희망하지 않는 한, 폭력적인 남성들을 변화시키려는 노력은 부질없는 짓이라고 생각한다. 그러나 폭력에서 벗어나고자 하는 여성들은 배우고 변화할 수 있다.

한 가지는 분명하다. 여성과 아이들에게 폭력을 휘두르는 것을 자신의 '권리'로 인식하는 남성들이 존재한다는 것이다. 앞으로도 그들은 폭력을 멈추지 않을 것이다. 피해자의 행동거지에 따라 가해자의 폭력 여부가 달라지지는 않는다. 우리는 그들을 변화시킬 수 없으며, 오로지 우리 자신을 변화시킬 수 있을 뿐이다. 이것이 우리가 가진 유일하고 진정한 힘이다. 폭력적인 남성들의 행동을 변화시키는 것은 인간 행동 전문가들의 영역이니 그들에게 맡기고, 우리는 여성들을 변화시키는 데 집중할 필요가 있다.

무지한 남자

'좋은' 남자든 '나쁜' 남자든, 남성들 대다수는 남성 지배적인 문화에서 여성으로 산다는 것이 어떤 의미인지 알지 못한다. 그러나 알지 못한다는 것이 치명적인 단점은 아니다. 무지는 교육을 통해 극복할 수 있다. 나는 우리의 형제들에게 여성들의 경험을 이해할 수 있도록 비교 상황을 제시하고자 한다. 다음에서 얘기할 어떠한 부분도 남성과 여성, 어느 누구에 대한 무관심과 조롱으로 해석되지 않기를 바란다.

만약 남성들이 여성들이 강간당하는 것과 같은 정도로 고환을 맞는다면 어떻게 될까? 이에 대한 사회적 태도 및 관련법이 바뀌지 않을까? 고환을 공격하는 것이 강간과 정확히 맞먹는 행동은 아니다. 그러나 두 행동 모두 성적인 기관과 관련되며 이성과 관계 맺는 방식에 영향을 주므로 유용한 비교라고 생각한다.

역지사지 시나리오: 남성이 팍치기를 당한다면?

영어에는 '남성의 성기를 때리거나 차는 것'을 의미하는 동사가 없다. 여기서는 이를 위한 단어를 만들고자 한다. 부드러운 조직을 강하게 때리는 소리를 연상시키는 '팍thwop'*이 좋겠다.

잠시 상황을 바꾸어보자.

몸에 꼭 맞는 티셔츠와 꽉 끼는 청바지를 입은 근육질의 한 젊은 남자가 아랫도리를 긁으며 "가슴이 예쁜데."라고 중얼거렸다면, 그리고 한 젊은 여성이 이런 말을 들었다면 어떻게 될까? 그 젊은 여성이 남자에게 다가가 그의 성기 부위를 때렸다고 치자. 과연 그녀는 "그 남자가 자초한 거예요."라고 말할 수 있을까?

혹은 여학생 사교 클럽에서 남자 신입생을 흠뻑 취하게 하고 어두운 방에서 번갈아 가며 남학생의 성기 부위를 때리는 전통을 몇 년에 걸쳐 만들어왔다고 치자. 그는 누가 자신의 성기를 때렸는지 입증할 수 있을까? 그 남학생은 애초에 왜 그 자리에 있었나? 그 남학생은 왜 여러 젊은 여성들과 술을 마시고 있었나?

그는 사실상 자신이 피해를 입었음을 증명할 수 있을까? 어쩌면 그 남학생은 자전거를 타다 과속 방지턱에 걸려 다친 것일 수도 있지 않을까? 그 남학생은 왜 가죽 혁대나 보호대**를 착용하지 않았나? 우리는 헤픈 남자애의 말 때문에 성급히 결론을 내리고 젊은 여성의 앞날을 망쳐서는 안 된다. 그리고 남자아이들이 정말로 어떤지 알지 않는가. 남자아이들은 정말로 그걸 원한다. 그렇지 않으면 왜 그런 식으로 행동하겠는가? 우리는 고등학교에서 몇몇 남자 신입생들이 '퍅치기'를 당했다며 미인 대회

....

* 저자는 남자의 성기를 때리거나 치는 행동을 표현하기 위해 도끼로 내려칠 때 강하게 울려 나는 소리와 유사한 thwop, thwopped라는 단어를 만들었다. 이 책에서는 '퍅' 또는 '퍅치기'로 옮긴다.
** 성기 보호용으로 살에 차는 보호대.

우승자를 부당하게 정학시켰다는 얘기를 들었다.

시간당 78명의 남자들이 팍치기를 당한다는 증언을 듣는다면 상원에서는 어떻게 대응할까? 더군다나 수치스러워하며 아무에게도 말하지 못하는 피해자들로 인해 사건의 84퍼센트가 보고되지 않는다면?

우리는 남자들에게 부끄러워할 일이 아니라고, 신고하라고 가르쳐왔지만, 이는 사실상 쉽지 않다. 팍치기 피해자들은 모욕감을 느낄까 봐, 조롱거리가 될까 봐, 혹은 자신이 피해를 예방할 수도 있었다는 느낌이 들까 봐 두려워한다.

팍치기 예방은 초등학교에서부터 시작되어야 한다. 여자아이들은 남자애들을 다치게 하는 것이, 설혹 남자애들이 모호한 메시지를 주었다 하더라도, 괜찮지 않다는 것을 배워야 한다. 남자애들이 어떤지 알지 않은가. 남자애들이 꽉 끼는 바지나 헐렁한 바지를 입고, 셔츠를 입지 않거나 헐렁한 셔츠를 입고, 수영 팬츠를 입는 등의 전반적인 옷차림은 매력적으로 보이길 원하기 때문이다. 그러나 그들은 맞기를 원치는 않는다. 맞고 싶은 것처럼 보이는 행동을 하는 경우라 해도 마찬가지이다. 어떤 남자들은 실제로 팍치기에 대한 환상이 있는데, 이런 경우라 해도 부드럽게 대해야 한다. 그러나 당신이 거칠게 대했다 하더라도 괜찮다. 왜냐면 그 남자애들은 정말로 그걸 원하니까.

"플로리다 팜비치에서 한 남성이 여성을 데이트 팍치기로 고발했다." 이런 제목의 신문 기사를 떠올려보라. 데이트 혹은 아는 사람에 의한 곽치기는 증가하고 있지만 입증하기가 매우 어렵다. 어떤 남자들은 섹스에 관심이 있고, 또 어떤 남자들은 애무에 흥미를 가질 수 있지만, 아마도 '마지막까지 가는 것'에 대해서는 원치 않았을 것이다. 그러나 일단 여성이 흥분하면 다음에 무슨 일이 벌어질지는 책임질 수 없다.

어떤 주에서는 부부간 곽치기에 대해 인정하지 않는다. 어떤 여성들은 누군가와 결혼했다면 언제나 섹스를 할 수 있어야 한다고 생각하며, 남편이 망설일 때는 그냥 강행해야 한다고 생각한다.

집단 곽치기는 아마도 가장 끔찍한 범죄일 것이다. 그러나 안타깝게도 다양한 사회적 요소들로 인해 증가하고 있다. 경제가 악화되면 남성들은 더욱 희생양이 된다. 집단 곽치기를 포함한 남성에 대한 폭력 사건도 늘어난다. 질펀하고 집단적인 곽치기는 여성들의 연대를 형성하는 의식과 같은 것이다.

우리는 또한 곽치기에 대한 무고를 주의해야 한다. 알다시피 이런 남자들은 데이트가 잘 되지 않았다는 이유로 혹은 관심을 받고자 상대 여성을 곤경에 빠트린다. 혹은 그날 밤 섹스가 좋지 않았다는 이유로 '곽치기'라 주장하기도 한다. 여자들이 이런 교활한 남자애들을 상대로 뭘 어떻게 할 수 있겠는가? 이런 남자들은 그런 일을 당할 만하며 게다가, 정말로 그걸 원한다.

그렇지만 좋은 소식도 있으니 실망하지 마라. 피해 이후 회복 과정에 있는 곽치기 피해자들이 상담할 수 있는 곽치기 위기상담

전화가 있다. 팍치기 피해를 입은 남성들에게는 피해 경험을 나누고 피해 이후 불임과 발기부전, 성적 매력이 없어질 것에 대한 걱정을 나눌 누군가가 필요하다. 안타까운 일은 팍치기 위기상담 전화 기금을 마련하는 것이 쉽지 않다는 것인데, 이는 팍치기 피해가 다른 박애적 관심사들보다 덜 중요한 것으로 인식되기 때문이다.

팍치기 피해를 입은 대부분의 남성들이 다시 여성을 신뢰하기 어렵다는 것은 매우 안타까운 일이다. 피해 남성의 입장에서는 모든 여성이 잠재적 가해자이며, 팍치기 생존자들은 여성이 예측할 수 없는 행동을 보일 때마다 무의식적으로 몸을 숙여 성기를 가리게 된다. 인류의 절반을 신뢰하지 못하며 인생을 살아나간다는 것, 그리고 (심지어 그들을 좋아하지 않는데도) 비자발적으로 그들 앞에서 허리를 굽힌다는 것은 지옥이나 다름없다.

다행히도 피해 남성 주변의 여성들이 부드러움과 배려심을 가지고 대한다면 결국 피해자의 신뢰를 다시 얻게 될 수도 있다. 비극적인 일이지만, 피해자가 다시 팍치기를 당하지 않으리라는 보장은 없다. 왜냐면 우리 모두 알고 있듯이, 바깥세상은 정글이므로 한번만 잘못 행동해도 팍치기 피해로 이어질 수 있기 때문이다.

전문가들은 다양한 해결책을 제안한다. 남성들은 수수한 옷차림만 하도록 하며, 성기에는 두꺼운 패딩을 대고, 밤에는 집 안에 머물고, 여성들에게 이중 메시지를 주지 않도록 조심해야 한다. 그러면서도 남성들은 매력적이어야 하되(이 점이 일부 여성들로 하여금 때리고 싶게 만들기도 하지만), 또 너무 매력적이어서는 안 된다(이 점은 또 다른 여성들로 하여금 때리고 싶게 만든다).

남성들은 또한 여성들이 무슨 생각을 하고 행동하는지에 대해 매우 민감해야 하며, 어떤 결과가 따라오든 책임져야 한다. 이것이 최선이다. 왜냐하면 여성들은 변하지 않으므로 남성들이 책임을 지는 것이 결국 모두에게 편한 방법이기 때문이다. 피해 남성의 반격은 가해자를 더욱 화나게 할 수 있으므로 팍치기를 당할 경우 맞서 싸우지 않을 것을 권한다. 누가 아는가? 가해 여성은 피해 남성의 머리를 차고 죽일 수도 있다. 팍치기를 당하는 상황이라면 긴장을 풀고 즐길 수도 있다. 죽는 것보다는 팍치기 피해를 입는 것이 낫다.

나는 여성들에게 팍치기와 약탈을 시작하자고, 남성의 성기를 공격하는 최악으로 나쁜 여자들의 부대를 만들자고 제안하는 것이 아니다.

나는 '좋은' 남자들이 '무지한' 남자들을 계몽하도록, 그리고 '나쁜' 남자들에게 주의를 주도록 제안하는 것이다. 폭력 범죄에 대해서는 자기방어술을 훈련한 여성들이 강력한 팍치기로 대응할 것이다. 처음 범죄를 저지르는 초범들이 응당한 대가를 치르게 된다면 두 번째, 세 번째 혹은 열두 번째 폭력은 없을 것이다.

진정한 금기, 남성의 고환 타격하기

사타구니 통증으로 신음하는 남성을 본 적이 없다면, 다리 사이를 세게 맞는 것이 어떤 느낌인지 남성들에게 물어보라. 감정적이고 본능적인 반응들이 폭발하는 것을 목격할 수 있다. 남자들은 정서적이지 않으며 잘 표현하지 않는다는 생각이 고정관념임을 알게 될 것이다. 남성들은 고환을 맞는다는 단순한 생각만으로도 얼굴을 찌푸리고, 소리치고, 허리를 숙인다. 그들은 자신이 좋아하는 스포츠팀이나 자동차보다 더 자신의 성기를 아낀다. (여성들은 남성들이 자신의 몸을 사랑하는 것만큼 스스로의 몸을 사랑하는 것 같지는 않다. 여성들은 남성들에게 배울 점이 많다.) 반대로 성폭력 관련 주제를 들을 때의 무심한 남자들의 반응은 그다지 관심 없는 팀의 경기 전적을 들을 때와 거의 비슷하다. 남성들은 성기를 차이는 것에 대한 공포가 있음에도, 여성이 느끼는 성폭력의 공포에 대해서는 왜 그토록 감수성이 부족한 것일까?

성인 여성들과 여자아이들은 남자들의 '아래쪽'을 절대로 차지 말라고 들어왔기 때문에 그런 행동을 하지 않는다. 남자아이들과 성인 남자들도 여성들의 '아래쪽'을 절대로 공격하지 말라고 배웠다면 어땠을까? 여성들에게 폭력적으로 굴면 고환을 맞거나 공격당할 수 있다고 들었다면 어땠을까?

우리는 친족 성폭력을 금기라고 들어왔다. 그러나 이는 정확한 표현이 아니다. 최근까지도 금기시된 것은 '친족 성폭력에 대해 말하는 것'이지 행동 자체가 아니었다. 사회에서 정말로 금기된 행동은 남성의 다리 사이를 제대로 때리거나 차는 행동이다. 그것이 진정한 금기이다. 그러니 영어에는 진정한 금기에 대한 단어가 없는 셈이다. 강간과 친족 성폭력은 비밀리에 일어난다. 그러면 남성의 고환을 차는 행동은 어떤가? 전 세계적으로 가족 내에서 남성의 고환을 차는 행동이 비밀리에 일어나는가? 남자의 벨트 아래를 때리는 것은 남녀 모두에게 금지된 것이며, 이는 강력한 관례이다.

"벨트 아래를 때리는 것"은 부당한 행동의 완곡한 표현이다. 나는 의식을 전환할 것을 제안한다. 필요할 때 벨트 아래를 치는 것은 정당할 뿐 아니라 자기방어에 효과적이다. 어쩌면 우리는 고환을 우리의 친구로, 자기 보호를 위한 동지로 생각해야 할 것이다.

데이트 사기 혹은 데이트 강간

어바인 캘리포니아 대학 3학년에 재학 중일 때, 거무스름한 피부에 키 크고 잘생긴 선배가 내게 데이트 신청을 했다. 지금 돌이켜보면 그는 아마도 좋은, 나쁜 그리고 무지하기도 한 남자였던 것 같다. 우리는 뉴포트 비치로 저녁을 먹으러 갔다가 발보아 반도의 바닷가에 있는 내 아파트로 돌아왔다. 룸메이트는 주말 동안 중부 캘리포니아로 돌아갔기 때문에 집에는 우리만 있게 되었다.

나의 늠름한 데이트 상대는 좀 많이 마셨다. 우리는 한동안 애무했다. 나는 그 선배를 좋아했고 다시 만나고 싶다고 생각했다. 나는 흥분은 되었지만 선배와 같이 옷을 벗거나 자고 싶지는 않았다. 그 선배의 생각은 달랐다.

나는 애무하는 것을 멈추고 싶었다. 그는 소파에 나를 꼼짝 못하게 눌렀다. 나는 선배가 장난한다고 생각해 잠시 동안 키스를 계속했고, 그는 느슨하게 힘을 풀었다. 나는 그만하면 됐다고 생각했고, 아침에 공부해야 해서 이제 일어나야 된다고 얘기했다. 토요일인데 무슨 공부냐며 그와 실랑이를 벌였다. 나는 일어났고, 그는 나를 아래로 잡아당겼다. 그때부터 무서워지기 시작했다.

그는 189센티미터에 86킬로그램, 나는 165센티미터에 57킬로그램이었다. 나는 내가 처한 상황을 가늠해 보았다. 그가 저녁 식사비를 냈다. 남자가 돈을 내면 섹스로 돌려받을 것을 기대한다는 암묵적인 규칙이 있었다. (그리고 이는 여전히 많은 젊은이들 사이에 존재하는 규칙이다.) 남자들의 코드에 대해서는 이쯤 해두자. 나는 그가 폭력적으로 변하면 어떻게 해야 할지 아무 생각이 없었다. 그는 그때까지 폭력을 쓰진 않았지만, 어떻게 나올지에 대해서는 확신이 없었다. 나는 싸움이 커져서 혹시 있을 폭력 사태에 위험을 무릅쓰고 싶진 않았다. 아무려면 어떤가. 어쨌거나 나는 처녀가 아니었고, 피임약을 먹고 있었다. 나는 그 남자랑 자는 편이 더 수월하고 안전할 것이라는 결론을 내렸다. 그와 자고 끝내버리는 것, 그것이 70년대식의 안전한 섹스였다.

나의 두려움은 상황을 감당할 수 있다는 자신감 부족과 무지에서 비롯된 것이었다. 당시의 나 그리고 내가 알고 있었던 것과 몰랐던 것을 되돌아보면 그때의 나의 행동은 지극히 합리적인 것이었다. 그리고 내가 아는 한, 그의 행동도 마찬가지였다. 결국 그 남자도 여자의 'No'는 'Yes'라고 반복적으로 말하는 문화, 그리고 남자의 생리적 욕구는 남자의 책임이 아니라고 말하는 문화에서 자랐다. 우리가 길러진 방식으로 인해 그의 충동은 나의 책임이며 나의 문제가 되었다.

나는 자신감도 용기도 없었다. 내가 용기가 부족했던 이유는 나보다 크고 폭력적일 수 있는 사람과 대결할 수 있는지에 대한 어떠한 정보도 없었기 때문이다. 가족이나 사회로부터 들은 선례가 없었을 뿐더러, 그가 나를 '나쁜 년'이라 생각하는 게 싫었고, 나에 대해 나쁜 말을 퍼뜨리는 것도 원치 않았다. 이 얼마나 슬픈 일인가. 얼마나 힘이 빠지며 또 위험한 생각인가. 나는 강간이 두려웠고, 조롱의 대상이 되는 게 두려웠고, 거절이 두려웠다. 여느 영화에서처럼 그는 나의 'No'를 존중하지 않은 것에 대한 어떠한 대가도 치르지 않았다.

데이트 강간을 주제로 한 토론에서는 여성들이 남성과 싸우는 법을 배우지 않았다는 사실을 다루지 않는다. 여성들의 자기방어가 매우 중요한 부분임에도 놓치고 있다. 나는 언어만으로 젠더 관계에 대해 말하는 것은 매우 부족하다고 생각한다.

그 남자는 바보였나? 맞다. 그 남자는 여동생, 조카 등 사랑하는 사람이 자기와 같은 남자와 데이트하길 바랐을까? 나는 그와의 성관계에 '동의'하지 않는 것보다 성관계를 하는 것이 덜 위험할 것이라고 생각했다. 당시의 내 생각이 맞았는지 틀렸는지 지금의 내가 얘기하기는 어렵다. 그것은 그때의 내 본능이었고 판단이었다.

나의 경험을 두고 데이트 강간으로 정의할 사람들도 있지만, 나는 그렇게 생각하지 않는다. 그렇다고 완전히 자유롭게 내린 성적 표현이었나 하면 그것도 아니다. 다른 선택을 했다면 더 좋았을 것이다. 그 사건의 결과로 나는 내 자신을 하찮은 존재로 보게 되었고, 그것은 한 인간으로서의 나에게 위험한 것이었다. 그 경험은 나의 존엄성을 해쳤다. 그렇지만 강간? 내가 설사 그렇게 느꼈다 하더라도, 내 데이트 상대가 나를 강간한 것은 아니다. "강간은 아니지만 동의도 아닌 상호 간 섹스"를 표현할 마땅한 언어가 없다. 미묘하고 거의 눈에 보이지 않는 위협에 관한 한, 남녀 간 문화적 차이는 매우 크다. 이는 직장에서의 젠더 정치에서도 문제시되는 영역이다.

이는 대부분의 사람들에게 어려운 문제이다. 내가 하는 얘기 중 어떠한 것도 뜻하지 않게 '피해자를 비난하는' 것으로 해석되지 않기를 바란다. 나는 다만 두려워서 성관계를 했다고 말하는 여성, 상사가 엉덩이를 만진다고 혹은 동료가 자신에게 침을 흘리고 외설스러운 소리를 한다고 말하는 여성들에게 측은한 마음이 들 뿐이다. 그녀들은 직장에서 성적인 존재로 취급받아서는 안 되지만 불행히도 우리 모두는 그러한 상황에 직면하게 된다. 원치 않는 성적 관심에 대응했는지 물었을 때 그녀들이 "아니요."라고 답하는 것도 놀라운 일이 아니다. 초등학교 때 우리는 폭력이 있어도 계속 무시하라고, 그러면 남자애들이 알아서 그만둘 거라고 배우지 않았는가? 혹은 다른 대안을 생각했을 수 있다. 내가 그랬듯, 결과를 가늠해보고(그 직장에 경제적 생존이 달려 있을 수 있다.) 최선의 선택으로 싸움을 피해 그냥 견디는 편을 택할 수도 있다.

여성 폭력과 관련된 법, 소송, 정책들도 중요하지만, 최전선에 있는 사람들은 사후 해결책에만 의존할 수는 없다. 사건들은 이미 발생하고 있으므로, 우리는 우리 자신을 위한 탐험과 실험, 준비를 시작하지 않으면 안 된다. 어떤 유형의 성폭력이든(언어적인 것에서 물리적인 것까지), 어느 곳에서 발생하든(직장, 집 혹은 공공장소 등), 성폭력 종식을 위해서는 모든 상황에서(사건 발생 시, 사건 발생 전후) 맞설 수 있도록 여성들의 역량을 키워야 한다.

초점을 남성에게 맞춘다면 더할 나위 없이 좋겠다. 그러나 가해자들은 변화를 원하지 않는다. 그들이 변하고자 했다면 이미 그렇게 했을 것이다. 남성 권력의 속임수를 밝히는 것, 여성 폭력의 현실을 제대로 '이해하지 못할 때' 이를 지적하는 것 또한 매우 중요한 일이지만 무엇보다 여성들 스스로가 경제적, 신체적, 정서적인 역량을 강화해야 한다.

여성주의자들을 비방하는 많은 사람들은 여성들이 '투덜이'

가 됐다고 한다. 이런 불만을 이해한다. 이에 동의하지는 않지만 매우 잘 이해하고 있다. 이는 스스로 문제를 해결하지 못하고 '고자질'해야 하는 아이들을 가리키는 '울보'와 유사한 느낌이다. 누구도 투덜이나 고자질쟁이를 좋아하지 않는다. 그러나 사회문화적으로 학습된 무기력함 이외에 다른 도구를 제공하는 것은 매우 다른 이야기이다. 그녀가 투덜대도록 훈련받았다면 계속 투덜댈 것이다. 그녀가 자신의 상황이 가망이 없다고 믿는다면 피해자처럼 행동할 것이며, 변화를 위한 주도권이 자신에게 없다고 느낀다면 좌절할 것이다.

케이티 로이프의 책 『다음 날 아침: 캠퍼스에서의 섹스, 페미니즘 그리고 공포』의 대부분은 피해자 정서를 지녔다고 생각하는 여성주의자들을 비판하는 내용이다.[*] 그녀의 책은 대학 내 몇몇 논쟁을 이해하는 데 유용한 반면, 좋은 관계를 유지하고자 하는 남녀에게는 해결책을 제시하지 못한다. 로이프는 여성주의를 비판하는 여성주의자가 되었고, 남성 기득권층으로부터 받은 관심과 인정으로 자제력을 잃었다. 참고로 말하자면 나는 우리가 여자아이들을 피해자나 약자로만 인식하는 것에 동의하지는 않는다.

대학 시절의 내 경험이 강간으로 해석될 여지는 있지만 나

....
[*] 대학 내 여성운동이 성별 권력 관계에서 약자인 여성들의 위치를 부각하다 보니 남녀 관계에서의 상호책임성이나 주체적인 여성의 모습보다는 여성의 모습을 나약한 피해자로 고정시킨다는 것에 대한 비판을 담고 있다.

는 강간당한 것은 아니다. 나는 직면하기 두려운 상황들로부터 내 자신을 보호했다. 어쩌면 나는 사기를 당했던 것일지 모른다. 존(그의 진짜 이름)으로부터가 아니라, 내게서 싸울 능력을 앗아간 일련의 전통으로부터 말이다. 나는 데이트 사기를 당했다. 좋은 문구는 아니지만 내 말이 전달되었으리라 생각한다.

싸우는 방법을 알았더라면, 구애하는 남성의 '흥미를 잃게' 하기 위해 내가 할 수 있는 것이 많다는 것을 알았더라면, 사기 당하는 것을 피할 수 있었을 것이다. 둘 중 한 사람이 성관계를 원치 않을 때 상대를 육체적으로 진정시키기는 어렵지 않다. 내가 그의 성기를 가볍게 치기만 했더라도 그는 아마 내 침대에 올라오기보다 내게서 벗어나려 했을 것이다. 나는 그를 꼬집거나 목 부위를 가격할 수도, 그가 계속 고집하면 그를 밀어낼 수도 있었다. 더 나쁜 시나리오로 그가 나를 바닥에 눕히고 강간을 시도했다면, 나는 그를 두들겨 패줄 수도 있었다. 어떤 여성이라도 할 수 있다. 우리는 사기를 당해왔다. 좋은 소식은 자기방어를 통해 우리 자신을 속이지 않아도 된다는 것이다. 우리는 용감해져야 하며 또 그럴 수 있다. 여성들에게 함부로 장난친다면 그에 대한 대가를 틀림없이 치러야 한다.

우리 중 아주 많은 이들은 여성들이 지식과 교육에 관한 권리를 주장하면 평등해질 것이라 생각했다. 혹은 마침내 참정권을 얻게 됐을 때 그렇게 되리라 믿었다. 그러나 우리 대부분은 그것이 환상이었음을 알고 있다. 참정권은 문제의 일부분을 해결하는 중요한 첫걸음이었다. 평등을 향한 그다음 단계(혹은 발차기라 해야 할까?)는 신체적 위해에 대한 공포 없이 살 권리이다.

많은 남성이 무의식적으로 여성들이 더 큰 힘을 갖게 되면 남성들도 학대당하지 않을까 하는 두려움을 갖고 있는 것 같다. 여성들도 동일한 방식으로 복수할 것이라는 공포는 남성들이 다른 인종, 종교 혹은 젠더 등 '타자'를 다뤄온 방식에 따른 죄책감의 산물일지 모른다. 다행히도 세상에는 젠더 혐오 폭력을 근절하기 위해 여성들과 함께 힘을 모으고자 하는 남성들이 많다. 교육의 힘은 강력하다. 자매애 역시 강력하다. 그리고 진정한 형제애도 마찬가지이다. 결국에 우리는 한 가족이다.

그런데 다음 장에서 보게 될 것처럼, 미디어는 대부분의 자매들과 그녀들을 지지하는 소수의 형제들에게 관심을 보이지 않는다. 공교롭게도 여성을 혐오하는 남성들, 범죄를 저지르는 '형제들'에게 보이는 관심 정도가 전부이다.

15

남자들의 권력 강화를 위한 뉴스와 역사

> 뉴스와 말이 강간범을 숨겨준다고 생각해본 적이 있는가? 강간범은
> 사라졌다. 우리는 "어떤 남자가 한 여성을 강간했다."라고 하지 않고,
> "그녀가 강간당했다."고 말한다. 우리는 이를 그만두어야 한다.
> 이제 말하는 방식을 바꾸어 누가 무엇을 누구에게 하고 있는지 명확히 할 필요가 있다.
> ─ 1993년 임팩트 로스앤젤레스 지부 졸업식에서의 대화 중에서,
> 팩스톤 퀴글리(『무장 그리고 여성』의 저자)

한 사회의 기반을 형성하는 미신과 통념들은 뉴스, 역사 그리고
이야기들로 구성된다. 그러한 이야기들은 남성 지배적인 문화에
서 '왕'에게 선택되고, '왕의 전령과 포고꾼'은 가치와 믿음 체계
를 지키고 경고의 메시지를 알릴 목적으로 이를 전파한다.

　최근의 사례를 예로 들어보자. 사람들은 뉴스에서 핏불 테리
어 견종의 위험성을 들었다. 몇 마리의 핏불 테리어가 강력한 턱
으로 사람들의 팔다리를 물어뜯은 일이 알려지기 전까지는 사실
대부분의 사람들이 핏불 테리어와 닥스훈트를 구분하지 못했다.

핏불 테리어가 하루아침에 변한 것은 아니다. 단지 그때까지는 핏불 테리어가 뉴스에 등장하지 않았던 것이다.

대중의 인식은 뉴스 보도와 함께 변화해왔다. 핏불 테리어는 이제 도베르만만큼 두려운 대상이 되었다. 동시에 핏불 테리어의 판매량은 치솟았다. 관련 뉴스는 핏불의 흉포함을 광고한 셈이 되었고, 맹견 시장의 사람들은 핏불을 사기 위해 몰려들었다. 한편 개를 무서워하는 사람들은 '광고', 즉 기사를 통해 핏불 테리어를 조심하게 되었다.

"여성이 강간범을 격파하다."와 같은 뉴스는 잘 나오지 않는다

"사람이 개를 물었다."는 흔치 않은 이야기이므로 "개가 사람을 물었다."보다 더 좋은 기사라는 것이 저널리스트의 기본 원칙이다. "여성이 강간범을 불구로 만들다." 이 역시 매우 드문 이야기이다. 여성들이 강간범을 다치게 하는 사건들이 종종 벌어진다. 다만 강간 미수 사건들이 강간 사건만큼 뉴스에 나오지 않는 것이 문제이다. 성폭력 가해자들의 여성에 대한 공포가 핏불 테리어에 대한 공포 정도가 되려면, 얼마나 많은 자기방어 성공 사례들이 보도되어야 할까.

강간범들이 여성을 공격할 때 적어도 심하게 다칠 수 있다고 믿게 하려면, "미녀가 야수를 물었다."는 제목의 기사들이 얼

마나 많이 있어야 할까. 근래의 뉴스는 남자가 여자를 강간하는 것이 얼마나 쉬운지, 여성이 스스로를 방어하는 것이 얼마나 어려운지를 보여주는 가상 광고인 셈이다.

사람들은 개가 낯선 사람을 보고 으르렁거리거나 경계하는 행동을 한다고 해서 "개는 인간을 혐오한다."고 말하지 않는다. 오히려 낯선 사람에 대한 당연한 행동이라 여긴다. 그렇다면 여성 폭력 관련 통계에도 불구하고, 이를 막으려는 여성들은 왜 번번이 "남성 혐오자들"이라는 비난을 받아야 할까.

여성들은 위협적으로 느껴지는 상대가 괜찮은 사람이라는 것을 알기 전까지, 경계하고 으르렁댈 권리가 있다. 분노나 신체적 방어가 "숙녀답지 않다."고 말하는 사회적 편견은 바뀌어야 한다. 폭력적인 남성들은 점점 더 많은 여성들이 자신과 다른 여성들을 보호하기 위해 남성들을 '물어뜯을' 것이며, 힘닿는 한 무엇이든 할 것임을 알아야 한다. 몇몇 통계에 따르면 강간범들은 체포되기 전까지 평균 12회의 범행을 저지른다. 또 다른 여성들이 '달아난 가해자'에게 당하는 일이 없도록 하려면 "여기가 폭력의 끝이다."라고 알려줘야 한다.

바라건대, 우리 중 많은 사람들이 가해자를 '물어뜯는'다면, 미디어의 관심을 얻기에 충분히 세게 반격한다면, 공격을 당하는 일도 점차 줄어들 것이다. 나는 여성들을 강아지만큼이라도 존중받도록 하는 데 내 생을 바치게 될 거라고는 상상도 못했다.

남성들의 편견에 사로잡힌 미디어

낸시(13장 참고)가 상대한 언어폭력 가해자는 연쇄 강간범인 것으로 밝혀졌다. 나는 낸시와 인터뷰를 진행하다가 깜짝 놀랄 만한 이야기를 들었다. 그것은 무엇이 뉴스이고 무엇이 아닌지를 결정하는 '왕'의 권력에 대한 것이었다.

낸시는 수업에서 언어적 자기방어를 배우고 이를 활용해 위험 상황에 대처했다는 사실이 무척 기뻤다. 작가인 친구도 이에 고무되었고, 또 자기방어가 실제로 얼마나 간단한지 알릴 필요가 있다고 생각했다. 그녀는 이 얘기를 기사로 썼고, 지역 주간신문에 보냈다.

백인 남성인 편집장은 그 기사를 퇴짜놓았다. "나는 여성들에게 자기방어에 대해 알리고 싶지 않습니다." 뭐라고요? 그는 우리 불쌍하고 작은 미녀들에게 남자나 경찰 없이 스스로를 보호할 수 있다는 헛된 믿음을 줄까 봐 걱정했을까? 이 얘기가 만약 익사 사고에서 구사일생으로 살아난 사건이었다면 편집장은 거절할 수 있었을까? 사고당한 사람이 남자인지 여자인지 따졌을까? 사람들에게 익사 사고에서 살아남는 법을 알려주는 내용인데도? 낸시의 친구가 겪은 일은 위험한 검열의 한 예이다. 이는 또 다른 의구심을 갖게 한다. 얼마나 많은 이야기들이 삭제되고 있을까? 재미가 없다거나 여성들이 감당할 수 없는 "아이디어를 여성들에게 줄까 봐" 두렵다는 이유로 얼마나 많은 이야기들이 거부되었을까?

출판과 관련한 또 다른 일화가 있다. 이 사례는 논란의 대상인 여성주의 철학자이자 운동가인 안드레아 드워킨의 경험이다. 책 출판에서 무엇이 '삭제'되는지, 또 왜 그런 일이 벌어지는지 잠시 들여다보도록 하겠다. 그녀는 결코 신사 같지 않은 한 출판 경영진인 '젠틀맨'에 대해 얘기했다. 그는 드워킨의 『우리의 혈통』 양장본을 출판한 회사의 문고판 분과 책임자였다. 『우리의 혈통』을 문고판으로 재출간하는 문제를 검토한 젠틀맨은 담당 편집자에게 문고판을 만들지 않겠다고 했다. "드워킨은 남성들이 얼마나 부드러울 수 있는지를 배제시켰어!" 그러고는 편집자의 머리에 원고를 집어던졌다. 감정적으로 판단한다는 평판은 여성들의 전유물이 아니었던가!

방송에서는 여성들의 자기방어를 어떻게 취급하는가? 그날의 뉴스 기자들, 원격 방송 장치 등 취재 관련 자원들을 어디로 파견할지 결정하는 사람은 사실 자신의 관점에서 무엇이 뉴스가 될지 결정하는 것과 마찬가지이다. 그렇다. 제작자이든 편집자이든 이 직위에 있는 사람은 대개 '그'이다. 여성 관점의 뉴스를 찾기 어려운 이유이다.

『역풍: 미국 여성을 향한 선포되지 않은 전쟁』에서 수잔 팔루디는 이른바 "결혼 위기" 기사*를 예로 들며 뉴스의 과장되고 비과학적인 면을 비판했다. 『역풍』에서 팔루디의 관점은 뉴스가 전문직 여성들을 좌절시킨다는 것이었다. 당시 뉴스 공급업자들은 전문직 여성들에게 경력을 우선시할 경우 결혼 확률이 얼마나 낮아지는지 경고한 것이나 마찬가지였다. 당시 NBC 계열 기자였던 나는 방송국에 해당 '연구 결과'에 대한 전문가들의 의견이 넘쳐 났던 것을 기억한다. 기사들은 한결같이 여성들이 경력을 추구할 때 치러야 하는 '새로운' 대가는 독신이라고 외쳐댔다.

"연구에 의하면 자기방어 기술은 성폭력 위협을 통제하는 자신의 능력에 대해 더욱 확신을 갖게 한다." 이것은 『성격 및 사회심리학 저널』(1990년 3월호)에 실린 연구를 소개하는 보도자료의 제목이다. 스탠포드 대학의 엘리자베스 M. 오저, 알버트 반두라의 「임파워먼트 효과를 좌우하는 메커니즘: 자기 효능 분석 연구」는 여성들에게 좋은 소식이었다. 모델 머깅 형태의 자기방어 훈련이 여성들의 역량을 강화하고 삶에 긍정적인 영향을 줄 수 있다는 내용을 담고 있었다.

보도자료의 내용은 다음과 같다. "자기방어 프로그램은 여성들이 공격당할 경우 자신을 물리적으로 보호할 수 있는 능력, 다양한 사회적 상황에 대응하는 능력, 다양한 일상 활동에 참여하는 능력, 성폭력에 대한 부정적 생각을 통제하는 능력을 상당히 증대시켰다. … 여성들은 스스로에 대한 불안이 줄었고, 성폭력에

....

* 1986년 6월 2일자 미국 시사 주간지 『뉴스위크』에 실린 기사. 학력이 높고 성공한 여성들은 결혼하기 어렵다는 내용을 다루었다. 대학을 졸업한 백인 여성이 40세까지 미혼일 경우, 이후 결혼할 확률은 테러범에 의해 살해당할 확률보다도 낮다는 식의 내용으로 비판받았다.

맞설 수 있다고 느꼈다. 참여하는 활동의 수가 늘었으며, 낮 동안의 실외 운동과 저녁 콘서트나 영화 관람 등 하고는 싶었으나 성폭력에 대한 공포로 회피했던 일상 활동을 할 수 있게 되었다."

오저와 반두라의 연구가 전국 뉴스에 나왔다면 분명히 많은 여성들이 자기방어 수업을 시작했을 것이다. 그랬다면 자신의 목숨을 구하고 피해를 줄일 수 있었을 것이다. 반두라 박사는 사회심리학계에서 매우 중요한 위치에 있으므로 정신건강 전문가들은 이 연구 결과를 의미 있게 받아들였을 것이다. 필요하다면 내담자들에게 총력적 모델 머깅 프로그램을 권유했을지도 모른다.

평론가이자 기자인 내가 오저와 반두라의 연구 소식을 들었다면 보도하기 위해 분투했을 것이다. 한편 이전에 같이 일했던 많은 제작자들(자신들의 작은 왕국에서 왕들인)이라면 보도하길 거부했을 것이다. 그들은 힘이 있고 기자들은 그렇지 않으므로, 결국 그들이 이겼을 공산이 크다. 특히나 보도자료가 쏟아져 나오는 빅뉴스 데이라면 위와 같은 연구는 '핫hot'한 뉴스에 밀려날 것이다. 여성들의 안전 이슈, 폭력 예방과 여성들의 스트레스 감소는 섹시하거나 '핫'하지 않다. 슬프게도 너무도 많은 뉴스 제작자들은 여성들의 관심사를 전혀 모르거나 혹은 최악의 경우 여성주의에 반하는 '역풍' 어젠다를 갖고 있다.

여성들의 삶의 질을 높일 수 있는 오저와 반두라의 연구 결과는 진짜 뉴스임에도 왜 뉴스로 선택되지 않았을까? 반면 『뉴스위크』의 결혼 위기 기사는 여성해방운동이 여성들의 행복을 얼마나 저해하는지 증명하려는 그저 하찮은 시도였을 뿐이다. 뉴스 가치를 결정하는 데 작동하는 편견들이 보이지 않는가?

많은 '뉴스'는 정말로 '오래된 이야기' 즉, 늘 하는 얘기에 등장인물만 바꿔 재현한 것이다. 특히 텔레비전 뉴스는 시각적으로 자극적인 것을 추구하는 가장 오락적인 프로그램이다. 언론사들은 늘 시청률 전쟁 중이므로 경쟁 업체들보다 과도하게 시각화된 정보를 제공하려 하고, 시청자들을 과도하게 흥분시키는 데 몰두한다.

미디어가 제공하는 이미지는 너무도 강력해서 현실을 만들어 나가는 것은 우리 자신이라는 점을 거의 잊어버리게 만든다. 미디어 보도는 정말로 현실에 도움이 될까? 사실상 우리의 미디어는 범죄를 저지르면 대가를 치르는 한편 적어도 주목받을 수 있다는 '광고'와 마찬가지이다. 남성들이 얼마나 폭력적인지, 그리고 여성들이 얼마나 취약한지에 대해 홍보하는 것이다. 그렇게 우리는 말과 그림들로 낡은 생각들을 강화한다.

또한 TV는 아이들의 현실을 창조해낸다. 90년대 무렵 한 친구는 딸과 함께 클린턴 대통령의 연두교서*를 보고 있었다. 친구는 딸에게 말했다. "얘야. 너도 대통령이 될 수 있단다." 네 살짜리 딸은 "아니에요, 엄마. 전 아마 안 될걸요."라고 대답했다. 평

---

* 미국 대통령이 매년 1월 의회에 제출하는 신년도 시정 방침.

소 모든 가능성을 열어두고 아이를 키워왔다고 생각한 친구는 딸의 말에 무척 놀랐다. "왜 그렇게 생각하니?" 아이는 의회에 있는 사람들의 옷을 보며 말했다. "거기에는 여자애들이 없어요. 봐요. 모두 남자들이잖아요."

그 친구의 딸은 TV를 보며 무엇을 느낄까? 오락물이나 뉴스에서 남성들이 여성들을 너무도 쉽게 제압하는 모습을 보면 그 애는 무슨 생각을 할까? 세간의 말처럼 "하나의 그림이 천 마디 말을 담을 수 있다."

한편 카메라는 오직 실제만을 담는다? 그렇기도 하고 아니기도 하다. 카메라 역시 선택적인 매체이다. 넓은 시야를 잡는 와이드 숏은 좀 더 큰 그림을 담지만, 미디엄 숏과 클로즈업 숏은 세밀함을 표현하되 매우 선택적이다. 뉴스를 왜곡하는 것은 어떤 숏을 잡느냐에 따라 사실상 가능하다. 그리고 숏은 기사의 내용을 결정한다. TV 기사는 결국 시각 자료에 따라 결정되기 때문이다.

다음은 일상적으로 벌어지는 TV 프로퍼갠더propaganda*에 꼭 맞는 사례이다. 나는 갖가지 성적 스캔들로 악명 높던 테일후크의 라스베이거스 사건** 이후 열린 첫 번째 집회에 참여했다.『패

----

* 선동 혹은 선전. 일정한 의도를 갖고 세론을 조작하여 사람들의 판단이나 행동을 특정의 방향으로 이끌어 가는 것.
** 테일후크는 미국 해군과 해병 조종장교의 친목 모임이다. 1991년 라스베이거스에서 열린 테일후크 연례행사에서는 여성 해군 장교를 포함한 수많은 여성들이 성추행 피해를 입었다.

서디나 위클리』의 칼럼을 위해 취재 중이었다. 테일후크가 열리는 컨벤션 센터 밖에서는 행진과 시위가 계속됐고, 취재 열기가 뜨거웠다. 시위대는 대부분이 여성들이었고, 반동성애자 군대 정책에 항의하는 일부 게이 남성들도 함께했다.

시위대는 연령, 체형 등 스타일이 다양했다. 나는 한 프로듀서가 카메라맨에게 고함치는 걸 들었다. "입 크게 벌리고 있는 저 뚱뚱하고 못생긴 여자를 화면에 잡아." 그 프로듀서는 카메라맨에게 그냥 아주 쉽게 "손녀딸과 함께 있는 저 상냥한 할머니" 혹은 "저기 여피족* 커플" 혹은 "저기 맥주 마시면서 즐거운 시간을 보내는 대학생들을 담아요."라고 할 수도 있었을 것이다.

나는 내가 일했던 대부분의 미디어 회사에서 반여성주의적 편견을 경험했다. 이러한 편견은 아름다움을 중요시하는 주류 여성들에게 페미니스트들은 무섭다는 이미지를 심어주고 강화한다. 그들이 뉴스에서 보는 "페미니스트로 정의된 여성들"은 주류 남성들이 선호하는 미의 기준에서 보면 '불쾌한' 타입일 때가 많다. 뉴스가 여성들에게 "페미니스트는 아름답지 않다."는 메시지를 전달하는 것이다. 우리 문화에서 매력적이지 않다는 것은 여성들에게 큰 위협이므로, 여성들은 매력적이지 않은 여성들과 엮이지 않으려 한다. 오히려 페미니스트들과 반대 방향으로 간다. 또한 남성들 역시 미녀과에 '낄 수 없는' 여성들이 페미니스

....
* 도시의 젊은 엘리트족.

트가 된다고 생각한다.

여성주의자들은 사람들 수만큼이나 다양하다. 미디어가 여성주의에 대해 적대적인 태도로 일관한다면 많은 여성주의자들은 자신의 페미니즘을 '벽장 안에' 가둬둘 것이다.

다음번에 여성 이슈 관련 기사를 접하면 사진이나 그림에 어떤 패턴이 있는지 살펴보라. 여성주의자들의 불만스러운 모습, 아름답지 않은 모습만 실컷 보게 될 것이다.

어떤 편집장은 전국여성정치연맹에 일부러 '반여성주의자'인 여기자를 파견했다. 그는 자신의 생각이 영리하고 재미있다고 여겼다. 그 기자는 먼저 나에게 인터뷰하자고 전화했다. 질문을 시작하기 전에 나는 여성운동에 관해 어떤 자료들을 읽었는지 물었다. 책 한 권 그리고 여성 이슈 관련한 몇몇 책에 대한 논평, 그게 다였다.

말할 필요도 없이, 그 기자의 반여성주의적 질문은 어설픈데다 완전히 편향적이었다. 너무 무식한 질문뿐이어서 간단하게 답하는 것이 불가능할 정도였다. (대답을 하기 위해서라도 그 기자를 교육해야 하는 상황이었다.) 내가 편집장이라면 자동차 경주 대회에 대회 자체를 반대하는 기자를 보내지는 않을 것이다. 자동차 경주를 조롱하고자 하는 것이 아니라면 말이다.

뉴스의 현실을 만드는 남성들, 배제되는 여성들

반여성주의자인 여기자를 파견한 편집장처럼 모든 취재가 노골적으로 편향적인 것은 아니다. 일부는 인간으로서의 자연적인 실수, 무지, 이미 익숙한 대로 하려는 욕구 등이 편견을 부추긴다. 여성 관련 이슈는 교육 현장에서 사실상 통제되어왔기 때문에 사람들은 여성들의 성취와 관심사에 흥미를 덜 갖는 경향이 있다. 이렇게 악순환은 되풀이되고 있다.

특히 1995년 북경세계여성대회와 관련한 미국 언론의 취재 기근 현상을 보고 낙담하지 않을 수 없었다. 당시 나는 언론인으로 북경 현장에 가 있었기 때문에, 미국 내에서는 보도할 수 없는 상황이었다. (미국 언론의 취재가 빈약했던 상황에서 예외적으로 CNN의 주디 우드러프만이 북경대회에 대한 탁월한 시리즈를 보도했다.)

누가 현실을 만드는가? 나는 비정부기구들의 컨퍼런스가 열리는 동안 카메라 촬영진들이 다른 뉴스를 '찾아' 박람회장을 배회하는 것을 보았다. 아하! 한 촬영진이 시위대를 발견했다. 순식간에 모든 뉴스팀은 시위를 취재하러 몰려들었다. 시위는 '좋은' TV를 만든다. 시위는 행동이자 큰 소리이고 또 갈등이다. 평화로운 협상, 해결책에 관한 토론 그리고 네트워킹은 '나쁜' TV를 만든다. 액션이 적거나 없는 것, 낮은 소리로 말하는 것, 갈등 해결은 좋은 소재가 아니다.

일반론적이긴 하지만 뉴스팀은 남성들로 구성되어 있다. 그들 중 많은 이는 스포츠와 전쟁 그리고 소년들의 활동을 취재해 왔다. 나의 지론은 남성들로 구성된 뉴스팀은 여성들의 활동을 취재하는 법을 모른다는 것이다. 그들은 해당 이슈도, 어떤 질문을 해야 할지도 모르며 관련 자료도 갖고 있지 않다.

내가 미식축구 경기를 취재하도록 배정받았다고 상상해보자. 나는 축구에 대해 아무것도, 정말 아무것도 아는 것이 없다. 나는 아마도 내가 조금이라도 알 만한 소재를 통해 접근할 것이다. 축구에 대한 나의 기사는 치어리더들과의 인터뷰, 축구에 대해 무지한 다른 여성들과의 인터뷰, 축구 선수들의 어머니, 아내, 누이나 동생들 그리고 아마도 축구장의 디자인에 관한 것이 될 것이다. 혹은 기본기에 대해 배우는 기사를 쓸 것이다. 나는 그저 최선을 다할 테지만 축구를 아는 사람들에겐 별 관심을 받지 못할 것이 분명하다. 축구 전문가들은 내 기사에 좌절감을 느끼거나 지루해할 것이다.

혹은 아무 준비도 안 된 상태에서 경기를 취재해야 한다면, 내 기사는 아마도 이런 식일 것이다. "선수들이 잔디 위에서 뛰었다. 그들은 원으로 모여서 꿀꿀대는 소리를 내며 고함을 치더니 줄지어 섰다. 한 선수가 공을 자기 다리 사이로 던졌고, 다른 선수가 공을 잡고 던졌다. 선수들은 가끔씩 공을 차고, 서로를 때려눕히며 마치 미친 듯이 달렸다. 경기가 끝나자 한쪽 선수들은 모두 환호를 질렀고 다른 쪽은 행복해하지 않았다. 그리고 다들 집으로 돌아갔다."

이는 여성 이슈가 가치 없다고 생각하거나 아무것도 모르는 사람을 취재 현장에 보내는 것과 같다. 그들은 언어도, 무엇이 '뉴스'가 될지도, 다른 이슈들과 어떻게 연관되어 있는지도 모른다. 일부 나라의 경우 관습상 여성들에게 말하는 것조차 허락지 않는다. 그렇다면 남성 취재진이, 설사 그렇게 하고픈 생각이 있다 하더라도, 정보에 근거한 객관적인 이야기를 어떻게 얻을 수 있겠는가?

베이징의 어느 도로에 서 있는데 동남아시아 출신의 여성이 내게 다가왔다.

"기자세요?" 그녀가 물었다. 나는 "네." 하고 대답했다. 그녀는 내 손을 잡고 "따라와주세요."라고 했다.

왜인지 물으니, 그녀는 일행들이 언론을 위해 시위를 하고 있다고 했다. 그녀가 속한 대표단이 중국에 오기 전에 시위할 계획이 있었던 건지 물었다. "아니요. 미국 기자들이 시위를 좋아하니까 그렇게 하기로 했어요."

세계여성대회 관련 보도가 그렇게도 미숙했던 것은 바로 이런 이유 때문이다. 당시 북경세계여성대회 관련 뉴스는 대부분 날씨, 어떤 그룹이 어떻게 잘 어울리지 못하는지, 누가 무엇에 대해 시위를 하는지에 관한 것이었다. "경기가 끝나자 한쪽 선수들은 모두 환호를 질렀고, 다른 쪽은 행복해하지 않았다. 그리고 다들 집으로 돌아갔다."

뉴스와 관련된 음모론을 얘기하는 것은 아니다. 이는 매우 복잡한 부분이다. 여성들을 뉴스에서 제외시키기 위해 구성된 삼자위원회 같은 것도 없다. 여성들과 공정하게 나누고 싶지 않은 백인 남성들의 중상모략과 음모, 책략이 있는 것도 아니다. 여성들은 너무도 고질적이고 비가시적이며 만연한 이유들로 인해 뉴스에서 제외된다. 뉴스를 둘러싼 음모가 발견된다면 오히려 위안이 될 것 같다. 음모들은 추적해서 밝힐 수 있으니까. 신문, 잡지, 책들은 전통적으로 남성과 여성의 강약점으로 인식되어온 부분들을 더욱더 강화한다. 뻔하고 오래된 이야기이다. 정보와 오락 산업은 대부분 백인 남성들에 의해 통제되며, 모든 뉴스와 연예 방송국들은 점점 더 소수의 대형회사가 소유하고 있다. 이는 민주주의 전반에, 특히 전통적으로 권력에서 배제되어온 사람들에게 심각한 위협이다.

나는 뉴스 산업에서 "강간 미수와 살인 미수"로 다뤄지는, 자기방어에 성공한 여성들의 실화를 끊임없이 살피고 있다. 이런 이야기들은 방송과 활자 미디어 모두에서 약간 증가한 것 같아 보이지만, 내가 그 사례들에 집중했기 때문인지 실제로 더 많이 증가했는지는 확실치 않다. 얼마나 많은 자기방어 '성공' 사례들을 놓치고 있는지는 아쉽게도 확인할 길이 없다. 이는 단지 누군가가 "이것은 뉴스가 아니다."라고 결정했음을 의미한다. 누구에게 뉴스가 아니란 말인가?

우리는 여전히 승리한 여성들의 이야기보다는 남성들의 악몽의 화신, "거세하는 나쁜 년"의 전형이 된 로레나 보비트*처럼 세상을 들썩이게 하는 흥미 위주의 이야기를 더 쉽게 접한다. 여성들은 조용히 성공적으로 가해자를 물리친 이야기를 듣고 싶어 한다. 이런 이야기들을 더 많이 접할 수 있다면 얼마나 고무적이겠는가. 그녀들의 이야기를 신문이나 방송에서 잘 볼 수 없다는 것은 일종의 사기이다. 여성의 삶에 긍정적 영향을 주는 기사를 싣도록 편집자들에게 요구해야 한다. 우리는 전화와 편지로 그 변화를 끌어낼 수 있다.

역사의 기록에서 사라진 여성 전사들

'역사'는 어디서 오는 것인가? 역사는 어제의 뉴스이다. 과거에 대해 우리가 알고 있는 것은 누군가가 퍼뜨려야 할 정도로 충분히 중요하고 재미있다고 혹은 유용한 정보를 준다고 생각했기 때문에 기억하고, 쓰고, 기록한 것들이다. 뉴스에서 삭제된 이야기들은 미래의 역사 연구가에게도 영향을 준다. 관련된 이야기가 없다면 일어나지 않은 일이 되어버릴지 모른다. 이 악순환은 계속된다. 미래의 세대들은 여자 조상들보다는 남자 조상들에 대해 더 많이 알게 될 수밖에 없다.

....
* 1993년 로레나 보비트는 구타와 성폭력을 일삼던 남편이 자고 있는 사이에 남편의 성기를 절단한 사건으로 화제가 되었다.

선사시대 선조들에 대해 상상해보라. 큰 불을 피워놓고 모든 사람들이 모여 앉아 이야기하고, 듣고, 기억하고, 그 이야기들을 전달하고 결국 새기거나 적는다.

"아마존 여전사에 대해 얘기해주세요." 모든 사람들이 찬성한다. "그래, 좋은 생각이야. 그녀들은 정말로 용감하고, 용맹하고, 굉장한 여성들이었어." 아마존 여전사들, 모두를 위해 세상을 더 안전하게 만든 여자 조상들의 이야기는 모든 이들이 좋아한다.

"아니, 아마존 여전사들 이야기를 더는 전하지 않기로 의회에서 결정했어. 우리는 여성들이 자신을 방어할 수 있다는 생각을 안 했으면 해." 이야기꾼 어른들은 언제부터 이렇게 말했는가? 아이들이 자라면서 아서 왕 이야기만큼이나 여전사들의 이야기를 자주 듣는다면, 여자아이들이 지금처럼 쉽게 피해자 역할을 받아들일까?

널리 알려지지 않은 강인한 여성들의 이야기는 제법 많다. 간혹 남성들이 주인공인 무대에서 부록쯤으로 등장하는 여성들의 이야기를 보게 된다. 역사적으로 가장 용감하고 저항 정신이 강한 여성들은 이제 거북스럽고 조롱당하는 이들로 묘사된다.

"이세벨Jezebel",* "아마존Amazon"이라는 이름이 현대 여성들을 묘사할 때 쓰이면 대개는 환영받지 못한다. 여성들이 세상에

....

* Jezebel의 영어식 독음은 '제저벨'이나, 성경에는 '이세벨'로 되어 있다. 구약 성경에서 가장 잔인하고 타락한 여인으로 묘사된다.

완전하게 참여하기 위해서는 우리의 잃어버린 신화들이 필요하다. 다윗과 골리앗은 작은 여성과 큰 남자에 관한 이야기일 수 있지 않을까? 그 이야기는 분명 힘을 능가하는 두뇌 이야기, 물리적 대결에서 크기가 결정적 요소가 아님을 말해주는 이야기이다.

"모르는 게 약이다." 이 얼마나 불쾌한 말인가. 받아들이지 마라. 여전사들이 남긴 유산으로 더 잘 무장한다면, 자기방어를 위해 내면의 투지를 이용한다면, 남성들의 폭력 사건이 지금처럼 많은 여성을 해치진 못할 것이다.

16

남자만의 판타지를 그리는
영화와 TV

"TV 드라마의 등장인물을 보면 남성이 여성보다 3~4배 정도 많지만, 폭력 상황에서 피해자로 그려지는 건 대개 여성들이다. 결과적으로 TV를 보는 여성들은 세상을 더 위험천만한 곳으로 인식한다." 펜실베이니아 대학교 애넌버그 커뮤니케이션 스쿨의 명예교수인 조지 거브너의 말이다.

거브너 교수는 세상이 위험하다고 느끼는 사람의 감정, 더 일반적으로는 여성의 감정을 일컬어 "보통 세계 증후군"*이라고 이름 붙였다. 특히 남성들의 폭력 앞에서 자신이 할 수 있는 것은 아무것도 없다고 생각하는 여성들이 주목할 만한 부분이다. TV 오락물에서 얼마나 많은 유색인종 남성들이 범죄자로 그려지는지를 보면, 우리 문화에 인종차별과 성차별이 왜 그렇게 뿌리 깊이 박혀 있는지 쉽사리 알 수 있다. 진실은 남성이 여성에게 가하는 폭력 문제는 타 인종보다 같은 인종 간에 더 많이 일어난다는 것이다.

싸우는 여성의 이미지가 더 많이 필요하다

영화와 TV에서 남녀를 재현하는 방식 중 특히 해로운 부분은 폭력에 대한 비현실성이다. 나는 여성들은 싸울 능력이 없고 남성들은 여성들이 물리칠 수 없는 존재라고 믿어왔다. 내가 보고 자란 미디어를 보면 너무도 당연하다. TV에서 남성들이 강간당하고 고환을 걷어차이다 결국 여성들이 그들을 구조한다면 남성들의 심정은 어떨까.

우리는 여성이 경제적으로 무력하다는 것이 허구임을 밝혀냈다. 그렇다면 여성들은 신체적으로 싸움이 불가능하다는 이야기에는 왜 연연하는가? 그것은 싸우는 여성들이 예쁘거나 로맨

---

* 실제 세상보다 미디어에서 묘사된 폭력적인 세상을 더 일반적인 현실로 느끼는 되는 현상을 일컫는다.

틱하지 않기 때문이다. 수동적인 여성이야말로(죽었든 살았든) 아름답고 참된 여성이다. 수동적 여성은 숙녀로 남을 수 있다. 비록 그것이 자신의 목숨을 담보한 것이라도 말이다.

여성들은 피해자가 되는 것에 지치고 넌더리가 난다. 이것이 영화 〈델마와 루이스〉가 여성들의 심금을 울린 이유 중 하나이다. 우리는 '가정에 길들여진' 여성들이 "내게 자유가 아니면 죽음을 달라."고 저항하는 것을 보며 짜릿함을 느꼈다. 패트릭 헨리*의 말을 여성들이 인용했을 때 일부 남성들은 자유를 사랑하는 것보다 남성을 혐오하는 것으로 읽었다는 사실이 흥미롭기만 하다.

영화를 보자. 여성이 나오는 싸움 장면에서는 대개 남성들이 나타나 상황을 종료시킨다. 이런 장면이 여성 관객들에게 전달하는 메시지는 무엇일까. 이러한 영화들은 여성들을 의기소침하게 하고 포기하게 만든다. 남성 관객들은 어려움을 견뎌내야 하는 남자들, 무언가를 위해 '싸워야'(문자 그대로 혹은 비유적으로) 하는 남자들이 등장하는 장면을 수없이 목격한다. 영화 속 남자 주인공들은 가끔 이기기도 하고 지기도 한다. 그러나 여자 주인공들은 대부분 포기한다. 여성들을 기운 빠지게 만드는 이런 영화들은 바뀌어야 한다. 우리는 싸우는 여성들의 이미지를 더 많

---

* 미국의 정치가. 1775년 버지니아 식민 의회에서 "자유가 아니면 죽음을 달라."고 연설하였다.

이, 그리고 절박하게 필요로 한다. 〈터미네이터 2〉의 린다 해밀 턴처럼 영화에서나 가능한 무기를 지닌 여성뿐 아니라, 이미 가지고 있는 것(무릎으로 고환을 차거나, 날카로운 팔꿈치를 사용하거나, 혹은 재빠르게 지혜를 발휘하는 것)을 활용하는 영리한 여성들도 보고 싶다.

영화가 실제 폭력 상황에 얼마나 영향을 미칠지 회의적일 수 있다. 이에 관해 나는 한 남자 친구의 경험을 들려주고자 한다. 그 친구는 몇 시간 동안 즐거운 술자리를 가진 후 거나하게 취한 상태로 주차장에 갔다. 차에 올라탄 순간 갑자기 차문이 열리더니 한 남자가 그 친구의 목에 칼을 들이댔다. 성품이 온화한 편인 내 친구는 침착하게 그 남자에게 원하는 게 무엇인지 물었다. 그는 "네 차를 가져야겠어. 근데 그보다 먼저 '재미' 좀 보면 좋겠는데." 내 친구는 여전히 취기가 있는 상태로 '제임스 본드라면 어떻게 했을까?' 자문했다. 그는 재빨리 머리를 움직여 칼을 피한 후, 두 다리로 그 남자를 밀쳐낸 후 도망쳤다.

위기 상황에서 제임스 본드와 맞먹는 여성 인물은 누구인가? 아마도 〈지나: 여전사 공주〉 혹은 〈버피: 뱀파이어 해결사〉일 수 있겠다. 당신에게 그런 인물이 누가 되었든 간에, 여전사의 이미지는 여성들의 자기방어 인식에 긍정적인 영향은 준다.

의존적이고 어리석은 여성 캐릭터는 이제 그만!

내가 기억하기로, 내가 본 첫 번째 영화는 〈신데렐라〉였다. 참된 여성성에 대해 가르쳐준 그 애니메이션을 본 모든 여자아이들은 파란 무도회 드레스와 잘생긴 왕자님을 원했다. 우리가 자랄 때 TV나 영화에는 미녀들이 넘쳐났다. 싸우는 여성들은 사라지고 없었다. 무언가가 존재하는지조차 알지 못한다면, 어떻게 사라졌다는 걸 알 수 있겠는가? 우리 중 일부가 사라졌음을, 더 정확히 말하자면 잠들어 있음을 깨닫지 않는 한 아무도 우리 안의 투지를 꺼내 쓸 수 없다.

근래 여성운동의 성과 중 하나는 사라진 신화와 여성들에 대해 알려지지 않거나 가치 절하된 이야기를 발견한 것이다. 우리 모두 어떻게 '사라졌는지', 그리고 어떻게 '사라지고 있는지'를 깨닫기까지 많은 조사 작업이 필요했다. 많은 이들은 '여성들이 사라진 것이 아니라 애초에 없었기 때문'이라고 무의식적으로 생각한다. 그러나 여러 연구를 통해 여성들이 없어진 것은 여성의 존재를 위협적으로 느낀 가부장적인 사회구조 때문이라는 것을 밝혀냈다.

남성들의 이야기에서 단지 성 역할만 바꾸면 여성들의 이야기가 되는 것일까? 유효한 부분도 있지만 꼭 그렇지는 않다. 한때 정의를 위해 싸우는 여성들의 이야기가 많이 존재했다면 믿겠는가. 신화 속에 숨겨진 의미를 젠더 관점으로 읽기 시작하면 여성 영웅들의 이야기를 발견하는 것은 얼마든지 가능하다.

딸의 강간과 납치에 복수하는 어머니의 이야기, 데메테르와 페르세포네(혹은 케레스와 코레) 신화*는 그런 이야기 중 하나이다. 거기엔 "어머니 자연을 상대로 장난치는 것은 좋지 않다."**는 교훈이 있다. 세상은 데메테르를 분노하게 한 벌을 받았다. 그녀는 사라졌으며 우리는 그녀를 다시 찾아와야 한다.

TV나 영화 등 오락물은 '여성들은 약하고 구조를 받는 사람, 남성들은 믿을 수 없을 정도로 강하고 늘 구출해주는 사람'이라는 생각을 강화한다. 꽤 최근까지도 미디어에 그려진 여성은 무능하고 비위가 약하고 어리석으며, 문제 상황에 별다른 도움이 되지 않는 존재다. 궁지에서 벗어나기 위해서는 반드시 남성이 개입해야 한다. 혹은 여성이 누군가를 보호하는 데 성공했다면, 그것은 우연이었거나 의도하지 않은 것이다. 무기력해지는 것은 아름다운 것이고 또 바람직한 것이다. 신데렐라는 그녀의 왕자가 자신을 찾아내고 구원해주기만을 기다린다.

케네디 시절, 어린 소녀였던 나는 〈카멜롯〉 이야기에 열광하며 자랐다. 나는 아서 왕과 기네비어 왕비 그리고 원탁의 기사들과 사랑에 빠졌다. 번쩍이는 갑옷을 입은 기사 그리고 무기력한

----

* 그리스 신화 속 데메테르는 농업과 계절의 여신이다. 딸 페르세포네에게 반한 지하 세계의 신 하데스는 그녀를 납치했고, 이에 격분한 데메테르는 딸을 돌려주지 않으면 곡물이 마를 것이라고 협박했고, 이후 사계절이 생겨났다.

** It's not nice to fool with mother nature. 1970년대 미국의 한 제품 광고에 사용된 문구.

숙녀에 대한 사랑 등, 이 모든 것들이 온통 나를 사로잡았다. 나는 질리도록 넋을 잃고 보았고, 주인공들은 내게 분명한 롤 모델이 되었다. 대통령이 되기를 바랄 수 없다면, 나의 꾸미는 능력을 최대한 발휘해 아름다워짐으로써 숙녀가 되기를(가능하다면 영부인이 되기를) 꿈꿨다. 이를 위한 본보기와 격려의 메시지는 곳곳에 있었다. 메시지는 매우 분명했다. 내가 만약 숙녀처럼 행동하고 숙녀처럼 보인다면 숙녀로 대우받을 것이라고.

나는 가족과 함께 사우스다코타의 휴론 대학에서 상영한 〈카멜롯〉을 보러갔다. 화형에 처해지는 숙녀가 되는 것과 동시에 배우(극장과 세상 속에 존재하는 숙녀)가 되는 것에 대한 상상으로 황홀했다. 당시에는 그 두 역할에 많은 공통점이 있다는 걸 잘 알지 못했다. 우리의 위대한 로맨스들에서는 무기력한 여성이 주인공으로 나오고, 그녀들은 우리에게도 영향을 미친다. 기네비어가 화형에 처해지는 설정이 심지어 약간 로맨틱하다고 느꼈다니, 지금 돌아보면 놀랍기만 한다.

우리의 문화적 이미지에는 위험에 처한 여성들로 가득하다. 오락물의 본질을 생각하며 나는 인색한 질문을 해보기로 했다. "누구에게 오락적인가?" 누군가 그리스의 황금기가 여성들에게는 '황금기'가 아니었음을 지적했던 게 생각난다. "누구를 위한 황금기인가?" 사실상 노예였던 여성들은 아무것도 할 수 없는 시절이었다. 이탈리아의 르네상스? "누구를 위한 르네상스인가?" 아마 알 수 있을 것이다. 그래서 다시 엔터테인먼트 산업에

묻는다. "누구를 위한 오락물인가?" 나는 무력하고 의존적이며 어리석은 여성들을 보는 것이 전혀 즐겁지 않다. 당신은 어떠한가? 그러나 그러한 영화들은 계속해서 만들어진다. 세상에는 능력이 없어도 아름다운 여성들을 보는 것에 절대로 지치지 않는 수많은 남성들이 있기 때문이다.

'여성 영화chick flicks'의 개념을 살펴보자. 여성 영화는 여성들이 일정한 역할과 지위를 갖고 등장하는 영화들, '그녀들'이 단순히 영웅을 위한 장식과 침실 부속물이 아니라 전체 구성에 필요한 요소로 나오는 영화를 지칭하는 용어이다. 여성 영화에는 추격 장면, 큰 굉음, 외설적 장면 등(몇몇 영화들은 그런 요소들을 담고 있긴 하지만)이 많이 나오지는 않는다. 여성 관객들은 비전형적인 여성들이 등장하는 영화를 선호한다. 스크린에서나마 다양성에 열광하는 여성들이 이상해 보이는가?

여성 관객들은 '남성 영화dick flicks'에 지쳤다. 그러나 문제는 영화 제작을 담당하는 이들이 주로 남성이고, 여성 영화보다는 남성 영화들이 훨씬 많이 만들어진다는 것이다. 영화계에 종사하는 여성들은 매우 드문데다 성공해야 한다는 중압감에 시달리고 있다. 그녀들의 이러한 상황은 이해할 만하다. 때문에 여성 영화 제작을 그들에게만 의존할 수는 없는 노릇이다.

영화 산업에서 가장 큰 수입원 중 하나는 바로 외국 시장이다. 외설적인 내용을 포함한 남성 액션 영화는 해외 영화 시장에서 큰돈을 벌어들인다. 육체적이거나 폭력적인 장면 등은 언어적 이해를 필요로 하지 않기 때문이다. 한편 우리는 영화를 통해 여성 혐오도 함께 수출하고 있다. 우리는 폭력이 쉬운 해결책이며 여성에 대한 폭력이 정상적이라는 생각도 같이 수출한다. 우리의 '오락물'을 통해 여성들은 신체적으로 무기력하다는 사실을 전 세계에 퍼뜨리고 있는 것이다.

남성과 소년들이여! 여성들은 영화가 시작된 이래 줄곧 남성 영화를 참아왔다. 게임은 공평해야 하지 않은가. 이제는 여성 영화를 참아보라. 여성들이 다르게 보일 것이다. 당신들은 어쩌면 여성들에 대해 더 이해하는 법을 배우게 될 것이며, 여성들의 정형화된 모습 너머의 것을 보기 시작할 것이다.

자기방어의 요정 대모, 오프라 윈프리와 여성 제작자들

전형적인 여성상에서 벗어난 인물을 다루는 데 영화는 텔레비전보다 뒤처져 있다. 아만다 도노호가 출연한, 라이프타임 채널의 TV 드라마 〈쉐임Shame〉은 여성이 어떻게 반격할 수 있는지 보여준 뛰어난 사례이다. 아만다 도노호는 워싱턴 주의 작은 마을(그녀는 실제로 그곳에서 십 대 소녀의 강간 고소 사건에 연루된 적이 있다.)에서 적대감에 가득 찬 십 대 강간 미수범들과 부딪힌다. 그녀는 무리 중 우두머리에 맞서 정확히 턱을 겨냥한 뒤꿈치 공격을 하고, 무릎으로 고환을 친다. 나머지 무리들에게도 반격한다. 그녀는 위험한 상황임을 인정하지만 자신의 대응에 대해서는 조금도 후회하지 않는다. 이후 그녀는 십 대 소녀를 제자로 삼고 물리적으로 반격하는 훈련을 시작한다. 그녀는 위험 상황에서 긴장하지 않고 분노로 대응하는 여성의 모습을 보여줬을 뿐 아니라, 환상적인 롤 모델이며 유쾌하기까지 하다.

〈쉐임〉과 라이프타임 채널의 또 다른 TV 드라마들은 여성 영웅의 모습을 보여준 고무적인 사례이다. 오늘날의 요정 대모*들, 즉 여성 제작자들은 영화계보다는 TV 방송국에 더 많다. 린다 블러드워스 토마슨, 로잔느 바 등은 이 분야의 개척자들이다. 토마슨과 로잔느 바가 자신들의 시트콤 〈디자이닝 우먼Designing Women〉과 〈로잔느Roseanne〉에 임팩트(1장 참고)를 등장시킨 것은 결코 우연이 아니다.

〈오프라 윈프리 쇼〉에서는 로스앤젤레스 임팩트 재단과 시카고 자기역량 강화 그룹 모두를 중요하게 다루었다. 졸업생들이 가상 가해자와의 싸움을 시연하고, 총력적 자기방어 협회의 대변인인 테리는 싸움의 시나리오에 대해 설명했다. 오프라는 자신이 가장 좋아하는 방송분 중 하나라고 했다. 프로그램을 본 한 여성은 〈오프라 쇼〉를 보고 총력적 자기방어를 배웠기 때문에 목숨을 구할 수 있었다. 오프라 윈프리는 여성들에게 중요한 요정 대모로, 시청자들에게 낡은 무력감을 어떻게 떨쳐버릴 수

---

* 동화 속에서 마법의 힘으로 주인공을 도와주는 인물.

있는지 보여줬다. 그녀는 여성들이 자신의 이야기를 검열 없이 드러내도록 도왔고, 여성들의 역량을 강화하는 데 헌신적으로 활동해온 지도자이다.

〈지나: 여전사 공주〉, 〈버피: 뱀파이어 해결사〉의 지나와 버피는 여전사의 모습을 보여주는 TV 속 인물들이다. 또 밀레니엄 3부작의 작가인 스티그 라르손이 『용문신을 한 소녀The Girl With The Dragon Tattoo』*와 연작들에서 만든 캐릭터 리즈벳 살란데르는 사나운 투지를 지닌 여성 해커이다. 그녀는 불의를 바로잡겠다고 결심한 이후 결코 포기하지 않는 모습을 보이며, 천사와는 거리가 먼 여성의 거친 현실을 그대로 보여줌으로써 여성 캐릭터의 새로운 지평을 열었다. 또한 그녀는 컴퓨터와 정보기술, 인터넷에 능해 디지털 세상에서 남성들에게 의존하지 않고 자신의 길을 찾는다. 이들 캐릭터는 비록 허구이지만 소녀들과 소년들, 여성들과 남성들 모두에게 진짜 여성 영웅의 모습을 보여준다. 그동안 숨겨져 왔던 새로운(사실상 고대의) 이미지에 박수를!

TV와 영화에서 여성 영웅을 보여주자

아동 프로그램에서 여자아이들을 보호하고 성차별에 맞서는 이

....
* 국내에는 '여자를 증오하는 남자들'이라는 제목으로 소개되었다.

는 누구인가? 아이들을 위한 요정 대모, 대부들은 충분치 않다. 심지어 〈세서미 스트리트Sesame Street〉와 같은 '좋은' 프로그램에서도 여성 캐릭터는 너무 적다. 자신들을 대표해줄 캐릭터를 찾기 힘든 현실은 여자아이들의 자존감을 다치게 한다. 여자아이들은 늘 날씬한 허리를 유지해야 하고, 남자애들을 고생시키지 않으려 노력해야 하는가? 미디어는 이러한 메시지를 아무 여과 없이 아이들에게 전달하고 있다.

한번은 제작자들이 갈망하는 한 아동 프로그램상에 심사위원으로 참여한 적이 있다. 여성 둘, 남성 넷으로 구성된 심사단은 여섯 개의 후보작을 검토했다. 내가 높은 점수를 준 작품은 알래스카 아이들이 시베리아의 아이들을 방문하는 다큐멘터리였는데, 감동적인데다 소녀들이 소년들만큼이나 적극적인 모습을 보였다. 최종 투표 결과, 그 다큐멘터리와 다른 애니메이션(여자아이 한 명과 남자아이 일곱 명이 등장하는 만화)이 동표를 얻었다. 애니메이션의 소녀는 단지 소품에 불과했다. 늘 남자애들 의견에 찬성하고 무언가 말하면 놀림을 당하거나 조용히 하라는 말을 들어야 하는 캐릭터였다.

수상작을 결정하기 위해 재투표를 했으나 알래스카 다큐멘터리와 성차별적인 애니메이션은 다시 동률의 표를 얻었다. 나는 위원들에게 목소리를 높였다. 애니메이션에 담긴 수동적 성차별에 대한 의견을 피력했다. 한 남성 위원이 마치 나를 최악의 나쁜 년인 것처럼 노려보았다. 그는 나를 고까워하며 호통치듯 말했다. "당신과 당신의 여성주의 어젠다는 이곳에 맞지 않습니다." 또 다른 여성 위원은 내게 조용히 동의했지만, 이는 나이든 한 남성이 내게 동의한 후의 일이었다. "당신이 맞아요. 나는 내 손녀가 '남자아이들 주변에서 그저 조용히 있어야 한다.'고 생각하게끔 만들고 싶지 않군요." 위원들은 알래스카 다큐멘터리를 수상작으로 정했다. 심사위원 중에 여자아이들을 위해 나선 이가 없었다면 어떻게 됐을까?

오늘날 소녀들이 만나는 여자 주인공들은 자기방어와 힘, 용기와 관련하여 어떠한 메시지를 주고 있는가? 〈신데렐라〉는 여러 차례 다시 방영되면서 1950년대식 왕자와 공주의 이야기를 반복했다. 신데렐라는 수동적이며, 〈미녀와 야수〉의 미녀는 자기방어의 첫 번째 기술인 경계 설정에 매우 심각한 문제를 가지고 있다. 영화 버전에서 그녀는 책을 좋아하는 지혜로운 여성으로 나오지만 애초에 그녀를 위험에 빠트린 것도, 결국 문제를 해결하는 것도 모두 그녀의 외모였다. 그야말로 여성에 대한 상투적 관념의 결정체이다. 이 이야기에는 여자아이들이 배울 수 있는 어떠한 새로운 것도 들어 있지 않다. 여자아이들은 충분히 예쁘고 충분히 착하면 인생이 괜찮을 거라고 반복 또 반복해서 들어왔다.

디즈니의 또 다른 영화 〈라이온 킹〉은 어떠한가. 실제로 사자 무리에서 중심은 암사자이다. 수사자들은 부질없이 정자 제공만 할 뿐, 암사자들이 먹잇감을 가져오기를 기다리며 종일 빈둥거린다. 그러나 영화를 본 아이들은 이에 대해 모를 것이다.

〈라이온 퀸〉이라는 영화가 있다면 어떻겠는가? 아니다. 제작자들은 이렇게 말할 것이다. 여자아이들은 남자가 주연인 영화를 보겠지만, 남자아이들은 여자가 주연인 영화에는 흥미를 느끼지 않는다고. 이는 감히 깨뜨리고자 하는 이가 거의 없는 규칙이며, 상업적인 악순환이다.

〈알라딘〉의 자스민, 〈미녀와 야수〉의 벨, 〈포카혼타스〉의 포카혼타스, 〈인어공주〉의 아리엘은 믿기 힘들 정도로 말랐으면서 동시에 육감적인 몸매를 가지고 있다. 그녀들의 몸은 싸움을 위한 것이 아니라 유혹하고 구조받기 위한 몸이다. 이러한 환경에서 여자아이들이 끼니를 거르고 음식을 토하는 것은 이상한 일이 아니다. 절망과 육체적 무방비로 이어지는 것도 감내해야 한다.

그렇다면 우리는 소년, 소녀들에게 무엇을 가르치고 있는가? 우리는 여전히 "바람직한 소녀들은 약하고 예쁘다. 바람직한 소년들은 강하고 불평하지 않는다. 남성의 지위는 얼마나 많은 것을 가졌느냐에 따라 좌우된다. 여기에는 아름다운 공주 혹은 암사자의 수가 포함된다."고 말하고 있다. 남성들은 자신의 지위를 보여주려 여성의 아름다움을 이용한다. 여성의 지위는 여전히 얼마나 공주에 가까운가에 달려 있다. 여자아이들은 구조되기 위해 남자아이들을 기다려야 한다. 상황이 그렇게 많이 바뀌지는 않았다. 그렇지 않은가?

TV와 영화에서 영웅적인 여성들을 보여주는 것은 시나리오 집필 과정에서부터 시작된다. 작가가 여성이 적극적으로 반격할 가능성에 대해 상상하지 못한다면 이를 대본에 반영할 수 없다. 영화 시나리오를 쓴 적이 있다. (이 시나리오로 유력한 상의 후보가 되기도 했다.) 그 시나리오는 이혼한 남편과 '사악한' 계부에게 성폭력을 당한 딸을 대신해 복수하는 여성의 이야기였다. 시나리오에는 여성이 자신을 공격한 남성을 두들겨 패는 장면이 있는데, 가장 일반적인 평가는 그 싸움이 비현실적이라는 것이었다. 나는 전체 이야기를 그대로 둔 채 싸움 장면만 다시 쓸 수는 없었다.

제작자, 감독 그리고 배우들 또한 영화 속 여성들을 변화시킬 수 있다. 시나리오에서 여자 주인공이 남자 주인공의 도움이 절실한 설정이라고 치자. 만일 주인공 여배우가 그 장면을 바꿀 만한 힘이 있다면, 스스로 위기를 모면하는 장면을 제안할 수도 있다.

그렇게 하기 위해서는 여배우가 먼저 여성들이 자신과 다른 사람들을 방어할 수 있다는 사실을 직간접적으로 경험해야 한다. 그리고 제작자와 감독을 설득할 수 있는 충분한 이론이 있어야 한다. 여성 감독과 제작자들은 많지 않으므로, 남성들 역시 여성들을 단지 성적 대상으로만 묘사하지 않도록 협조해야 한다. 여배우는 좋은 여성 캐릭터가 부족한 현실을 알리고, 영화 산업 내에서 당연한 권리를 주장하는 여성들을 '까다롭거나' '나쁜 년들'이라고 보는 편견에 맞서야 할 것이다. 물론 여기에는 만만찮은 도전이 필요하다.

여성은 잠자는 거인이다. 모든 여성들이 깨어나길 바란다.

자신을 표현하고 스스로의 힘을 주장하는 여성이 많아질수록 세상은 더 많이 변할 것이다. 여성들은 다른 여성들이 힘을 키우도록 도와야 한다. 그리고 각자가 원하는 종류의 프로그램, 여성들의 다양한 면을 현실적으로 묘사하는 영화와 TV 쇼가 만들어지도록 할리우드 여성들의 힘을 북돋아줄 필요가 있다. 여성들의 입장을 이해하는 할리우드 남성들도 함께 나서길 바란다. 협력은 필수적이다.

영화나 텔레비전의 소재가 될 만한, 여성들의 과거와 현재의 모습 그대로를 담은 이야기는 무궁무진하다. 전쟁에서 싸운 여성들, 가족을 지킨 여성들, 여성 발명가, 작곡가, 예술가 등등. 여성들은 모든 역할을 해왔다. 용감한, 어리석은, 약삭빠르고 교활한, 다정한, 우둔한, 총명한, 비겁한, 배신하는, 관대한, 강인한 모습은 여성들에게도 그대로 있다. 여성들은 가족과 군대를 이끌었고, 남편과 국가를 운영했고, 음모를 꾸미고, 염탐하고, 대학살을 획책하고, 사건을 판단하고, 법을 만들고, 종교적 의례를 주관하고, 마을과 국가를 구하고, 제도를 변화시키고, 중상모략을 하고, 소설·시·희곡·교향곡을 쓰고, 남성폭력으로부터 자기 자신을 방어했다.

여성들은 아주 옛날부터 끔찍한 곤경에 맞서 승리해왔다. 이를 동화, 영화, TV에서 정확히 묘사한다면 우리는 옷을 잘못 입었다고 때리는 남편, 직장에서의 성희롱, 놀이터나 거리에서의 공격을 덜 겪을 것이다.

마른 몸을 거부하고 패션을 전복하라

패션은 여성이 자신의 분수를 지키게 하는, 믿기지 않을 정도로 강력한 장치이다. 그리고 이는 불가분하게 오락물과 깊이 관련되어 있다. TV, 영화, 뮤직비디오, 잡지는 패션 박람회장이다. 누구든 매력적이고 싶지 않겠는가. 사람들에게 인정받고 사회에 소속되고자 하는 욕구는 남자, 여자 할 것 없이 모두에게 강력한 것이다. 그러나 여성의 패션은 도를 넘어섰다. 신체적, 정신적으로 대단히 위험하기까지 하다. 만약 당신이 유행에 반대한다면, 당신은 매우 강한 자아를 지녔거나 당신 자신이 다른 유행이나 변화를 선도해야 할 것이다.

고대의 복장 규정은 얼핏 보기에는 사소한 것 같지만 여성 폭력 사건이 만연하고 증가하는 것과 연관이 있다. 의복 양식은 여성들이 원치 않는 관심을 받는 것과 무관하지 않다. 엄격한 성별 규범과 성희롱, 성폭력은 하나의 연속선상에 있다.

'패션이 여성들을 얼마나 무방비 상태로 만드는가' 하는 관점에서 패션을 다시 생각해보라. 패션은 여성들을 옥죄고, 다리를 절게 하고, 묶고, 노출시킨다. 하이힐을 신고 달려보라. 일자형 스커트를 입고 발차기를 해보라. 빨리 움직이면 통증이 느껴지는 상황에서 자신을 방어하기 위해 무엇을 할 수 있겠는가. 최신 유행하는 '야한' 옷을 입고 얌전하게 있어보라. 터무니없게 들리는가? 그게 여성의 삶이다.

패션이 여성을 얼마나 옥죌 수 있는지, 따라서 얼마나 건강에 해로울 수 있는지 여성과 소녀들은 이해해야 한다. 나는 여전히 여성들이 꾸밈으로써 자신을 표현하는 것에 절대적으로 찬성한다. 나는 '분장'(내가 패션을 보는 방식)이 매우 재미있다고 생각한다. 나는 가끔씩 '업무용 여장'의 차원에서 하이힐을 신지만, 발목 부상의 위험이 있음을 알고 있다. 나는 또한 내 자신이나 도움이 필요한 다른 사람들을 보호해야 한다면 하이힐을 벗어버리거나 치마를 찢을 준비도 되어 있다.

나는 회사에 다니는 남자들에게 의무적으로 여자 옷을 입혀봐야 한다고 생각하는 사람이다. 여자 옷을 입는 주간에는 다른 여성들이 자신의 다리 등 어떤 부위를 쳐다봐도 신경 쓰지 않았으면 좋겠다. 신경 쓸 시간에 회의에 집중하고, 회사 발전을 위해 변함없이 노력하길 바란다.

좀 더 심각하게 얘기하자면, 여성 패션의 가장 치명적인 부분은 강박적으로 마른 몸을 추구한다는 사실이다. 여성들이 계속해서 이를 받아들인다는 것은 정말로 나쁜, 아주 나쁜 소식이다. 마른 몸을 거부하자. 패션을 전복하자. 다 같이 동시에 "집어쳐."라고 외치자.

그냥 이렇게 한번 생각해보라. 여성들이 '어떻게 보일까, 외모를 어떻게 가꿀까'에 대부분의 에너지를 빼앗긴다면, 세상을 이롭게 하는 데 쓸 수 있는 시간은 과연 얼마나 남겠는가? 여성의 몸을 거대한 비교의 전쟁 속으로 몰아넣는 것은 어쩌면 여성들을 바쁘게 몰아세워 다른 곳에 쓸 에너지가 없도록, 지역과 국가, 세계적 차원에서 주요한 역할을 하지 못하도록 하려는 전략은 아닐까?

체구가 작은 여성들은 "소녀처럼 보인다."는 말을 칭찬으로 빈번히 듣게 된다. 그렇게 되면 그들은 싸움이 필요한 상황에서도 훈련 안 된 '소녀'처럼 대응하지 않을까? 우리가 체구가 작은 여성들과 소녀들에게 자신의 몸을 최대한 이용하는 법을 가르쳐 줄 수 있다면 얼마나 좋겠는가? 작은 체구는 문제가 되지 않는다. 나는 그녀들이 싸움의 기술을 통해 기백을 되찾고, 말라야 한다는 강박 밑에 깔려 있는 빈약한 자존감을 키울 수 있기를 바란다. 단식이나 섭식장애로 몸이 허약해진다면 우리가 어떠한 기술을 가르치든 소용없다.

나는 경량급과 헤비급으로 싸워본 경험이 있다. 26년간 피워온 담배를 끊고 나서 갑자기 6사이즈(소)에서 16사이즈(특대)로 불어났다. 이 얼마나 큰 변화인가. 처음 싸우는 법을 배웠을 때는 66킬로그램이었다. 27킬로그램이 늘어났을 때, 나는 격투기에서 왜 헤비급이 일류 체급인지 이해했다. 세상에! 91킬로그램 혹은 그 이상의 힘은 상상을 초월했다. 이후 몸무게는 다시 줄었지만, 체중이 많이 나갔을 때 힘에 대해 더 많은 것을 배울 수 있었다. 여성을 혐오하는 그토록 많은 남성들이 여성들에게 마른 몸매를 유지하라는 이유가 있었다.

남자들의 위험한 판타지를 그리는 노래와 뮤직 비디오

"내 남자 친구가 돌아왔어. 너는 이제 큰일 났어." 비록 나는 고전적인 걸 그룹 엔젤스*에 대한 향수로 이 노래를 좋아하지만 이것이 전달하는 메시지라니! 이 노래는 한 남자에게 대가를 치르게 할 수 있는 것은 여자가 아니라 오직 다른 남자라고 말한다. 음악은 문화적 규범과 이미지의 강력한 전달자이다.

나는 내가 비틀스의 노래 '런 포 유어 라이프Run For Your Life' 를 연주하곤 했었다는 사실을 생각하면 몸서리쳐진다. 이 가사는 소유욕으로 인해 한 여성을 죽이겠다고 위협하는 한 남자를 묘사하고 있다. 내 여자 친구들과 나는 살인적 질투심을 낭만적인 것으로 받아들였다.

전성기에 MTV는 남녀 관계의 폭력적 이미지를 끊임없이 내보냈다. 1990년대 섯 잴리Sut Jhally는 〈드림월드 2〉라는 다큐멘터리를 제작(각본, 감독, 내레이션)했는데, MTV는 소송을 통해 이 다큐멘터리 상영을 멈추고자 했다. 매사추세츠 주립대의 잴리 박사는 미디어교육재단의 후원을 받은 자신의 다큐멘터리에서, 뮤직비디오 문화와 젊은 남성들의 폭력성을 훌륭하게 분석해냈다. 잴리는 뮤직비디오 속의 여성들이 그저 노리개가 되고 만들어진

---

* 1960년대에 활동한 미국 걸 그룹. 1963년 'My boyfriend's back'이라는 노래를 유행시켰다.

욕망의 대상이 되는 비인간화와 조직적 대상화의 문제를 지적했다. 그는 뮤직비디오의 여성들은 나이든 백인 남성들의 판타지라고 말한다. 그들은 절대적으로 순응하는, 그러나 야성적이고 성적인 젊은 여성을 원한다. 그녀들은 스트립쇼를 하는 여성, 간호사, 가정부, 에로틱 댄서이며 언제나 섹스를 하려고 배회한다. 강간을 원하는 소년들은 미화된다. 소년들은 여성들이 강간을 원하고 강간을 당할만하며 심지어 강간에서 얻는 게 있다고 배운다. (젤리는 2011년, 이전 영화를 보강한 〈드림월드 3〉를 발표했다.)

젤리의 영화는 사회적 태도를 형성하는 데 사람들의 이야기가 얼마나 중요하고 강력한지 설득력 있게 말한다. 이러한 사회적 태도는 곧 우리의 환경이 되고, 무엇이 수용 가능하고 그렇지 않은지를 전파한다. 특히 지배적이고 위험한 이야기는, 여성들은 위험에 처해 있고 구해줘야 하는 약한 존재이지만 동시에 부도덕한 성적 대상이라는 것이다. 여성들은 유혹하고 유혹당하기를 간절히 원하며 스스로 피해자가 되는 것을 자초하는 이등 시민이라는 것이다. 이러한 이야기들은 판타지임에도, 사람들의 실제 생각과 삶에 영향을 준다. 젤리에 의하면, '사춘기'(와 같은 생각에 머무는) 남자들에 의해 만들어진 대부분 오락물의 주된 메시지는 여성들과 소녀들이 "그걸 원한다. 그들은 어떤 남자든, 모든 남자들로부터 그걸 원한다."는 것이다. 누군가가 정말로 '그걸 원한다면' 어떻게 강간이 발생할 수 있겠는가? 우리는 '오락물'에 의해 만들어지고 유지되는 강간 문화 속에 살고 있다. 다시 질문하자면, 누구를 위한 오락물인가?

여성들은 이렇게 외쳐야 한다. "나는 너무도 분개한다. 나는 더 이상 받아들이지 않을 것이다!" 여성들은 그간의 문화에 대한 책임을 통감하며 변화를 위한 노력을 시작해야 한다. 우리는 여성들과 소녀들의 힘을 북돋아주는 이야기와 신화를 만들고 재발견함으로써 우리의 사회와 문화를 되찾을 권리가 있다. 노래, 소설, 시나리오 혹은 텔레비전 대본 등 무엇을 통해서든 여성들을 강하게 만드는 이야기를 찾아야 한다. 바꾸어 말하면 우리의 딸들을 변화시켜야 한다. 여성들은 스스로를 잠에서 깨워야 한다. 서로에게 그리고 남성들에게 보이지 않는 존재가 되도록 한 억압적인 현실에서 깨어나야 한다. 〈잠자는 숲속의 미녀〉나 〈신데렐라〉 이야기를 검열할 필요는 없다. 다른 이야기들로 균형을 맞추면 된다. 여성들이 스스로의 경험에 충실하고 자신의 목소리가 문화에 반영되도록 주장한다면, 언젠가 우리는 잠에서 깨어날 것이다. 여성들이 삶의 모든 영역에 완전히 참여하는 모습을 보게 될 것이다. 그 새벽은 얼마나 아름답겠는가!

5부

폭력 없는 세상에서

17

지구적으로 생각하고
지역적으로 행동하라

> 여성이 지닌 것 중 가장 소중한 것은 바로 삶이다.
> 그리고 삶은 단 한 번이므로 목적 없이 살아온 세월을 후회하면서
> 살면 안 된다. 비겁한 과거로 부끄러운 상처가 남지 않도록 하라.
> 그래서 삶이 다할 때 이렇게 얘기할 수 있도록 하라. 내 모든 인생
> 그리고 내 모든 힘은 세상에서 가장 아름다운 명분,
> 여성해방을 위해 바쳤노라고.
> ─ 앨리스 폴(1885~1977, 미국 참정권 운동의 지도자·남녀평등헌법 수정안 작성자)

미녀들이여, 잠에서 깨어나라. 잠깐 눈을 붙이면 우리는 모두 잃고 만다. 여성은 잠자고 있는 거인이다. 온 세상이 우리의 성이다. 우리는 폭력에 맞서 싸우기 위해 깨어나야 한다. 여성들은 세상에 완전히 모습을 드러내야 한다. 자신의 대담함과 용기, 분노와 분개를 이용해 세상의 균형을 다시 찾아야 한다. 해가 진 후 주차장으로 걸어가는 것 같은 일상이 두려운 모험이 된다면 온전한 시민이 될 수 없다. "한밤의 침입자들", 즉 세상의 모든 위협적인 남성들은 우리의 의지를 약화시키는 존재가 아니라 오히려 우리

에게 영감을 주는 대상이다. 우리가 맞서 싸우도록, 자유와 안전을 얻기 위해 타고난 투지를 이용하도록 말이다.

자기방어, 폭력에 대한 예방 백신

질병에 빗대어 폭력을 말해보자. 폭력에 노출되었던 사람들은 폭력의 보균자이며, 이 점에서 폭력은 전염될 수 있다. 폭력은 빈곤, 지독한 정신 위생과 무지를 통해 퍼지며, 전염병처럼 상해를 입히고, 장애를 입히고, 죽음을 초래한다. 우리는 세기의 도전에 직면해 있다. 폭력에 대한 치료법이 있는가? 과연 예방 백신은 존재하는가?

자기방어는 백신이 될 수 있다. 예방접종은 적은 양의 병원균을 이용해 자연적인 면역력을 키우고 질병의 전면적 공격에 대비하도록 해준다. 서구의 전통 의학과 동종요법*은 오랫동안 예방접종의 원리를 성공적으로 활용해왔다.

물리적 자기방어는 면역력을 갖추고, 폭력으로 인한 신체적·정신적 위험을 막아내는 데 중요한 요소이다. 전 세계 여성들이 건강해진다면, 스스로 투지를 이용할 수 있다면, 그리하여 자신과 타인들을 폭력에서 보호할 수 있다면 얼마나 환상적이겠는가. 천

....

* 병을 일으킨 원인과 같거나 유사한 물질을 소량 사용하여 질병의 치료에 이용하는 요법.

연두가 사라진 것처럼 우리는 폭력 근절에 일조할 수 있다.

그러나 예방접종에 대해 시대에 뒤떨어진 저항이 있었던 것처럼 자기방어를 둘러싼 시대착오적 개념이 아직 남아 있다. 우리는 이에 귀 기울여야 한다. 놀랍게도 1829년 교황 레오 12세는 천연두 예방접종이 신의 의지에 반하는 것이며 신성한 계획을 방해하는 것이라 선포했다. 19세기에 접어들어서까지 천연두는 불가피한 것으로 간주되었다. 이후 예방접종 교육과 위생 개선을 통해 1970년대에 이르러서야 천연두는 사라진 질병이 되었다.

폭력이라는 전염병에 전면적으로 맞서기 위해서는 천연두와의 전쟁에서처럼 여러 방법론이 필요하다. 가해자 기소, 수감자 교육, 원인에 대한 조사, 아이들과 부모들 대상의 예방 교육, 자기방어 훈련에 집중해야 한다. 어떤 한 가지 방법만으로는 폭력을 종식시킬 수 없다. 우리 모두가 최선을 다해 노력해야 한다.

지금까지 대부분의 폭력 예방 토론에서는 보편적 자기방어 교육이라는 해결책을 간과해왔다. 맞서 싸우는 것이 더 많은 폭력을 양산하는 것은 아니다. 맞서 싸우는 것은 폭력을 예방하는 방법이다. 오히려 수동적 대응이야말로 더 많은 폭력을 불러온다. 따라서 언제, 어떻게 반격할지를 배우고 연습하는 것은 그야말로 효과적인 백신이다.

총력적 자기방어의 효과를 통계적으로 증명하기는 어렵다. 공격 상황에 누가 더 잘 대응하는지 알아보기 위해 여성들을 통제 집단과 훈련 집단으로 나누어 야간 산책을 보낼 수는 없는 일이다.

입증되지는 않았지만 강력한 설득력을 지닌 증거들은 있다. 다음은 임팩트의 자기방어 기초 과정(20시간) 졸업생 286명을 대상으로 한 설문 결과이다. 설문 내용은 다음과 같다. a) 나는 이 수업을 듣기 전, 물리적 공격에 효과적으로 대응할 수 있다고 생각했다. b) 나는 이 수업을 마친 후, 물리적 공격에 효과적으로 대응할 수 있다고 생각한다. 졸업생들이 응답한 결과는 다음과 같다.

물리적 공격에 효과적으로 대처할 수 있는가

설문 내용	수업 전	수업 후
절대 아니다	30.77%	0%
아마도 아닐 것이다	36.71%	0%
그럴지도 모른다	28.32%	1.75%
아마도 그럴 것이다	2.45%	23.43%
확실히 그렇다	1.75%	74.83%

(응답자: 자기방어 수업 졸업생 286명)

5~6주의 수업이 평생 두려움을 느껴온 여성들에게 어떠한 영향을 줬는지 보면 놀라울 정도이다.

이 책을 위해 진행한 인터뷰에는 "어느 곳이나 안전하다고 느낀다면 당신의 삶은 어떻게 달라질 것 같은가?"라는 질문이 있었다. 답변에는 가장 가슴 아프지만 명백한 갈망이 담겨 있었다. "저는 여행을 할 거예요." "자유로울 것 같아요." "행복할 것 같아요." "저는 달릴 거예요." "밤에도 돌아다닐 수 있겠군요." "달빛 아래서 혼자 긴 산책을 할 거예요." 여성들은 공포에 사로잡히지 않아도 된다는 상상에 크게 기뻐했다. 여성들이 가장 기본적인 활동에 대해서도 필요 이상으로 무서워한다는 사실은 참으로 기가 막힌 일이다.

인종과 종교를 뛰어넘은 자기방어의 선구자들

로스앤젤레스에서 자기방어를 가르친 경험은 여성들이 인종이나 종교를 뛰어넘어 단결할 수 있다는 믿음을 줬다. 나의 열렬한 꿈은 전국적 그리고 세계적으로, 다양한 인종과 민족으로 구성된 수업을 여는 것이다. 지금은 백인 중산층 여성들이, 유색인종 여성들보다 폭력 범죄의 피해자가 되는 경향이 적음에도 불구하고, 수업에서 가장 큰 비중을 차지하고 있다.

아이린 블리(캘리포니아 대학의 치카나 연구 프로그램 대표이자 북경세계여성대회 대표단) 박사는 미국 남서부 지역의 백인계, 치카나(멕시코계), 히스패닉계 여성들의 복지를 위해서는 서로의 삶을 비교해보고 서로를 지지할 수 있는 방법을 연구하는 것이 필수적이라고 말한다. 한편 그녀가 가르치는 여대생들에게 물리적 자기방어 기술이 얼마나 필요한지 매일 느낀다고 한다. 여학생들은 남성들의 폭력을 끊임없이 경계함에도 여전히 무기력감에 시달리고 있다.

나는 로스앤젤레스에서 아이린 반 더 잔드, 수지 존슨, 테리 트레스와 임팩트 재단(장학금, 수업료 할인을 통해 고위험 저소득층에게 총력적 자기방어를 배울 수 있는 기회를 제공하기 위해 설립) 이 사회의 도움을 받으며, 내 첫 번째 강사인 아네트 워싱턴, 론델 도슨과 함께 총력적 자기방어 강사 훈련을 마칠 수 있었다. 나에게는 커다란 행운이었다.

우리는 로스앤젤레스 페어팩스 고등학교에 백인계, 라틴계, 아프리카계 여성들이 함께하는 기초 수업을 개설하였다. 첫 수업에서는 같은 피부색끼리 모여 앉았다. 우리는 수업이 끝날 때쯤에는 이런 분위기가 아닐 것이라고 예상했다. 우리가 맞았다. 그때는 모든 여성들이 가까워졌고, 자연스럽게 섞인 모습을 볼 수 있었다.

백인 여성들 위주의 수업에서와 마찬가지로, 우리 수업에 참가한 여성들은 다른 이들의 삶과 폭력이 그들의 삶에 어떠한 영향을 주었는지에 대해 들으며 서로에 대한 존경과 감탄, 그리고 감히 말하건대 사랑을 경험할 수 있었다. 우리는 우리 안의 적인 두려움과 공포를 차버리면서 울고, 웃고, 고함지르고, 으르렁대고, 서로를 응원했다.

5주간의 수업 동안 우리는 싸움의 기술 그 이상의 것을 배웠다. 우리 지역의 문제를 해결할 수 있는 방법을 배웠다. 그동안 여성들은 지역 문제를 해결하는 데 대체로 배제되었는데, 이는 국가적인 손실이다. 다양한 인종으로 구성된 수업에서 여성들은 공통의 목적을 위해서라면 얼마나 강력해질 수 있는지 보여주었다. 세상의 다른 많은 문제들에 대해서도 그렇게 단결해야 한다. 우리는 우리의 차이보다 더 큰 공통 관심사가 있다는 것을 깨달았다.

베이징에서 열린 제4차 세계여성대회에 가는 길에 그리고 대회가 열리는 동안, 나는 폭력에 대한 여성들의 무기력함과 공포가 보편적인 문제라는 것을 알게 되었다. 나의 사명, 즉 전 세계 여성들과 소녀들이 자기방어를 배울 수 있도록 하는 것을 얘기하자 모든 여성들이 열렬히 동의했다.

나는 기쁨과 감사로 어안이 벙벙해진 채로, 베이징 인민대회당의 수많은 좌석들을 바라보았다. 목이 메었고, 눈물이 흘러내렸다. 여성 인권 활동가로서 느껴온 외로움이 영원히 과거가 되는 순간이었다. 세계 각지에서 온 4만 명의 여성들이 웃고 말하며 1995년 유엔여성대회를 기다리는 모습을 상상해보라. 지난 20년 동안 미국 신문에서는 때때로 "여성주의의 종말"을 고하는, 시기적으로 부적절하고 거짓된 머리기사들을 내놨다. 일상적으로 그런 일들을 상대해온 나는 나와 같이 노력하는 여성들이 전 세계적으로 얼마나 많은지 확인하고 싶었다. 그 자리에 모인 우리 모두는 또 다른 공통점이 있었다. 바로 전 세계 모든 여성들의 역량 강화를 위해 지역적으로 활동해왔다는 점이다.

세계여성대회에 참여한 여성들은 비전을 지닌 지도자들이었다. 물을 긷기 위해 날마다 먼 거리를 걸어야 하는 자매들을 위해

식수 문제를 해결하려는 여성들, 국가를 이끈 여성들, 구타와 강간, 친족 성폭력의 생존자들, 여성을 상대로 한 전쟁 범죄의 배상을 위해 노력하는 여성들, 그리고 수천수만의 여성들과 아이들이 글을 깨우치도록 활동해온 여성들이었다. 베이징 인민대회장에 모인 여성들의 순수한 힘 그리고 역량 강화를 위한 헌신은 너무나도 명백했다. 그리고 이 여성들은 지난 수년 동안 내가 하는 일에 대해 의례적으로 끄덕이거나 어이없는 반응을 보였던 사람들과 달리 사명이 필요한 일, 바라던 일, 중요한 일임을 인정해주었다.

지구적으로 생각하고 지역적으로 행동하라. 자기방어보다 지역적인 것은 없다. 당신 자신의 몸보다 더 지역적인 것이 어디 있겠는가? 이는 좋은 소식이다. 왜냐하면 '대의명분'을 추구하는 사람이 아니더라도, 스스로를 지키는 법을 배우는 것이 자신의 '지역적' 관심에 충분히 이로울뿐더러 우리 모두를 돕는 행동이기 때문이다.

수잔 브라운밀러Susan Brownmiller는 1975년 그녀의 저서 『의지에 반하여: 남성, 여성 그리고 강간』을 통해 폭력의 위협이 얼마나 만연한지 보여주었다. 브라운밀러는 여성들이 강간 사건과 관련하여 전통적으로 피해 여성들에게 불리하게 작용해온 증거주의의 부당한 관행에 대항하도록 용기를 북돋았다. 또한 수사기관이 보다 민감한 감수성을 바탕으로 강간 피해자들을 대하도록 했다.

그녀는 여성들이 강간은 '개별 여성의 행동의 문제'가 아니라 '사회적 통제의 문제'임을 이해해야 한다고 말한다. 또한 자기 방어와 무술에 대해 간략하지만 호의적으로 언급한 바 있다. 강간에 대한 사회의 태도는 변하고 있고, 여성들에게는 적어도 자신을 방어할 권리가 있다고 믿는 사람들의 수도 임계점에 달하고 있다.

로드리게즈의 강간-정당방위 사건

여성들에게 스스로를 방어할 권리와 의무가 있다는 생각은 보편적이지 않다. 이는 이웃 국가인 멕시코에서도 마찬가지이다.

멕시코시티의 클라우디아 로드리게즈는 정당방위이지만 강간 미수범을 살해한 죄목으로 1년 넘게 수감된 후, 1997년 봄에 석방되었다. 같은 기간 멕시코시티의 한 남성은 시계를 훔친 도둑을 총으로 살해했지만 기소조차 되지 않았다.

살인죄로 기소된 로드리게즈는 1996~1997년 페미니즘의 상징이 되었다. 미국의 힐-토마스 청문회 사건처럼(10장 참고) 로드리게즈의 강간-정당방위 사건은 멕시코 전역의 관심을 얻은 최초의 여성주의 이슈 중 하나가 되었다. 전 세계 여성들은 인터넷을 통해 이 사건을 알게 되었고, 멕시코 자매들을 지지하며 강력한 항의의 뜻을 표했다. 반대 시위가 고조되고, 담당 판사는 "과도한 무력 사용"이라는 보다 가벼운 죄목으로 유죄판결을 내렸다. 정당한 기소는 아니었지만, 적어도 살인죄로 유죄판결을 받는 것보다는 나은 상황이었다.

멕시코 남성들과 소년들은 대부분의 개발도상국들과 마찬가지로 성차별에 자발적으로 맞서지는 않았다. 로드리게즈에 대한 남성들 의견의 대부분은 강간 – 자기방어 사건에 대한 19세기식 합리화에 지나지 않았다. 착한 여자가 밤늦게 밖에서 뭐하고 있었는가? 그런 폭력을 사용하지 않고 순결을 보호할 수는 없었는가? 그 남자는 취했고, 자기가 무얼 하고 있는지 몰랐다. 그녀가 책임져야 한다. 그 남자는 취했으니까 쉽게 빠져나올 수 있지 않았는가?

강간에 맞서는 것은 범죄로부터 자신을 보호하는 것일 뿐 아니라 에이즈라는 심각한 질병으로부터 자신을 지키는 것이기도 하다. 수많은 멕시코 여성들은 자신들이 평등한 존재이며 혼자 있을 권리가 있음을 믿고 또 증명해주었다.

여성주의자들과 지지자들은 로드리게즈 사건에서 드러난 사법 시스템의 노골적 성차별을 그냥 참고 있지만은 않을 것이다. 멕시코 여성들은 스스로를 방어하고자 하며 방어할 수 있고, 또 그렇게 하고 있다. 얼마나 성공적인 자기방어 사례인가.

여성들의 자기방어 역량 강화와 전 지구적인 혜택

우리는 왜 전 세계 여성들에게 관심을 가져야 하는가? 간단한 이유 중 하나로 여성들은 남성들과 마찬가지로 여행을 좋아하고 또 여행할 필요가 있기 때문이다. 나는 전 세계에 만연한 강간에 대한 불합리한 태도를 변화시키길 바란다. 당신은 그렇지 않은가?

자기방어는 업무상 여행하는 사람들이나 관광객뿐 아니라 모두를 이롭게 할 수 있다. 여성들이 자신과 가족을 돌볼 수 있도록 역량을 강화할 때 그 혜택은 우리 모두에게 돌아온다. 세계 평화는 적극적인 시민으로 탈바꿈하는 여성들에게 달려 있다. 자기방어 훈련은 여성의 '투지'에 접근하는 가장 빠른 방법 중 하나이다. 자기방어는 문해력이나 직업 기술을 대체하는 것은 아니지만 여성들에게 자신의 인생을 책임지고 자신의 정체성을 찾도록 도와준다. 신체적 안녕은 결국 우리가 하는 다른 모든 일과 결부된다. 아이러니하게도 비폭력 지지자들조차도 목표를 이루기 위해서는 '투지'를 이용해야 한다. 우리는 우리가 가진 모든 것을 이용해 지구의 안녕을 위해 싸워야 한다.

총력적 자기방어 훈련의 리더이자 강사인 주디스 로스(시애틀 파워풀 초이스Powerful Choices* 소속)는 구 유고슬라비아의 강간

* 모델 머깅 형태의 자기방어 수업을 진행하는 단체.

생존자들을 위해 '나는 당신의 증인I Am Your Witness 캠페인'*을 시작했다. 보스니아의 비극으로 인해 강간은 비인도적 범죄에 포함되었다. 파워풀 초이스는 여성 인권 운동사의 중요한 한 획을 그었다. 역사상 처음으로 미 제2연방 항소법원은 대량 학살적 성폭력에 대해 원고적격** 판결을 내린 것이다. 보스니아 무슬림, 크로아티아 여성들과 아이들에게 자행된 대량 학살죄로 세르비아의 지도자 라도반 카라지치를 기소할 수 있게 되었다.***

우리는 전 세계 여성주의의 대의를 지지해야 한다. 벤자민 프랭클린은 독립선언문에 서명하며 이렇게 말했다. "우리는 모두 일치단결해야 한다. 그렇지 않으면 우리는 제각각 목이 잘릴 것이다."

무엇을 망설이는가

인터넷은 역사의 그 어느 순간보다 더 여성을 '단결'하게 한다. 온라인 상태를 유지하도록 하라. 이는 자기방어의 문제이다. 우리는

....

* 보스니아, 크로아티아 등 구 유고슬라비아 여성들을 상대로 자행된 전시 성폭력에 대해 대중들에게 알리고, 난민 여성들과 어린이를 돕기 위한 캠페인.
** 소송 당사자로서 소송을 수행하고 판결을 받을 수 있는 자격.
*** 2016년 보스니아 내전 전범인 라도반 카라지치는 네덜란드 헤이그에 있는 구 유고슬라비아 국제형사재판소의 재판에서 대량 학살 등의 혐의로 징역 40년형을 선고받았다.

인터넷을 통해 정책 결정에 참여할 수 있다. 관심이 없다고 할 것인가? 잠깐 눈을 붙이면 우리는 모두 잃고 만다.

우주에 있는 여성과 남성에 대해 생각해보자. 인류 역사상 처음으로, 우주 공간에서는 원치 않는 신체적 접근을 시도하는 남성을 아주 간단히 쫓아버릴 수 있다. 중력이 없다면 근육을 바탕으로 한 폭력은 젠더 관계에서 주요 요소가 되지 않는다. 미래의 우주 공간에서는 협동이 주요 가치가 될 것이다. 우주는 인간들의 중력 경험과는 다른 가치와 힘을 요구한다.

나는 여성들이 총력적 자기방어 훈련을 받을 수 있도록 개별 여성과 집단, 그리고 제도적 차원에서 움직이기를 바란다. 자기방어 훈련은 학교나 기업 등에서 세미나와 워크숍을 통해, 그리고 뛰어난 훈련을 제공하고자 준비된 훌륭한 조직들을 통해 이루어질 수 있다. 나는 이 책이 다른 연구들, 훈련을 위한 지원금, 더 많은 책들에 영감을 주길 바란다. 무엇보다 당신이 지금 당장 전화기를 들고 수업에 등록하는 계기가 되길 바란다. 무엇을 기다리는가?

나의 사명은 자기방어 훈련이 예방접종이나 수영 교실처럼 많은 이들이 접근 가능한 경제적인 프로그램이 되도록 하는 것이다. 정서적, 신체적, 정신적 억압을 거부하는 여성들이 결국 세상을 새롭게 만들어갈 것이다. 그리고 그 세상은 누구에게나 더 좋은 세상이 될 것이다.

나의 영웅들

아이린, 아네트, 리사, 제니스, 킴벌리, 보비, 엘리자베스, 록산느, 실비아, 셰릴, 테리, 카린, 헤더, 린, 멜리사, 클라우디아, 수잔, 마타, 도나, 카렌, 몰리, 메리 T, 자넷, 킴, 메리 B, 캐롤, 코넬리아, 케일라, 수지, 주디스, 브리짓, 기미코, 카트, 그리고 비록 함께 일하지는 않았지만 자기방어 분야에서 활동하는 모든 여성과 강사들에게 바친다.

나의 영웅인 이 여성들은 다양한 수위의 상처를 다루고 있다. 이 상처들은 단지 여성으로 태어났다는 이유만으로 얻게 된, 공기처럼 일상적인 상처에서부터 치명적인 상처들(아버지들이 여자아이들의 성기에 소몰이 막대를 찔러서 생긴 상처와 같은), 그리고 그사이에 존재하는 모든 상처들을 포함한다. 우리 모두는 여성 혐오주의로부터 살아남았다. 이 여성들은 우리가 하는 말이 과장이 아님을 알고 있을 것이다. 그녀들은 우리에게 가해자들을 이해하라거나 양해하라고 하지 않는다. 그녀들은 우리가 어떻게 취급되어왔는가에 대해 공공연히 격분하는 여성들이다. 그녀들은 여성들이 어떠한 취급을 받아왔는지 잘 알고 있다. 그녀들 역시 그곳에 있었기 때문이다.

그녀들은 우리가 새롭게 태어나고자 준비할 때(이는 정말로 쉽지 않은 일이다.) 우리에게 심호흡하라고 부드럽게 말해주는 산파와 같다. 그녀들은 남자 동료에게 우리가 싸울 준비가 되었음을 알리는 신호("부상 없음, 준비 완료.")를 보내고, 우리 스스로 자립할 수 있도록 안내한다. 그녀들은 우리의 코치이자 지지자이며 응원해주는 관객이다. 그녀들은 우리가 더는 폭력을 참지 않는 적극적인 사회 구성원으로 거듭나는 과정을 증언하는 여사제들이다.

과거에 나는 늘, 사람들이 페미니즘을 웃음거리로 여긴다고 느꼈다. 그럼에도 불구하고 처음 그 단어를 만나고 그 의미를 들었을 때부터 나는 여성주의자가 되는 것이 자랑스러웠다. 여성주의자는 "여성을 위한 평등한 권리의 옹호자"이다. 일부 미디어 종사자들 그리고 여성주의에 위협을 느낀 사람들은 여성주의가 다른 것을 뜻하는 것처럼 호도해왔다.

나는 한동안 여성주의 이론에 몰두했지만, 자기방어 분야에서 활동하는 여성들은 이론 그 이상이다. 무릎으로 남성의 성기를 정확히 조준하는 것에 이론은 없다. 밝혀진 것처럼 생물학적으로 남녀를 구별하는 고환은 여성에게 상황을 동등하게 만드는 무기가 될 수 있다. 남성의 고환을 때리는 것이 주요 금기였다는 것은 이상한 일이 아니다.

무릎을 이용한 고환 공격 기술은 여성들이 평등과 자유를 향해 가는 데 도움이 될 수 있다. 우리는 남성의 성기를 공격하는 최악으로 나쁜 여자들의 모임을 만들려는 것이 아니다. 우리가 자기방어 능력을 갖추게 되면 대담하게 소신을 말할 용기를 얻을 것이다. 우리는 자애로운 어머니, 헌신적인 자매 그리고 사나운 전사의 면모를 가지게 될 것이다. 우리는 여성들에게 투표권이 '주어졌다'고 들어왔으나, 이는 사실이 아니다. 우리는 100년 동안 차례차례 이루어온 혁명을 통해 참정권을 획득했다. 나의 영웅들은 '폭력의 감소'라는 또 다른 혁명의 지도자들이다.

나는 지금 제 2의 유년기를 맞고 있다. 나를 지도해준 여성 강사들처럼 되기 위해 노력하고 있다. 그리고 나는 이 시대의 여성이라는 것에 감사한다. 우리는 세상을 영원히, 함께 바꿀 것이다.

"부상 없음, 여성들 준비 완료!"

자기방어 훈련에 대한
질문과 걱정들

왜 여성들은 자기방어를 배워야 합니까? 공평한 것 같지 않아요.

공평한 세상이라면 폭력을 멈추는 것이 폭력적인 남성의 책임이 겠지만, 우리는 자라면서 삶이 공평하지 않음을 반복적으로 배 워왔습니다. 또한 우리는 다른 사람들을 변화시킬 수 없으며 우 리가 변화시킬 수 있는 유일한 사람은 바로 자신뿐이라는 걸 알 고 있습니다. '상호 의존성'이란 말에서 상호란 "제대로 사회화 된 여성"을 의미한다는 글로리아 스타이넘의 말에 동의합니다. 우리가 자유로워지기 위해서는 다른 사람이 아닌 우리 자신에게 의지할 수밖에 없습니다.

폭력 예방은 가해자들의 폭력을 중단시키는 데서 시작합니 다. 또한 우리는 자녀들의 역할 모델이 되어 가정 폭력의 악순환을 끊어야 합니다. 여성이 폭력적인 남성을 다룰 수 있다는 것, 그리고 폭력은 문제를 해결하는 유일한 방법이 아니라는 것을 우리의 딸과 아들들에게 보여줘야 합니다.

반격하면 가해자를 더 화나게 만들어 상황을 악화시키지 않나요?
그간의 연구들을 보면, 수동적인 태도가 더 안전하거나 폭력적인 사람을 달래는 데 더 나은 방법이 아니라고 말합니다. 강간범들은 여성들이 수동적이고 약하기 때문에 혐오스럽다고 합니다. 피해자들의 수동적인 모습을 보고 가해자들의 폭력성이 증가합니다. 누군가 당신을 공격했을 때 자신의 분노를 이용해 반격하는 것은 용기를 북돋아주고 힘을 강화합니다. '감히 네가 나를, 내가 사랑하는 사람을 해치려고 하다니!'와 같은 의분은 강력한 에너지원이 됩니다.

저는 그렇게 강하지 않습니다.
자신을 방어하는 데 대단한 힘이 필요한 것은 아닙니다. 남성들은 로봇이 아닙니다. 그들도 우리처럼 피와 살로 이뤄진 인간입니다. 아주 작은 힘으로도 충분히 상대의 눈을 다치게 할 수 있습니다. 머리카락이나 모래가 눈에 조금만 들어가도 따끔거린다는 사실을 생각해보십시오. 손가락으로 눈을 찌르는 것만으로도 상대의 공격을 멈출 수 있습니다. 그리고 이렇게 번 소중한 몇 초 동안 다시 무릎이나 고환을 공격할 수 있습니다. 위기 상황에서는 아드레날린이 우리를 강하게 해줍니다. 아이를 구하려 차를 들어 올린 사례처럼 이른바 '약한' 여성도 놀라운 힘을 가질 수 있습니다.

스스로를 보호하려면 자기방어 수업을 꼭 들어야 하나요?

그렇지 않습니다. 자기방어 교육을 받지 않은 사람들도 성공적으로 스스로를 방어할 수 있습니다. 자신을 보호하기 위해서는 투지가 필요하며, 이는 우리 모두가 가지고 있는 자연의 선물입니다. 물론 훈련받은 사람은 기술을 갖게 되고, 훈련받지 않은 사람과는 달리 방어적 역습의 차원에서 상황을 볼 수 있습니다.

가해자가 칼이나 총이 있다면 어떻게 하나요?

총력적 격투기식 자기방어 훈련의 가장 강력한 측면 중 하나는 잠재적 가해자를 상대로 대화할 수 있는 힘을 얻게 된다는 것입니다. 상대가 칼이나 총을 가지고 있다면 원하는 것이 무엇인지 물어볼 수 있습니다. 상대가 원하는 것이 물건일 경우, 대부분의 전문가들은 물건을 주라고 말합니다. 물건은 대체 가능합니다. 하지만 그들이 차에 태우거나 결박하려고 하면 '바로 그때 거기서' 맞서 싸워야 합니다. 해치지 않겠다고 약속한다고 해도 절대로 함께 가면 안 됩니다. 그 말은 거짓말입니다.

　무장한 사람과 싸울 경우, 상대의 칼이나 총을 될 수 있는 한 세게 붙잡고, '빗겨나도록', 즉 주요 장기나 머리를 조준하지 못하도록 해야 합니다. 사력을 다해 총을 피해 달아나야 합니다. 특히 지그재그로 움직이는 게 유리합니다. 움직이는 대상을 맞출 수 있는 사람은 많지 않습니다.

만약 야구 방망이, 타이어 지렛대 같은 막대 종류의 흉기(팔과 주먹도 막대 종류의 흉기에 해당함)로 위협당한다면, 가능한 상대에게 가깝게 접근해 세게 안는 것이 더 안전합니다. 오래된 불교 속담 중에 "위험의 한가운데에 안전이 있다."는 말이 있습니다. 이 말은 종종 자기방어에도 적용됩니다.

총력적 자기방어 시연 장면을 봤습니다. 여성들은 가해자의 고환을 차기 전에 항상 눈이나 머리를 공격하던데 왜인가요?

남성들은 고환이 약점이므로 가장 먼저 보호하려고 합니다. 눈 찌르기로 가해자의 주의를 돌리고 나면 고환을 공격할 수 있는 기회를 얻을 수 있습니다. 눈앞에 무언가 다가왔을 때 눈을 방어하지 않는 사람은 거의 없습니다.

자기방어를 배우는 대신 총(무기)을 사야 할까요?

무기 소지가 몸을 활용한 자기방어를 대체할 수는 없습니다. 중요한 사실은 무기가 있다 하더라도 항상 사용할 수 있는 상황이 아니라는 것입니다. 만약 무기를 갖겠다고 결정했다면 선택한 무기에 대한 인가받은 교육 과정, 특히 여성들을 고려한 교육 과정을 듣도록 하십시오.

개인적으로 총기 소지에 반대하지만, 누군가에게 총을 지니지 말라고 충고하진 않을 겁니다. 총기 소지 여부는 지극히 개인적인 결정입니다. 그러나 부탁하건대, 무기 소지가 몸을 이용한 자기방어를 대체한다고 생각하지는 마십시오. 당신은 언제나 팔과 다리, 머리를 활용해 공격할 수 있습니다.

일상생활의 물건들을 무기로 활용하는 법을 알아둘 것을 권합니다. 프라이팬, 모자 핀, 밀대 등 전형적인 여성들의 무기는 조롱받아 왔지만, 우리 어머니들의 말씀처럼 "머리 위로 들어 올린 밀대"는 강력합니다.

집 안을 둘러보십시오. 혹은 지갑 속이라도 살펴보십시오. 필요한 상황에서 무기가 될 만한 물건들이 있습니까? 케이논과 그로브즈의 책 『그녀의 기지: 여성들의 자기방어 성공 사례』에는 지갑에 있던 뾰족한 자루의 머리빗을 사용한 사례가 나옵니다. 극장에서 한 남성에게 희롱당한 멕시코 여성은 하이힐로 상대방의 이마를 쳤고, 이는 매우 효과적이었습니다. 반격을 당한 상대 남자는 달아나버렸습니다.

저는 여성스러운 게 좋고, 남자에게 보호받는 느낌이 좋습니다.
여성성을 다시 생각해보면 어떨까요? 야생동물의 세계에서 새끼를 보호할 때 암사자의 사나움을 생각해보십시오. 남녀를 떠나 우리 모두의 내면에 있는 아이는 누군가에게 보호받기를 원합니다. 그러나 실제 상황에서 남자 혹은 다른 누군가가 우리를 지켜줄 것이라는 생각은 매우 위험합니다. 위험에 관해서는 최악을 대비하고 최선을 희망하는 것이 좋습니다. 다른 남자가 우리를 보호해줄 것이라는 기대는 우리가 지속적인 감시 하에 있지 않는 한, 그야말로 비현실적인 생각입니다.

자기방어를 배우면 더 겁을 먹게 되거나 아니면 너무 자만하게 되지는 않을까요?

그렇지 않습니다. 자기방어 훈련을 받은 여성들은 상황을 현실적으로 판단하는 데 도움이 됐다고 합니다. 또한 일부 여성들은 자기방어를 배우기 전보다 남성들과 더 친해졌다고 말합니다. 단지 공포로 인해 무차별적으로 남성을 거절할 필요가 없어졌기 때문입니다.

저는 성폭력 생존자입니다. 자기방어 수업이 경험한 사건을 연상시켜 힘들어지지 않을까요?

자기방어 수업이 정서에 안 좋은 영향을 미칠까 우려된다면 의료진과 함께 이 부분을 점검할 것을 권합니다. 일반적으로는 피해 경험이 있는 학생들도 매우 성공적으로 훈련을 마쳤습니다. 또한 정신과 전문의나 심리상담사 등이 총력적 격투기식 자기방어 수업을 권하는 경우도 많이 있습니다. 스스로의 힘을 빠르고 효과적으로, 그리고 실용적 방식으로 되찾을 수 있도록 도와줄 것입니다. 자기방어 수업을 감당할 수 있을지 없을지에 대해 자신 안의 목소리에 귀 기울여보십시오.

저는 이미 무술 수업을 들었습니다. 총력적 자기방어 수업을 또 들어야
할까요? 자기방어는 무술과 같은 것인가요?

대부분의 사람들이 자기방어와 무술이 동의어라 생각하지만, 총
력적 자기방어 수업은 무술이 아닙니다. 무술에는 유도, 가라테,
태권도, 합기도 등 여러 종류가 있고, 자기방어 기술의 몇몇 동작
은 전통 무술에서 빌려왔으므로 교차점이 있습니다. 총력적 자
기방어 수업의 많은 강사들도 무술을 배운 적이 있습니다. 일반
적으로 무술은 공인된 스승에게 단계별로 배우는 것입니다. 태
권도나 가라테에서 가장 높은 등급을 나타내는 검은 띠에 대해
들어봤을 겁니다.

　이미 무술을 배운 사람들에게 총력적 자기방어 수업이 가치
있는 이유는 상대의 사정을 봐주면서 힘을 빼거나 연습 상대를
다치게 할 염려가 없다는 것입니다. 보호 장구를 착용한 모의 가
해자와 연습할 기회를 가질 수 있습니다.

　대부분의 총력적 자기방어 강사들은 자기방어 대신이 아니
라 자기방어 수업에 더하여 무술을 배울 것을 추천합니다. 무술
은 긴 기간에 걸쳐 꾸준한 훈련이 필요합니다. 한편 총력적 자기
방어 수업은 여성들에게 가장 짧은 기간 내에 실용적이고도 현
실적인 싸움을 경험하도록 고안되었습니다.

　강사들이 많이 추천하는 무술은 합기도입니다. 합기도는 말

그대로 '흐름을 따라가는' 법, 폭력을 비폭력적으로 비껴갈 수 있는 기술을 가르쳐줍니다.

남성 강사들과 훈련하는 것이 피해 경험이 있는 일부 여성들에게 정신적 충격을 주지 않을까요?

자신의 경험을 남성 강사들에게 알리는 것은 대부분의 여성들에게 긍정적인 결과로 나타났습니다. 공감하는 남성들이 있다는 걸 알게 되면서 남성을 다르게 보기 시작했다는 이들이 많습니다. 총력적 자기방어의 남성 강사들은 피해 경험이 있는 여성들을 위해 특별한 훈련 과정을 거칩니다. 남성 강사들이 모두 다 올바르다고 말하는 것은 아닙니다. 어느 상자에나 '썩은 사과'는 있기 마련이고, 그리고 가끔은 부적절한 여성 강사들도 있습니다. 자기방어 수업에서 부적절한 강사에 대한 이야기를 들었다면 그에 관한 항의가 있었는지, 어떻게 해결되었는지 물어봅시다.

　자기방어 강사들에게는 남녀를 불문하고 수업 중 혹은 수업 이후 일정 기간 동안 학생들과 친밀한 관계를 갖지 않도록 하는 윤리 기준이 있습니다. 자기방어 수업이 치료 그 자체는 아니지만 치료적 특성을 가질 수 있고, 학생들은 종종 강사를 우상화하기도 합니다. 때문에 자기방어 강사들은 전문적이고 친근하면서도 적당한 거리를 유지하도록 노력합니다.

가정 폭력 피해 여성들에게 자기방어는 어떠한 효과가 있을까요?

가정 폭력 생존자들은 자기방어 수업이 자신의 삶에 중대한 영향을 미쳤다고 말합니다. 낯선 사람보다 아는 이에 의한 피해가 더 많다는 명확한 통계에도 불구하고 대부분의 자기방어 수업은 낯선 사람을 가해자로 상정합니다. 사랑하는 사람의 폭력으로 인한 배신감은 너무도 충격적이어서, 우리 대부분은 낯선 사람을 상상하고 연습하는 것이 더 쉽습니다. 낯선 사람을 막아낼 수 있으면, 아는 사람의 공격에 분노하고 반격하는 것이 좀 더 수월할 수 있습니다.

가정 폭력에는 낯선 사람의 공격에는 존재하지 않는 함정들이 많습니다. 이를 알고 이해하는 것이 중요합니다. 낯선 사람, 아는 사람, 가족에 의한 공격은 마치 사과, 바나나, 오렌지가 모두 과일이지만 서로 명확히 구분되는 것과 같습니다.

총력적 자기방어 과정에는 학생들이 '원하는 대로' 공격 시나리오를 구성하는 수업이 있습니다. 학생들은 강사에게 재현하기를 원하는 상황을 알려주고, 성공적인 방어로 이어질 수 있도록 훈련합니다. 예를 들어 오빠나 남동생이 당신을 종종 주먹으로 때리고 발로 찼다면, 남성 강사는 그들의 폭력적 행동을 재연하고 당신에게 방어하는 법을 알려줍니다. 자신의 존엄과 자존감을 지키는 방식으로 대응할 기회를 제공하는 것입니다. 이런 재현 상황은 부모, 교사, 캠프 지도자, 치료사, 목사 등 신뢰 관계에 있는 사람에 의한 성폭력 장면이 될 수도 있습니다.

가족 또는 믿을 만한 사람에게 당한 폭력에 성공적으로 대처한 사례는 상대적으로 적습니다. 이는 아마도 그들과 지속적인 관계를 맺어야 하는 부담감과 프라이버시에 관한 문제일 것입니다. "나는 떠날 거야."라고 말할 수 있다면 가장 좋겠지만, 모든 여성들이 이를 원하지는 않습니다.

매 맞는 여성이 가해자와의 관계를 어떻게 하느냐와 무관하게, '나와 아이들을 구하는 것은 내 손에 달려 있다.'고 깨닫는 것이 중요합니다. 그녀는 가해자 주변에 있지 않을 권리가 있으며, 다른 사람들이 뭐라 하던 간에 자신만의 조건을 내세울 권리(그것이 무엇이 되었든)가 있습니다. 우리 사회는 여성을 교육하는 방식을 바꿔야 합니다. 여성들에게 혼자 있을 권리 혹은 떠날 권리가 있음을 알려줘야 합니다. 또한 누군가에게 자신을 보호해달라고 맡기면 안 된다고 말해야 합니다. 여성의 보호자는 여성 자신이어야 합니다. 싸우는 방법을 익힌 여성들의 수가 어느 정도 많아지면 여성들을 때리거나 물리적으로 위협하는 남성들도 감소할 것입니다.

가해자가 낯선 사람이든 아는 사람이든, 자신을 효과적으로 방어할 수 있는 주요 열쇠는 상대를 다치게 하겠다고 결심하는 것입니다. 가정 폭력 피해자와 그 가족들은 종종 가해자에 대한 양가감정을 갖는 경우가 있습니다. 피해자들은 자신을 해치는 사람을 사랑하고 있거나 사랑한다고 생각할 수 있는데, 이는 물리적 폭력이 발생할 때 더욱 끔찍한 상황을 초래합니다. '단호히 대응'하고자 마음먹지 않으면, 가해자가 울거나 다쳤다고 얘기할 때 반격을 포기할 수 있습니다. 피해 여성이 일단 멈추고 나면 가해자의 보복은 더 심해질 수 있습니다. 가정 폭력 피해 여성들의 우려는 단순하지 않습니다. 많은 부분 이 책에서 다루는 영역을 넘어섭니다.

국내·외의 자기방어 훈련 프로그램

〈국내 단체〉

1. 한국성폭력상담소

1991년에 개소한 여성 인권 단체로, 2004년부터 '여성주의 자기 방어 훈련'이라는 타이틀로 다양한 내용의 자기방어 훈련 프로 그램을 꾸준히 진행해오고 있다.

- 프로그램 예시(2006년, 10주간 성폭력 피해 생존자인 성인 여성 대 상 주말 도장, 'Women's Fighting Spirit 우리는 지금보다 강하게, 그리고 자유자재로')

		시간(분)	1회	2회	3회	4회	5회	6회
1교시	준비운동	15	기본 관절	스트레칭	짝 체조	기본 관절	기본 관절	기본 관절
	명상, 화두	15	왜 내가 여기? 나에게 해주고 싶은 말	나의 근육 힘줄 몸의 존재	공포, 두려움 나의 느낌 그 이후/대처	힘이 되는 것 분노의 대상	내가 시뮬레이션 하는 싸움	세상에 존재하는 여자들/ 삶
	기술, 대련	30	원리 중심으로 세트(응용법) 배우고 익히기 / 그때마다 기술 이용 대련하기					
휴식		10						
2교시	근력, 체력, 유연성	25	근력 키우기, 유연성, 스피드 키우기 / 게임 형식과 경쟁, 팀별 게임					
	싸움의 무기들	10	10초 응시 게임	눈 감고 인기척 잡기	욕 뱉기 욕 만들기	잡기/ 벗어나기	주먹 지르기	방어하기
	나누기	15	소개하기	소감 나누기	소감 나누기	소감 나누기	소감 나누기	소감 나누기
	독창과 벗어나기	10	물구나무 연습	점프 발차기	벽 타기	뜀뛰기 릴레이	뜀틀 릴레이	기마전

- 홈페이지: http://www.sisters.or.kr
- 문의: 02-338-2890 / ksvrc@sisters.or.kr

2. 부산성폭력상담소

1992년 부산여성회 내 성폭력상담소로 시작해 1995년 독립 개소한 여성 인권 단체로, 2015년부터 성폭력 타파를 위한 자기방어 훈련 '으랏차차'를 진행 중이다.

- 프로그램 예시(2015년, '으랏차차')

회	프로그램 순서
1~2	여성 폭력에 대한 경험을 나누고 통념을 타파하기
3~4	자신의 몸에 대한 잠재적 힘을 알아가기
5~6	몸짓으로 표현하기

• 홈페이지: http://www.wopower.or.kr

• 문의: 051-558-8832, 8833 / woman-world@hanmail.net

3. 살림의료복지사회적협동조합 다짐

평등, 평화, 협동을 지향하는 여성주의자, 의료인, 은평구민과 지역사회가 건강한 마을 공동체를 만들기 위해 2012년 서울 은평구에서 창립한 의료협동조합이다. 살림의료사협의 '함께운동위원회'에서는 매년 '살림 여성주의 자기방어 훈련: 후후(후달렸던 나, 후련해지다!)'를 진행하고 있다.

• 프로그램 예시(2015년, '후후')

일시	내용
8/1	오리엔테이션, 몸 긍정하기, 내 몸 역량 1차 측정
8/8	의사 전달, 소리 훈련, 간단 호신술
8/22	몸의 확장과 발산, 아프리칸 댄스로 몸 열기
8/29	몸 훈련 복습, 내 몸 역량 2차 측정, 다짐과 결의

• 홈페이지: http://cafe.daum.net/femihealth

• 문의: 02-6014-9949 / salimhealthcoop@daum.net

4. 스쿨오브무브먼트

2010년 창립. 서울 마포구 합정동에 위치해 있으며, 건강 회복, 체력 향상, 움직임 개선을 위해 운동하는 곳이다. 매주 정기적으로 자기방어 수업을 열고 있어 누구든 언제나 참여 가능하다. 'No Woman No Cry'는 특히 여성을 위한 프로그램이며 강의,

강연, 해외 세미나도 개최하고 있다.

- 프로그램 예시(2016년, '자기방어 입문')

순서	프로그램(90분~120분)
1	웜업 달리기
2	준비운동
3	바닥 활동
4	달리기 드릴
5	셔틀 런
6	셀프 디펜스의 4가지 요소
7	체이싱 게임
8	스탠스 ① 패시브 스탠스 ② 세미 패시브 스탠스 ③ 대화 제스처 ④ 중재 제스처 ⑤ 제너럴 레디 스탠스 ⑥ 제너럴 레디 스탠스 + 중재 제스처
9	터치 게임
10	360 디펜스 드릴
11	거울 디펜스 드릴
12	360 아웃사이드 포암 디펜스
13	360 디펜스와 반격
14	팜 스트라이킹
15	스캐닝, 타임라인, 시뮬레이션

- 홈페이지: http://schoolofmovement.org

- 문의: 02-322-3661 / schoolofmovement@gmail.com

5. ASAP 한국형 여성 호신술

ASAP는 Anti Sexual Assault Program(반성폭력 프로그램)의 약

자이자 'As Soon As Possible = 가능한 빨리' 익혀서 활용할 수 있는 호신술이라는 중의적 명칭으로, 김기태(하누맛스쿨 대표) 사범이 한국 일반 여성의 경험과 정당방위 등 성범죄 관련 법제, 성범죄의 속성을 고려한 '현실적이고 한국적인' 여성 호신술의 보급을 목표로 개발한 자기방어 프로그램이다. 성폭력 상황에 대해 '위기 감지 > 설득(비물리적 대응) > 저항(물리적 대응) > 탈출 후 위험 요소 최소화'의 4단계로 심리적·신체적·사회적 대응을 취하는 것을 기본 전략으로 삼고, 각 단계별로 참가자 수준을 고려하여 안전하고 효과적으로 훈련할 수 있는 커리큘럼을 제공하고 있다.

- 프로그램 예시(2016, 초급 과정)

회	전략적 대응 단계	주요 내용	상세
1	1단계 위험 인지	오리엔테이션	폭력 양상/가해자 속성 이해 (이론 교육)
		세이프 플래닝	자기 주변의 위험/안전 포인트 찾아두기
		위기 신호 감지 훈련	
	2단계 비물리적 대응	소리 지르기 3단계 연습	몸 깨우기, 거절과 경고, 도움 요청
		불안 상황 개선하기	권유와 교섭, 설득의 기초 연습
2	3단계 물리적 대응	인터벌 달리기	
		대응 자세 취하기	접촉 시도/공격에 대한 신체 언어적 차단 준비
		기본 원리 운동 (1) 밀기	내 몸의 힘 발견하기, 한 번/연속 밀기, 넘어트리기
3		2회차 복습	
		기본 원리 운동 (2) 당기기	거리 벌리기, 줄다리기, 잡힌 손/옷 빼내기, 당겨 누르기
		복합 기술	밀고 당기기, 당기고 밀기

		3회차 복습	
4		기본 원리 운동 (3) 비켜 돌기	좌우로 손발 놀리기, 상대 힘 피하기, 역이용하기
	3단계 물리적 대응	복합 기술	밀기+당기기+비켜 돌기
5		4회차 복습	
		기본 원리 운동 (4) 주저앉기	호흡으로 힘 조절하기, 중력 이용, 상대 힘 빠져나가기, 넘기기/던지기
		복합 기술	밀기+당기기+비켜 돌기+주저앉기
6	4단계 탈출 후 위험 요소 최소화	전체 복습	
		모의 상황 연습	단계별/수준별 상황 과제 제시
		이론 교육	사회적/제도적 지원 활용하기, 연대하기, 사회 문화 운동의 필요성

- 홈페이지 : http://asaphosin.tistory.com
- 문의: ryuwoon7134@hanmail.net

6. (사)한국여성태권도문화원

한국 여성 태권도인들의 우수한 인력과 정보력으로 건전한 사회 발전과 여성의 안전을 지키기 위한 다양한 프로그램을 개발, 보급하고자 2013년에 창단한 단체이다. 여성은 물론 사회적 약자를 위한 자기방어 훈련으로 쉽게 배우고 실전에 활용할 수 있는 'Smart – 3S 호신술'을 개발하여 보급하는 데 노력하고 있다. Smart – 3S는 크게 1단계(Switch on/감각 켜기), 2단계(Stretch out/반응하기), 3단계(Strike back/대처하기)로 구성되어 있다.

- 프로그램 예시(2013, Smart 3S 호신술, '상황별 대처: 대중교통 위기 상황')

단계	주요 내용
도입(15분)	소개
대중교통 상황(20분)	상황 및 대처 기술 시범 센스로 제압(언어/눈빛/몸짓) 신체 기술로 제압(지하철/버스/택시)
업그레이드 팁(15분)	센스 연마 기술을 강하게 하기 위한 훈련
마무리 단계(10분)	복습 가벼운 스트레칭과 멘탈 훈련

- 홈페이지: http://www.kwtf.org
- 문의: 02-517-0546 / kwtc2015@naver.com

〈해외 단체〉

1. 피스 오버 바이올런스 PEACE OVER VIOLENCE

1971년 여성주의 활동가들에 의해 설립된(前 LACAAW) 성폭력, 가정 폭력, 스토킹, 아동 학대 그리고 청소년 폭력 예방을 위한 단체로, 기본 프로그램과 이벤트 주간 등을 통해 간단하고 쉽게 사용할 수 있는 자기방어 기술들을 교육하고 있다.

- 프로그램
  - 여성 전사warrior 주간
  - 어린이, 청소년 자기방어와 안전
  - 기본 프로그램

– 장애인 여성과 노인 여성들을 위한 자기방어와 안전 훈련

– 개인 안전 의식 트레이닝

• 홈페이지: http://www.peaceoverviolence.org/prevention/
self-defense

• 문의: info@peaceoverviolence.org

• 주소: 1015 Wilshire Boulevard, Suite 200, Los Angeles,
CA 90017

2. 쉴드 우먼스 셀프 디펜스 시스템SHIELD Women's self-defense system

여성 임파워먼트와 성폭력 근절을 위해 자기방어 훈련을 제공하
는 곳으로 자기방어에 대한 의식적, 언어적 그리고 심리적인 면
을 모두 고려한 프로그램을 제공하고 있다.

• 프로그램

– 개인을 위한 주중 클래스

– 협력 트레이닝(회사, 기관 등의 필요에 따른 맞춤 프로그램 제공)

– 대학, 고등학교 등의 교육 기관 트레이닝

• 홈페이지: http://www.shieldselfdefense.com/Self_Defense
_Classes.php

• 문의: info@shieldselfdefense.com

• 주소: 333 Washington Boulevard #234, Marina del Rey,
CA 90292

3. 모델 머깅 셀프 디펜스^{Model Mugging Self Defense}

미국과 독일에 위치한 단체로 미국 전역에서 워크숍을 포함한 자기방어 프로그램을 제공하고 있다.

- 프로그램
  - 자기방어 워크숍
  - 여성을 위한 기본 자기방어 트레이닝 코스
  - 자기방어 심화 클래스
  - 범죄 예방 강의 및 단기 코스
  - 소녀들을 위한 자기방어 클래스
  - 13~15세 십 대들을 위한 자기방어
  - 어린이를 위한 자기방어
  - 남성용 기본 자기방어
  - 자기방어 강사를 위한 트레이닝과 수료 프로그램
- 홈페이지: http://modelmugging.org
- 문의: info@modelmugging.org
- 주소: Model Mugging Self Defense, 1502 Foothill Blvd. Suite 103-202, La Verne, CA 91750

4. 프리페어^{PREPARE}(임팩트^{IMPACT} 뉴욕 지부)

미국 전역에 걸쳐 임팩트 커리큘럼을 활용하여 자체적으로 교육을 제공하는 단체들이 있다. 그중 프리페어는 뉴욕에 위치한 임팩트 연계 단체이다.

- 프로그램

  - IMPACT 베이직(16~20시간)

  - 청소년(older teens) 및 어른들을 위한 워크숍(2~4시간)

  - 부모, 교육자 및 보호자를 위한 워크숍(3~4시간)

  - 어린이 클래스(2~5학년, 6시간)

  - 청소년(young teens)을 위한 클래스(6~7학년, 9시간)

  - 기타 학교, 단체 등을 위한 커뮤니티 레벨의 클래스 또한 제공

- 홈페이지: http://www.prepareinc.com

- 문의: prepareinc@aol.com

- 주소: PREPARE, INC,147 West 25th Street 8th Floor New York NY 10001-7205

5. 스트레티직 리빙 Strategic Living

여성 및 사회적 약자들을 위한 간단하고 효과적인 삶의 기술을 교육하여 폭력과 성희롱에 대한 안전을 높이는 것을 목표로 하는 단체이다.

- 프로그램

  - 6주 코스: 자기방어 101

  - 일일 세미나

  - 십 대 소녀들을 위한 프로그램

  - 어린이를 위한 안전 기술

  - 개인, 그룹 및 회사를 위한 레슨, 세미나, 워크숍 등

- 심화 과정: 자기방어 102

- 단기 안전 세미나

- 페퍼 스프레이

- 홈페이지: http://www.strategicliving.org

- 문의: SDclass@StrategicLiving.org

- 주소: Strategic Living, LLC, Safety and Self-Defense
  Training, PO Box 23157, Seattle WA 98102

6. American Women's Self Defense Association

모든 여성들이 실용적이고 효과적인 자기방어 기술을 통해 안
전한 사회를 만들자는 취지로 설립된 단체로, 기본적인 훈련 프
로그램을 제공하여 인식, 커뮤니케이션 스킬 등을 단련시키고자
한다.

- 프로그램

  - 연중 트레이닝 프로그램

- 홈페이지: http://www.awsda.org

- 문의: xanddrew@msn.com

- 주소: AWSDA, PO Box 1533, Mason City, IA 50402

참고문헌

Aburdene, Patricia, and John Naisbitt. *Megatrends For Women.* New York: Villard Books, 1992.

Bass, Ellen, and Davis, Laura. *The Courage To Heal: A Guide For Women Survivors Of Child Abuse.* New York: Harper & Row Publishers, Inc., 1988.

Bloomfield, Harold H. and Cooper, Robert K. *How to Be Safe in an Unsafe World.* New York: Crown Publishers, Inc., 1997.

Brownmiller, Susan. *Against Our Will: Men, Women and Rape.* New York: Simon & Schuster. 1975.

Caignon, Denise, and Groves, Gail. *Her Wits About Her: Self-Defense Success Stories by Women.* New York: Harper & Row, 1987.

Chaiet, Donna, and Russell, Francine. *The Safe Zone: A Kid' Guide to Personal Safety.* New York: Morrow Junior Books, 1998.

Chernin, Kim. *Reinventing Eve: Modern Woman In Search Of Herself.* New York: Random House, 1987.

Cleage, Pearl. *Deals With The Devil, And Other Reasons To Riot.* New York: Ballantine Books, 1993.

Crow Dog, Mary. *Lakota Woman.* New York: HarperCollins Publishers, 1991.

Daly, Mary. *Beyond God The Father: Toward A Philosophy Of Women' Liberation.* Boston: Beacon Press, 1973.

Davis, Angela Y. *Women, Race & Class.* New York: Random House, 1981.

de Beauvoir, Simone. *The Second Sex.* New York: Bantam Books, 1952.

de Becker, Gavin. *The Gift of Fear: Survival Signals That Protect Us From Violence.* Boston: Little, Brown and Company, 1997.

_____. *Protecting the Gift: Keeping Children and Teenagers Safe(and Parents Sane).* New York: Dial Press, 1999.

DeEver, Allen and Ellie. *How to Write a Book on Anything In Two Weeks or Less.* Tustin, CA. Educational Awareness Publications, 1993.

DuBois, Ellen C., and Vicki Ruiz, ed. *Unequal Sisters: A Multicultural Reader in U.S. Women' History.* New York: Routledge, 1990.

Dworkin, Andrea. *Pornography: Men Possessing Women.* New York: Penguin

Books, U.S.A., 1981.

_____. *Woman Hating.* 1st ed. New York: Dutton, 1974.

Estes, Clarissa P. *Women Who Run With The Wolves: Myths And Stories Of The Wild Woman Archetype.* New York: Ballantine Books, 1992.

Faludi, Susan. *Backlash: The Undeclared War Against American Women.* New York: Crown Publishers, Inc., 1991.

Findlen, Barbara, ed. *Listen Up: Voices From The Next Feminist Generation.* Seattle: Seal Press, 1995.

Flexner, Eleanor. *Century of Struggle: The Women' Rights Movement in the United States.* Cambridge: Belknap Press of Harvard University, 1959.

French, Marilyn. *Beyond Power: On Women, Men, And Morals.* New York: Ballantine Books, 1985.

Friedan, Betty. *The Feminine Mystique.* New York: Dell Publishing Co., 1983.

Gaeta, Lisa. *Women' Basics Course Workbook.* Self-Published, Van Nuys: Impact Personal Safety, 1994.

Gravdal, Kathryn. *Ravishing Maidens: Writing Rape In Medieval French Literature And Law.* Philadelphia: University of Pennsylvania Press, 1991.

Gross, Linden. *To Have Or To Harm: True Stories of Stalkers and Their Victims.* New York: Warner Books, 1994.

Heilbrun, Carolyn G. *Writing a Woman' Life.* New York, Ballantine Books, 1988.

hooks, bell. *Killing rage: ending racism.* New York: Henry Holt and Company, 1995.

Ireland, Patricia. *What Women Want.* New York: Dutton, 1996.

Jackson, Donna. *How To Make The World A Better Place For Women In Five Minutes A Day.* New York: Hyperion, 1992.

Krazier, Sherryll K. *The Safe Child Book.* New York: Dell Publishing Co., 1985.

Lerner, Gerda. *The Creation Of Patriarchy.* New York: Oxford University Press, 1986.

Miedzian, Myriam. *Boys Will Be Boys: Breaking The Link Between Masculinity And Violence.* New York: Doubleday, 1991.

Morgan, Robin, ed. *Sisterhood is Global: The International Women' Movement Anthology.* New York: Doubleday, 1984.

_____. *Sisterhood Is Powerful: An Anthology of Writings From The Women' Liberation Movement.* New York: Random House, 1970.

Nelson, Mariah B. *The Stronger Women Get, The More Men Love Football: Sexism And The American Culture Of Sports*. Harcourt Brace & Company, 1994.

Niethammer, Carolyn. *Daughters of the Earth: The Lives and Legends of American Indian Women*. New York: Macmillan Publishing Co., 1977.

Northrup, Christiane. *Women' Bodies, Women' Wisdom: Creating Physical and Emotional Health and Healing*. New York: Bentam Books, 1994.

Pipher, Mary. *Reviving Ophelia: Saving the Selves of Adolescent Girls*. Econoclad Books, Minneapolis, 1994.

Pagels, Elaine. *Adam, Eve, and the Serpent*. New York: Vintage Books, 1988.

Quigley, Paxton. *Armed and Female*. New York: Dutton, 1989.

Rainer, Tristine. *The New Diary: How To Use A Journal For Self Guidance And Expanded Creativity*. Los Angeles: Jeremy P. Tarcher, Inc., 1978.

_____. *Your Life as Story: Writing the New Autobiography*. New York: Jeremy P. Tarcher/Putnam Books, 1997.

Rossi, Alice S. *The Feminist Papers: From Adams To De Beauvoir*. Boston: Northeastern University Press, 1973.

Schaef, Anne Wilson. *Women' Reality: An Emerging Female System in the White Male Society*. New ed. San Francisco: Perennial Library, 1985.

Shannon, Jacqueline. *Why It' Great To Be A Girl: 50 Eye-Opening Things You Can Tell Your Daughter To Increase Her Pride In Being Female*. New York: Wagner Books, Inc., 1994.

Snortland, Ellen. *Awakening Beauty*. TBA.

Spender, Dale. *Nattering on the Net: Women, Power and Cyberspace*. North Melbourne, Vic.: Spinifex Press, Also, Toronto: Garamond Press, 1996, c1995.

_____. *Women Of Ideas: And What Men Have Done To Them*. London: Pandora, 1982.

Steinem, Gloria. *Outrageous Acts And Everyday Rebellions*. New York: Signet Classic, 1983.

_____. *Revolution From Within: A Book of Self-Esteem*. Boston: Little, Brown and Company, 1992.

Stoltenberg, John. *The End of Manhood: A Book for Men of Conscience*. New York: Dutton, 1993.

_____. *Refusing To Be A Man: Essays On Sex And Justice*. New York: Penguin Books, U.S.A, Inc., 1990.

_____. *What Makes Pornography "Sexy"?* Minneapolis: Milkweed Editions, 1994.

Stone, Merlin. *When God Was A Woman.* New York: Harcourt Brace Jovanovich, Publishers, 1976.

Sumrall, Amber C., and Dena Taylor, ed. *Sexual Harassment: Women Speak Out.* Freedom: The Crossing Press, 1992.

Tavris, Carol. *The Mismeasure Of Woman: Why Women Are Not The Better Sex, The Inferior Sex, Or The Opposite Sex.* New York: Simon & Schuster, 1992.

Tesoro, Mary. *Options For Avoiding Assault: A Guide To Assertiveness, Boundaries, And De-Escalation For Violent Confrontations.* San Luis Obispo: SDE News, 1994.

van der Zande, Irene. *The KidPower Guide for Teaching Self-Protection and Confidence to Young People.* Santa Cruz: KidPower, 1997.

Warner, Marina. *From the Beast to the Blonde: On Fairy Tales and Their Tellers.* New York: Farrar, Strauss & Giroux, 1995.

Waring, Marilyn. *If Women Counted: A New Feminist Economics.* San Francisco: Harper & Row, Publishers, 1988.

Watkins, Susan A. *Marisa Rueda and Marta Rodriguez.* Feminism For Beginners. Cambridge: Icon Books, Ltd., 1992.

Wolf, Naomi. *The Beauty Myth: How Images of Beauty Are Used Against Women.* New York: W. Morrow, 1991.

Woolf, Virginia. *A Room of One' Own.* New York: Harcourt, Brace & World, Inc., 1957.

미녀, 야수에 맞서다

여성이 자기방어를 시작할 때 세상은 달라진다

2016년 12월 5일 초판 1쇄 발행
2019년 10월 5일 초판 2쇄 발행

지은이   엘렌 스노틀랜드
옮긴이   한국성폭력상담소 부설연구소 울림
펴낸이   윤철호
펴낸곳   (주)사회평론아카데미
편집   고하영·김지산·이현정
디자인   김진운
마케팅   최민규

등록번호   2013-000247(2013년 8월 23일)
전화   02-2191-1128
팩스   02-326-1626
주소   03445 서울시 마포구 월드컵북로 12길 17

ISBN 979-11-85617-91-6 03330